U0959057

读懂法官思维

知识产权司法实务与案例解析

陈志兴◎著

中国法制出版社
CHINA LEGAL PUBLISHING HOUSE

序一

对于知识产权，我有个说法，叫做“知识产权学科只有朝阳，没有落日”。这种“朝阳”的特性尤其体现在，知识产权领域不断地有新人加入进来，人员的流动性特别大，尤其是在司法实务领域。大概是在2014年10月，我和陈志兴有过一面之缘。当时我们在上海举行中国知识产权法学研究会2014年年会，他提交的论文获评优秀论文，我们邀请他做主题发言。后来在各种会议上也陆续有过接触，直到2018年3月听说他已经离开北京知识产权法院。

前段时间，也是在外开会，又碰上陈志兴。聊着聊着，他有点难为情地说，在筹备出本书，想请我写序。看到他能坚持写作，甚至走到“著书”这一步，我由衷地为他感到高兴，当场就答应下来，尽管我当时还不知道，他的书要写的是什么内容。

本书的名字叫做《读懂法官思维：知识产权司法实务与案例解析》，全书共分为五章，包括“保护力度”“专利权”“商标权”“著作权”和“法庭内外”。虽然书名为“读懂法官思维”，但本书并不是学术著作，没有抽象地谈“什么是法官思维”“怎样读懂法官思维”等大而化之的话题。相反，陈志兴充分发挥自身曾经的职业优势，结合多年知识产权审判的工作经历，紧扣知识产权司法实务，书中的每一篇文章都是对实务工作的思考和总结。

通读全书，我认为本书有三个突出的特点：

一是，内容全面，覆盖面广，贴近实务。在传统的“专利权”“商标权”和“著作权”内容之外，本书还有两章的内容比较有意思——“保护力度”和“法庭内外”。实事求是地讲，这两章的内容没有司法实务经验的人是很难写出来的。但陈志兴不一样，他在法院工作过多年，而且长期就在知识产权审判一线，热爱思考，勤于写作，这是他的优势。比如，对于“赔偿低”的问题，他没有止步于当事人不提交证据的问题，而是将加大保护力度置于国家创新驱动发展战略、产权保护等大的背景下研究，给我们贡献出“确定损害赔偿需要处理好的几个关系”等经过深入思考的好文章。又如，对于裁判文书的撰写问题，他结合司法改革、法官助理制度等话题，提出“论文”和“公文”两种风格。

二是，以小见大，思考深入，个性鲜明。虽然本书的文章都是实务性质的，但都有陈志兴独特的思考，有他鲜明的个性和风格。比如，“为敢于旗帜鲜明地主持正义的知识产权法官点赞”一文，源于他对司法实务中非常突出的管辖权异议滥用现象的长期思考，且结合法官作为公务员群体的特性进行阐述，结论非常有意思。又如，“‘难打’的专利权官司”，虽然是很小的一篇文章，看似谈“撤诉”的数据和现象，但其深层含义是对中国专利授权质量低问题的思考和担忧。

三是，语言朴实、流畅，诙谐生动，可读性强。本书中的文章都来源于陈志兴在法院工作多年的思考，虽然说的是知识产权的专业问题，但读过之后并不觉得晦涩，很容易就能读懂，且语言诙谐生动，可读性强。这都源于作者的灵气、低调和勤奋。比如，“技术问题的提出在‘三步法’适用中的考量”，文中虽然也涉及具体的技术方案，但并没有陷入技术问题而不可自拔，主要还是对法律问题的阐述。又如，“侵犯商标权法定赔偿的限额”，对法官怎样适用惩罚性赔偿的问题做出思考，语言生动活泼。

尤其值得一提的是，陈志兴在北京知识产权法院工作期间恰逢我国司法改革、知识产权法院建设等大时代，在某种程度上甚至可以说，本书也是司法改革背景下我国知识产权司法审判工作的一个侧影。所以，本书值得我们每个关心中国知识产权司法实务的人阅读。

是为序。

中国人民大学知识产权学院院长
中国知识产权法学研究会会长　刘春田

序二

前段时间，志兴跟我说，正在出一本书，已经和出版社签好合同，就等着内容定稿。我很感兴趣，想提前看看是本什么样的书。今天拿到书稿一看，名字叫做《读懂法官思维：知识产权司法实务与案例解析》，内容是知识产权司法实务方面的文章。志兴爱写东西，在北京知识产权法院工作期间当过我的助理，书里面的一些文章我以前也看过。现在志兴把这些文章整理出版，我由衷地为他感到高兴。志兴请我为这本书写篇序，我欣然答应。

法官的本职工作就是裁判，俗称“断案”。那么，法官是怎样裁判的呢？没接触过法院或者法官的人肯定会很好奇，甚至会觉得法官裁判很神秘。按照我国法律的规定，法官裁判要“以事实为根据，以法律为准绳”。这是对的，但说的太抽象，不太容易懂。要我说，法官裁判就是“遵循先例”。法官拿到一个案子之后，首先会在脑海中回忆或者去数据库中检索有没有类似的在先生效裁判，如果有，比照着写个判决就行。这其实就是裁判的思维，也是法官的思维。很简单，没什么可神秘的。当然，法官比照着写判决的时候必须得援引法律，而不能仅仅根据在先案例判案，因为我们毕竟不是判例法国家。

怎样去读懂法官思维？我的观点就是，要去好好研读法官的判决，看看法官是基于什么样的事实和法律、以及通过怎样的论证和说理才得出最终的判决结论。法官的思维就是裁判的思维，读懂法官的思维只有一个途径，就是去读法官的判决，除此之外别无他法。

志兴将这本书命名为《读懂法官思维：知识产权司法实务与案例解析》，我理解也就是要告诉大家怎样去读懂法官的思维方式，让大家都掌握好法官的裁判思维，以便对法官的裁判形成稳定的预期。这本书分为五个部分，分别为“保护力度”“专利权”“商标权”“著作权”和“法庭内外”，每一篇文章都紧扣知识产权司法实务，说的都是他自己在法院工作多年的观察和认识。我认为，志兴写这么一本书非常合适，因为他在法院工作多年，也爱思考，写出来的东西都是法官的切身体验，有说服力，而且基本上都立足于具体的司法案例展开，很务实，也很实用。

特别难能可贵的是，志兴在本书中不仅仅做具体个案的研读，还对更为基础性的实务问题进行系统性研究。例如，对于知识产权损害赔偿的问题，志兴结合我国创新驱动发展战略、全国人民代表大会常务委员会《关于在北京、上海、广州设立知识产权法院的决定》、党中央、国务院《关于完善产权保护制度依法保护产权的意见》等大的背景，作出深入思考，撰写出“确定损害赔偿需要处理好的几个关系”“司法定价与市场定价：确定知识产权损害赔偿数额的理念和规则”“加大知识产权保护力度的三点认识”等有深度、有见地的好文章。

这本书还有一个很大的特点是，在具体的知识产权专业领域外，还专设一章对法院实务进行论述，命名为“法庭内外”。这其中包括诉辩意见、庭审活动、裁判文书、管辖权异议，甚至还多处涉及到司法改革的相关话题，非常地有吸引力，让人耳目一新。

此外，正如大家读过这本书就会感受到的，本书内容的表述确实是通俗易懂，语言生动诙谐。值得一读再读。

最后，期待志兴在知识产权领域取得更大的成绩！

是为序。

北京知识产权法院原院长
北京知识产权法研究会会长 宿迟

法律、法规、司法解释简称

名　　称	简　　称
中华人民共和国专利法	专利法
中华人民共和国专利法实施细则	专利法实施细则
中华人民共和国商标法	商标法
中华人民共和国商标法实施条例	商标法实施条例
中华人民共和国著作权法	著作权法
中华人民共和国著作权法实施条例	著作权法实施条例
中华人民共和国合同法	合同法
中华人民共和国反不正当竞争法	反不正当竞争法
中华人民共和国民事诉讼法	民事诉讼法
最高人民法院关于民事诉讼证据的若干规定	民事诉讼证据若干规定
最高人民法院关于审理侵犯专利权纠纷案件应用法律若干问题的解释	侵犯专利权司法解释（一）
最高人民法院关于审理侵犯专利权纠纷案件应用法律若干问题的解释（二）	侵犯专利权司法解释（二）

目录

第一章　保护力度

第二章　专利权

第三章 商标权

第四章 著作权

第五章 法庭内外

第一章

保护力度

确定赔偿数额需要处理好的几个关系 *

考察我国侵犯知识产权民事审判实践，怎样确定赔偿数额始终是困扰当事人和法院的一大难题，而且这也被称为"世界性难题"①。在 2014 年 6 月 23 日提交的《关于检查〈中华人民共和国专利法〉实施情况的报告》中，全国人民代表大会常务委员会执法检查组也提到，专利维权存在"赔偿低"②的问题。客观来讲，"赔偿低"在其他的侵犯知识产权案件中也不同程度地存在，而且迄今为止仍未根本改变。说到"赔偿低"，至少有两个方面的指向，一是权利人通过司法裁判获得的赔偿数额低于侵权人的侵权获利，不足以遏制侵权行为；二是权利人通过司法裁判获得的赔偿数额低于其维权支出，导致权利人缺乏维权动力。关于"赔偿低"的根源，现有的研究成果不少，实证方面，有的将重点放在赔偿证据的缺失，指出当事人应注重证据的收集③；有的提出要合理分配举证责任和举证内容，细化赔偿计算方式④；还有的分析了不认同"赔偿低"的十个理由，涵盖了当事人举证、知识产权价值、损害赔偿计算方式的适用等十个方面⑤。综合上述研究成果，确定损害赔偿数额的难题主要体现为两大方面，一是当事人举证的难度和积极性，二是法院适用损害赔偿的计算方式。为此，本文将在此基础上，结合北京知识产权法院的一些思考和探索做进一步的探讨。

---

* 本文系合作作品，另一作者是北京知识产权法院副院长陈锦川。

① 曹建明：《加强知识产权司法保护、优化创新环境、构建和谐社会——在全国法院知识产权审判工作座谈会上的讲话》，2005 年 11 月 21 日。

② 报告使用的是"赔偿低"，但"赔偿低"只是一种现象，其根源在于"确定赔偿数额难"。

③ 陈志兴：《侵犯专利权法定赔偿适用问题研究》，载"知产力"微信公众号，2015 年 11 月 14 日；长沙市中级人民法院：《知识产权民事案件损害赔偿额判定状况（2011—2015）》，载"知产力"微信公众号，2016 年 4 月 20 日。

④ 南京铁路运输法院课题组：《知识产权侵权诉讼成本与效率分析——基于南京法院案件的实证研究》，载"江苏高院"微信公众号，2016 年 4 月 26 日。

⑤ 何震：《法官不认同"知识产权损害赔偿低"的十个维度》，载"西南知识产权"微信公众号，2017 年 1 月 15 日。

一、怎样认识“赔偿低”的现象

站在司法裁判的视角，“赔偿低”的现象根源在于权利人没有提交确定赔偿数额的证据。毕竟，法院的角色是居中裁判。[①] 但是，如果再往前想一步，可能还会涉及如下问题：作为维权方，权利人为什么不提交赔偿数额的证据，或者说难以提交这方面的证据？由于知识产权的无形性等特点，权利人举证不能的后果是不是全部都得由权利人自行承担？如果因举证不能导致的“赔偿低”等现象长期存在，对于我国经济转型升级，创新驱动发展国家战略的实施是利还是弊？法院在确定赔偿数额的过程中，究竟是处于何种地位，应该承担怎样的职责使命？要想回答好这些问题，就无法避开知识产权司法理念的再认识和再讨论。

2014 年 8 月 31 日，全国人民代表大会常务委员会表决通过《关于在北京、上海、广州设立知识产权法院的决定》，北京、广州、上海三家知识产权法院于 2014 年年底相继成立。设立知识产权法院一个很重要的背景是落实国家创新驱动发展战略，提高知识产权保护水平。2016 年 11 月 4 日，中共中央、国务院印发《关于完善产权保护制度依法保护产权的意见》，明确提出要加大知识产权侵权行为的惩治力度，提高知识产权侵权法定赔偿上限，探索建立对专利权、著作权等知识产权侵权惩罚性赔偿制度。《最高人民法院关于充分发挥审判职能作用切实加强产权司法保护的意见》指出，要按照“司法主导、严格保护、分类施策、比例协调”的知识产权司法保护基本政策，加大保护力度，推进知识产权强国建设。可见，知识产权保护不仅是权利主体的维权问题，还直接影响到国家创新驱动发展战略的实施，“兹事体大”。

毫无疑问，“赔偿低”的现象是市场主体创新活动的反面教材，必定会对他们开展创新活动产生消极影响，也不利于国家创新驱动发展战略的实施。面对这一现状，法院在居中裁判的同时，在确定赔偿数额方面也要有所作为，在现有法律的框架范围内，积极探索加大知识产权司法保护力度的有力举措。[②] 在此基础上，其余的就是在具体操作规则上的贯彻落实问题。例如，赔偿数额怎样体现知识产权的市场价值，怎样适用举证妨碍等证据规则，在适用具体的损害赔偿计算方式时如何体现加大保护力度的理念，等等。

---

① 陈志兴：《积极提赔偿证据　客观看赔偿数额》，载《中国知识产权报》，2014 年 9 月 3 日。

② 陈志兴：《司法定价与市场定价：确定知识产权损害赔偿数额的理念与规则》，载“知识产权那点事”微信公众号，2016 年 5 月 21 日。

二、让赔偿数额体现出知识产权的市场价值

考察《专利法》第六十五条[①]、《商标法》第六十三条[②]和《著作权法》第四十九条[③]，除《商标法》第六十三条规定“对恶意侵犯商标专用权，情节严重的，可以在按照上述方法确定数额的一倍以上三倍以下确定赔偿数额”外，都是恪守民事损害赔偿的“填平原则”。根据法律条文本身的规定，不论是权利人的实际损失、侵权人获得的利益、许可使用费的合理倍数，还是根据侵权情节等确定的法定赔偿数额，都应该体现为涉案知识产权的市场价值。

但是，实务中的问题在于，在大多数案件中，当事人并没有提交确定赔偿数额的证据，而仅主张适用法定赔偿，导致法院在裁判时缺少具体的确定赔偿数额的证据。对于法院的判赔数额，权利人又觉得没有充分体现出其知识产权的市场价值，进而出现事实上“填不平”的局面。[④]因此，法院要想在确定赔偿数额方面有所作为，必须重新回到《专利法》第六十五条、《商标法》第六十三条和《著作权法》第四十九条的规定，让赔偿数额充分体现出知识产权的市场价值。

---

① 《专利法》第六十五条：侵犯专利权的赔偿数额按照权利人因被侵权所受到的实际损失确定；实际损失难以确定的，可以按照侵权人因侵权所获得的利益确定。权利人的损失或者侵权人获得的利益难以确定的，参照该专利许可使用费的倍数合理确定。赔偿数额还应当包括权利人为制止侵权行为所支付的合理开支。权利人的损失、侵权人获得的利益和专利许可使用费均难以确定的，人民法院可以根据专利权的类型、侵权行为的性质和情节等因素，确定给予一万元以上一百万元以下的赔偿。

② 《商标法》第六十三条：侵犯商标专用权的赔偿数额，按照权利人因被侵权所受到的实际损失确定；实际损失难以确定的，可以按照侵权人因侵权所获得的利益确定；权利人的损失或者侵权人获得的利益难以确定的，参照该商标许可使用费的倍数合理确定。对恶意侵犯商标专用权，情节严重的，可以在按照上述方法确定数额的一倍以上三倍以下确定赔偿数额。赔偿数额应当包括权利人为制止侵权行为所支付的合理开支。人民法院为确定赔偿数额，在权利人已经尽力举证，而与侵权行为相关的账簿、资料主要由侵权人掌握的情况下，可以责令侵权人提供与侵权行为相关的账簿、资料；侵权人不提供或者提供虚假的账簿、资料的，人民法院可以参考权利人的主张和提供的证据判定赔偿数额。权利人因被侵权所受到的实际损失、侵权人因侵权所获得的利益、注册商标许可使用费难以确定的，由人民法院根据侵权行为的情节判决给予三百万元以下的赔偿。

③ 《著作权法》第四十九条：侵犯著作权或者与著作权有关的权利的，侵权人应当按照权利人的实际损失给予赔偿；实际损失难以计算的，可以按照侵权人的违法所得给予赔偿。赔偿数额还应当包括权利人为制止侵权行为所支付的合理开支。权利人的实际损失或者侵权人的违法所得不能确定的，由人民法院根据侵权行为的情节，判决给予五十万元以下的赔偿。

④ 张维：《97%专利侵权案判决采取法定赔偿，平均赔偿额只有8万元》，载《法制日报》，2013年4月16日。

在“U盾”专利案[①]中，原告握奇公司主张以被诉侵权产品的实际销售数量乘以每件专利产品合理利润的方法计算侵权赔偿数额。法院根据原告的申请，向中国银行、中国人民解放军61046部队、中国金融认证中心调查取证，计算出被诉侵权产品的实际数量及每件专利产品的合理利润，全额支持了原告4900万元的赔偿请求。该案是以“权利人因被诉侵权所受到的实际损失”确定赔偿数额的典型案例，通过精确的数据计算，充分体现了涉案知识产权的市场价值。在涉书生公司侵犯著作权纠纷上诉案[②]中，二审法院认为，一审法院未充分考虑作品市场价值和行业特点，所确定的赔偿数额折合成基本稿酬标准仅相当于每千字30元左右，低于现有基本稿酬的最低标准，明显偏低，不仅不能弥补权利人的损失，也不能准确反映作品市场价值，亦不能有效制止侵权，更不能引导数字图书馆行业的健康发展。依据“填平原则”，基本稿酬标准是对作品受到侵害之最低保障，故基本稿酬标准可以作为网络著作权案件确定赔偿数额时参照适用的依据。据此，二审法院参照2014年11月1日起施行的《使用文字作品支付报酬办法》的规定，按照稿酬标准上限300元/千字确定侵权赔偿数额。该案一、二审法院均适用法定赔偿的方式确定赔偿数额，但二审法院综合考虑到作者及其作品的知名度、作品的独创性程度等因素，参照适用最新修订的稿酬标准，更好地反映了涉案图书的市场价值。

三、鼓励权利人积极提交证据

正如多份实证调研报告已经指出的，“赔偿低”的现象与权利人不提交损害赔偿数额的证据，或者说难以提交这方面的证据直接相关。[③]这其实也就是全国人民代表大会常务委员会执法检查组在《关于检查〈中华人民共和国专利法〉实施情况的报告》中提到的“举证难”问题。“举证难”问题的产生主要与知识产权的“无形性”等特点有关，但是，不得不承认的是，司法实务中法院对当事人的举证回应不够，在某种程度上也起到了推波助澜的作用。

在知识产权司法实务中，与其他证据的采信标准一样，证明赔偿数额的证据也应该具备“三性”，即真实性、合法性和关联性，尤其是关联性。以侵犯专

① 见北京知识产权法院（2015）京知民初字第441号民事判决书。

② 见北京知识产权法院（2016）京73民终302号民事判决书。

③ 第3页，脚注③④完整呈现。

利权案件中适用“权利人因被诉侵权所受到的实际损失”的方式确定赔偿数额为例，就涉及“专利产品因侵权所造成销售量的减少数”“专利产品的合理利润”“侵权产品在市场上的销售数”等具体的计算项目。司法实务中，对于这些证据，权利人往往很难全部提供，其中任何内容的不精确都可能导致“权利人因被诉侵权所受到的实际损失”的计算方式无法适用。侵权人获得的利益、许可使用费的合理倍数也存在同样的问题，进而法院不得不适用法定赔偿的计算方式。一旦权利人举证无法得到善意的回应，将导致其不再积极举证，进而陷入“权利人怠于举证，判赔数额低；判赔数额低，权利人不愿积极举证”的怪圈。

在“美孚”商标案[①]中，法院认为，由查明事实[②]可推知，第一、二被告在2009年的年销售额至少在1.7亿元以上，2010年的销售额亦应在该数额上下。即便两被告并非在此之前的每年均有此销售额，但无论如何，在整个侵权持续期间，基于被诉行为所获得的利益以及该行为为原告所带来的损失，显然远远高于原告所主张的450万元的诉讼请求，故对该数额予以全额支持。该案中，法院通过对权利人公证的被告及案外人官方网站的介绍，推定出相应的赔偿数额。尽管该数额与实际的数额并不一定完全相符，但通过这种推定的方式，对权利人的举证活动进行了积极回应，也确定了赔偿数额。

此外，对权利人举证活动的鼓励还体现在对其因举证行为而引发的合理开支的支持。在前述“美孚”商标案中，法院认为，原告在本案中已提交原件的票据包括：国际贸易促进委员会专利商标事务所出具的本案收费通知单，费用为19724元；北京市中信公证处出具的相关公证费用证明，金额为13550元；北京市长安公证处出具的金额为1750元的发票，对于上述合理支出，予以全额支持。

四、充分适用举证妨碍等证据规则

虽然说要鼓励权利人积极提交证据，但“举证难”之所以成为一个现象长期存在，确实是因为提交证据并不是那么简单。也正是考虑到权利人的举证难度，《民事诉讼法》及其司法解释在“谁主张，谁举证”这一基本规则之外，又设定

---

① 见北京知识产权法院（2014）京知民初字143号民事判决书。

② 该事实在判决书记载如下：被告宣称其在2009年及2010年为中国农药企业百强；中新网文章中记载，2009年农药企业百强最后一名的年销售额亦在1.7亿元以上；中国农药信息网显示2012年中国农药行业百强榜单最后一名的年销售额在2.0亿元。

了一些特殊的规则和保障措施。例如，赋予当事人申请法院调查取证[①]、证据保全[②]的权利，赋予法院特定情形下举证责任分配的裁量权[③]，以及对一方不利事实的推定[④]。此外，在《民事诉讼法》及其司法解释规定的证据规则的基础上，相关知识产权实体法及司法解释亦细化明确了具体的操作规则。[⑤]

事实上，上述规则中，《民事诉讼证据若干规定》第七十五条、《商标法》第六十三条第二款和《侵犯专利权司法解释（二）》第二十七条的规定就是举证妨碍规则。关键在于，该举证妨碍规则在实务中是否已经得到充分的运用。

在“墙锢”商标案[⑥]中，原告美巢公司以被告秀洁公司因侵权所获得的利益主张赔偿数额，并提交了相关证据作为考量因素[⑦]。法院认为，原告尽其所能提交了公开信息渠道可以获知的被告经营被控侵权商品的证据，在法院向被告释明后，其虽然对上述证据所载信息的客观性提出异议，但仍不提供相关账簿、资料予以反驳，也未就相应公证书效力向公证行政主管机关提出撤销，法院将结合原告美巢公司提供的相关证据对赔偿数额予以确定。据此，法院结合被告

---

① 《民事诉讼法》第六十四条第二款规定，当事人及其诉讼代理人因客观原因不能自行收集的证据，或者人民法院认为审理案件需要的证据，人民法院应当调查收集。《民事诉讼证据若干规定》第三条第二款规定，当事人因客观原因不能自行收集的证据，可申请人民法院调查收集。

② 《民事诉讼法》第八十一条第一款、第二款规定，在证据可能灭失或者以后难以取得的情况下，当事人可以在诉讼过程中向人民法院申请保全证据，人民法院也可以主动采取保全措施。因情况紧急，在证据可能灭失或者以后难以取得的情况下，利害关系人可以在提起诉讼或者申请仲裁前向证据所在地、被申请人住所地或者对案件有管辖权的人民法院申请保全证据。

③ 《民事诉讼证据若干规定》第七条规定，在法律没有具体规定，依本规定及其他司法解释无法确定举证责任承担时，人民法院可以根据公平原则和诚实信用原则，综合当事人举证能力等因素确定举证责任的承担。

④ 《民事诉讼证据若干规定》第七十五条规定，有证据证明一方当事人持有证据无正当理由拒不提供，如果对方当事人主张该证据的内容不利于证据持有人，可以推定该主张成立。

⑤ 例如，《商标法》第六十三条第二款规定，人民法院为确定赔偿数额，在权利人已经尽力举证，而与侵权行为相关的账簿、资料主要由侵权人掌握的情况下，可以责令侵权人提供与侵权行为相关的账簿、资料；侵权人不提供或者提供虚假的账簿、资料的，人民法院可以参考权利人的主张和提供的证据判定赔偿数额。《侵犯专利权司法解释（二）》第二十七条也有类似规定。

⑥ 见北京知识产权法院（2015）京知民初字第12号民事判决书。

⑦ 原告主张的主要考量因素包括：（1）被控侵权商品销售价格区间为75元/桶-125元/桶，毛利率为30%，平均利润为30元/桶，考虑到市场因素，将被控侵权商品利润确定为26元/桶。（2）被告秀洁公司宣称仅“秀洁墙锢”单品的月产量即为10 000吨，单位商品为18公斤/桶，月产量为555555.6桶。（3）综合考虑以上因素，月利润为14444445.6元，年利润为173333347.2元。（4）被告秀洁公司从2009年8月即开始销售被控侵权商品，因此其获利远超1000万元。

的经营规模、侵权产品的单位销售利润、产量、销售时间、销售门店数量、地域范围等因素，对于原告1000万元的赔偿请求全额支持。该案中，法院适用了《商标法》第六十三条第二款的规定，在被告不提供账簿、资料的情况下，参考原告的主张和证据确定赔偿数额。

五、积极发挥程序性措施的作用

为弥补权利人举证能力的不足，更好地查明案件事实，《民事诉讼法》及其司法解释赋予当事人申请法院调查取证、证据保全的程序性权利。在加大保护力度、确保赔偿数额体现知识产权市场价值的背景下，如何更好地发挥调查取证、证据保全等程序性措施对固定赔偿证据的重要作用，无疑是一项重大课题。

司法实务中，由于各地法院对于“当事人因客观原因不能自行收集”“证据可能灭失或者以后难以取得”等调查取证、证据保全要件的判断标准把握不一，以及我国市场主体的财务账簿不健全、现阶段司法威慑力不足导致社会公众提供证据的配合程度低、法院自身案多人少的矛盾突出等因素的综合作用，导致调查取证、证据保全等工作开展情况不是很理想。对此，法院应该充分认识到调查取证、证据保全等程序性举措对于加大知识产权保护力度的重要意义，积极作为，积累程序性措施的实务经验，并对提供伪证、阻扰作证的行为加大处罚力度，体现出司法活动的权威性和威慑力，进而树立司法的公信力。

在“U盾”专利案①中，法院根据原告握奇公司提出的申请，向中国银行、中国人民解放军61046部队、中国金融认证中心发送《调查函》，就被告恒宝公司向有关银行销售USBKEY产品的数量情况进行调查取证。针对法院的《调查函》，上述各单位均向法院出具了书面证明。正是得益于上述调查取证，法院固定了被诉侵权产品的销售数量。

在涉旅游卫视台标侵犯著作权纠纷上诉案②中，法院认定被告爱美德公司提交的多份关键证据系虚假证据，案外人全国皮革工业标准化技术委员会出具虚假证言，上述行为情节较为恶劣，严重妨碍民事诉讼，根据《民事诉讼法》第一百一十一条、第一百一十五条的规定，对上述二单位分别罚款100万元和10万元，并对全国皮革标准化委员会秘书长赵某罚款1万元。该案涉及造假的证

---

① 见北京知识产权法院（2015）京知民初字第441号民事判决书。

② 见北京知识产权法院（2015）京知民复字第766-1号复议决定书。

据虽然是侵权证据，但一旦涉及赔偿证据造假，同样可以适用上述《民事诉讼法》的相关规定予以制裁。

六、善于适用许可使用费

对于赔偿数额的确定，《专利法》第六十五条和《商标法》第六十三条均规定在权利人的损失或者侵权人获得的利益难以确定的情形下，可参照许可使用费的倍数合理确定。虽然《著作权法》第四十九条没有类似的规定，但司法实务中不乏适用许可使用费的判例，最高人民法院的相关司法解释在明确许可使用费的适用规则时，也并未区分具体的知识产权类型。① 而且，最新版的《著作权法》（修订草案送审稿）也有类似参照许可使用费合理倍数确定的规定。②

司法实务中，适用许可使用费的难题在于"可参照性"的理解和把握。这至少涉及到许可使用方式、许可地域、许可期间、履行方式等协议内容的可参照性。当然，我国知识产权许可使用率不高也是影响适用许可使用费的直接因素，即使是当事人能够提交许可协议的情形，依然面临许可协议的签订主体是否有关联性、许可协议是否真实履行等质疑。

在涉 WAPI 标准必要专利案③中，原告西电捷通公司主张以 1 元 / 件的标准确定许可费，并以许可费的 3 倍确定赔偿数额。为证明其主张，原告提交了四份与案外人签订的专利实施许可合同，其中约定专利提成费为 1 元 / 件。对此，被告认为相关合同针对的是专利包，涉案专利仅仅是专利包中的一件，故 1 元 / 件的许可费标准不合理。法院认为，四份合同分别于 2009 年、2012 年签订于西安和北京，其适用地域和时间范围对本案具有可参照性。四份合同约定的专利提成费为 1 元 / 件，虽然该专利提成费指向的是专利包，但该专利包中涉及的专利均与 WAPI 技术相关，且核心为涉案专利。因此，上述四份合同中约定的 1 元

① 《最高人民法院关于当前经济形势下知识产权审判服务大局若干问题的意见》（法发〔2009〕23 号）第十六条指出，在确定损害赔偿数额时要注意参照许可费计算赔偿时的可比性，充分考虑正常许可与侵权实施在实施方式、时间和规模等方面的区别，并体现侵权赔偿金适当高于正常许可费的精神。

② 《著作权法》（修订草案送审稿）第七十六条第一款：侵犯著作权或者相关权的，在计算损害赔偿数额时，权利人可以选择实际损失、侵权人的违法所得、权利交易费用的合理倍数或者一百万元以下数额请求赔偿。

③ 见北京知识产权法院（2015）京知民初字第 1194 号民事判决书。

/ 件的专利提成费可以作为本案中确定涉案专利许可费的标准。考虑到涉案专利为无线局域网安全领域的基础发明、获得过相关科技奖项、被纳入国家标准以及被告在双方协商过程中的过错等因素，法院支持原告“以许可费的 3 倍确定赔偿数额”的主张。对于法院在该案确定的赔偿数额，也有观点提出质疑，认为涉案 WAPI 专利并没有在市场上实施。该观点也许有其事实基础，但本案是参照许可使用费的合理倍数确定的赔偿数额，而根据法院查明的事实，涉案四份许可协议具有真实性，也有发票证明其已实际履行。

七、灵活适用法定赔偿

正如大家都知道的，在我国侵犯知识产权案件审判实践中，确定赔偿数额时，绝大多数案件采取的是法定赔偿的计算方式。2013 年，中南财经政法大学知识产权研究中心发布过一份《知识产权侵权损害赔偿案例实证研究报告》。根据该报告，在侵犯著作权、商标权、专利权纠纷案件中，适用法定赔偿的比例分别为 78.54%、97.63% 和 97.25%。[①] 但是，需要注意的是，不能因为法定赔偿适用比例高就否定其存在的价值，或者把“赔偿低”的现象归因于法定赔偿的适用。恰恰相反，在我国现行赔偿数额偏低的情形下，法定赔偿是司法实践不断发展的结果，有利于满足加大知识产权保护力度的需要。[②]

司法实务中，面临的问题是如何更加灵活地适用法定赔偿，以发挥出其应有的价值。在“MONCLER”商标案[③]中，法院适用法定赔偿考虑的因素包括：1. 根据法院查明的事实，原告的商标具有较高的知名度；2. 被告网站上展示的服装上带有与原告“MONCLER”商标相同的商标；3. 被告作为涉案服装的生产者，其在网站上邀请加盟并招募代理商且侵权的时间较长；4. 被告故意在其生产的服装上不标示生产者，侵权恶意明显，侵权后果比较严重；5. 被告生产、销售的涉案服装价格较高；6. 被告未提供其因侵权获利或者生产、销售服装数量的证据。综合考虑上述因素，法院以法定赔偿的上限 300 万元确定损害赔偿数额。这个案件也是 2014 年《商标法》施行以来法院就侵犯商标权案件适用法定赔偿最高限额的首例判决，对于加大保护力度具有示范效应。

---

① 张维：《知识产权侵权获赔额整体偏低》，载《法制日报》，2013 年 4 月 18 日。

② 陈志兴：《侵犯专利权法定赔偿适用问题研究》，载“知产力”微信公众号，2015 年 11 月 14 日。

③ 见北京知识产权法院（2014）京知民初字第 52 号民事判决书。

在实践经验积累的基础上，最高人民法院对赔偿数额的确定方式也逐渐完善，提出了“酌定赔偿”（“裁量性赔偿”）的方式。例如，在“音响（金刚便携式 xway-m5）”外观设计专利案[①]中，最高人民法院指出，在侵权产品销售数量可以确定的情况下，根据专利产品或者侵权产品的利润率，即可以计算出被侵权人的损失或者侵权人获得的利益，并以此来确定赔偿额；在有关产品的利润率难以准确计算时，法院可以酌定一个合理的利润率来计算。当然，如果当事人能够证明存在一个真实合理的按照产品件数计算的专利许可使用费时，也可以根据按件计费标准乘以侵权产品数量所得之积计算赔偿额。

在《关于当前经济形势下知识产权审判服务大局若干问题的意见》中，最高人民法院指出，对于难以证明侵权受损或侵权获利的具体数额，但有证据证明前述数额明显超过法定赔偿最高限额的，应当综合全案的证据情况，在法定最高限额以上合理确定赔偿额。[②]在“动态平衡阀”发明专利案[③]中，法院综合考虑被告经营规模、主观恶意、专利产品及被控侵权产品单价、行业利润等因素，突破法定赔偿上限，判令被告赔偿经济损失 150 万元。

八、大胆提高对律师费的支持率

合理开支体现为权利人获取正义的成本，在制度设计上，该成本由谁承担会影响到权利人寻求正义的积极性。因此，合理开支的赔偿一方面是对权利人诉权保障的体现，另一方面也能在一定程度上减少“赢了官司输了钱”的现象。律师费无疑是合理开支的重要组成部分。

司法实务中，权利人可能只提供了委托合同或者收费凭证，或者仅是主张其委托了律师参与维权，但委托合同和收费凭证均未提供，在这种情况下，法院就权利人的主张该如何处理？如果按照严格的证据要求，权利人的请求肯定不能得到支持。但在具体的司法实务中，一概拒绝的做法也很难说完全符合事实。有的案件中，法官结合具体的案情，针对这种情况就律师费用的问题进行了酌情支持。我们认为，这一做法符合实事求是的原则，也较好地体现了加大知识产权司法保护力度、降低权利人维权成本的司法保护政策，是值得肯定的。

---

① 见最高人民法院（2007）民三终字第 3 号民事判决书。

② 见《最高人民法院关于当前经济形势下知识产权审判服务大局若干问题的意见》第十六条。

③ 见北京知识产权法院（2014）京知民初字第 5 号民事判决书。

另外，对律师费的确定还应考虑到律师收费市场的实际情况。在“U盾”专利案[①]中，原告主张以计时收费方式作为律师费的计算标准，对此，法院经审判委员会讨论予以认可。在此基础上，法院结合案件代理的必要性、案件难易程度，以及代理律师为本案的实际付出等情况，认为原告在本案中主张的律师费数额合理，对该项请求予以支持。

其实，律师计时收费的做法也有先例可循。在“后换档器支架”发明专利案[②]中，最高人民法院指出，日骋公司虽对律师费（按照每位律师每小时3000元计收，共计442500元）的数额提出质疑，但未提出充分的事实和理由，且律师费以每小时3000元计收并未违反有关法律、行政法规以及行政规章的规定，故予以支持。

九、充分、大胆地说明理由

伴随着“赔偿低”的现象，法院判赔遭受的另一诟病就是裁判文书不说理或者说理不充分。客观来讲，在绝大部分案件都适用法定赔偿的情形下，如何对判赔进行说理确实也是困扰法官的难题。尤其是在当事人未就赔偿问题进行举证的案件中，要求法官说理有点“巧妇难为无米之炊”，甚至导致法官干脆就不说理，因为这个“理”好像不管怎么说都说不清，还不如不说，以免言多必失。

站在法官的立场，上述做法似乎是理性的选择。但是，立足于加大保护力度的语境，判赔说理其实也是加大保护力度的一个方面。充分的判赔说理能够让当事人、社会公众更为清晰地读懂法官在确定赔偿数额时的考虑因素，并且让当事人、社会公众在为相关行为（包括诉讼行为）时有着更为明确的指引，这样当其一旦涉诉时，必定会按照法院的判赔思路进行举证，促进法院判赔数额的精细化和裁判文书说理水平的整体提升，形成一种良性循环。

至于说具体的判赔说理方式，大体上包括两个方面，一是敢于说理，要彻底打消言多必失的顾虑；二是要善于说理，而不能仅仅是事实和法律的堆砌。在“紫玉”商标案[③]中，二审法院对一审判赔额进行改判，将一审法院确定的100万元赔偿数额提升至法定最高限额300万元。二审法院认为，在适用《商标法》

---

① 见北京知识产权法院（2015）京知民初字第441号民事判决书。

② 见最高人民法院（2012）民提字第1号民事判决书。

③ 见北京知识产权法院（2015）京知民终字第1878号民事判决书。

第六十三条第三款确定赔偿数额时，应当考虑涉案商标的显著性与声誉、不动产商标的特殊性、侵权行为的性质及持续时间、侵权行为的地域等因素综合确定。具体而言：1. 紫玉山庄公司涉案商标具有较高的显著性与知名度。2. 不动产商标具有特殊性，直接代表了不动产项目的质量、品质、配套设施及环境等特点，且不动产商标因不动产的特殊物理属性而对相关公众产生持续甚至越来越强化的影响力。3. 海润公司与紫玉山庄公司同处于北京地区，对于紫玉山庄公司具有较高知名度的涉案商标理应知晓。海润公司使用“紫玉公馆”及“海润紫玉公馆”缺乏正当理由，在接到紫玉山庄公司发送的律师函后仍将“紫玉”作为涉案楼盘名称的主要识别因素，继续实施侵权行为，致使侵权行为长达八个月左右，侵权恶意明显。4. 侵权赔偿的数额应当与涉案商品的市场价值相对应。紫玉山庄公司的涉案商标实际使用的项目与海润公司的涉案楼盘均指向商品房，市场价值巨大，在建造成本相对稳定而商品房价格较高的情况下，开发商的利润空间则相对较大。将涉案商品的市场价值纳入赔偿数额确定的因素，也会使得侵权成本提高，从而达到有效防止侵权、制止侵权行为、保护权利人的合法权益的效果。可以看出，该案判赔说理把合议庭和审判委员会确定赔偿数额时的考虑因素都写入了判决书，既敢于说理，又善于说理，令人信服。

结语

本文立足于加大知识产权保护力度的背景，围绕“怎样认识‘赔偿低’的现象”等九个问题，对确定侵权赔偿数额的路径做了探讨。需要注意的是，尽管文中案例都体现出了加大保护力度的裁判理念，但是，加大保护力度得有事实基础，而不能毫无依据。不能将加大保护力度曲解为盲目地提高侵权赔偿额。[①]

---

① 陈志兴：《关于加大知识产权保护力度的三点认识》，载“知产库”微信公众号，2016 年 12 月 6 日。

司法定价与市场定价：确定知识产权损害赔偿数额的理念与规则

在“大众创业、万众创新”的大背景下，知识产权保护问题热度不减，很多老问题也不断地被热炒，比如，知识产权保护力度、损害赔偿数额的确定，等等。2016年“4·26”期间，在中央政法委宣传教育指导室、最高人民法院应用法学研究所主办、中国社会科学院法学所、北京知识产权法院承办的“知识产权司法保护研讨会”上，“侵犯知识产权损害赔偿司法定价问题”是其中的第一个专题。随后，在2016年5月举办的“第二届中国知识产权法院论坛”上，分会场的首个专题就是“损害赔偿数额的确定与知识产权价值实现”。在这两次会上，“知识产权损害赔偿”“司法定价”“市场价值”等相关话题再次引发热烈讨论。在此，笔者就知识产权损害赔偿数额的“司法定价”与“市场定价”问题谈谈自己的一些想法。

关于“司法定价”，据考证是由时任最高人民法院知识产权庭庭长的孔祥俊教授在中国知识产权法学研究会2013年年会上首次提出的。孔教授指出，“如果被侵害的知识产权未获充分赔偿，知识产权就将成为廉价品。我们要通过提高司法赔偿额，来引导知识产权市场价值的提高。而知识产权市场价值的提高，反过来又将推动司法定价的进一步提升。”①

可以看出，孔教授的“司法定价论”有两个层面的含义：一方面，通过提高司法赔偿额，引导知识产权市场价值的提高；另一方面，知识产权市场价值的提高，又将推动司法定价的进一步提升。通俗理解，孔教授的“司法定价论”其实就是要实现“司法定价”与“市场定价”的良性互动，共同促进知识产权价值的实现。但是，司法实践中的问题是，“司法定价”和“市场定价”究竟是哪个先提高？

主张先提高“司法定价”的观点认为，知识产权价值的实现需要背后的“大棒”支撑，这个“大棒”就是高额赔偿，否则不可能建立有效的知识产权交易

---

① 张维：《专家建议法院判赔与市场价值挂钩》，载《法制日报》，2013年11月8日。

市场。主张先提高“市场定价”的观点则认为，“司法定价”并不是无凭无据的，实务中的这种凭据就是知识产权的市场价值，更直白地讲，就是得有知识产权市场价值的证据支撑。客观地讲，这两种观点都有各自的道理，以致很难彼此说服，甚至可能滑入“鸡生蛋，蛋生鸡”的怪圈。

至少在2015年以前，笔者比较坚持“市场定价”的观点。一方面源于法律的规定，以《专利法》为例，根据第六十五条的规定，侵犯专利权赔偿数额的确定主要有四种方式，即权利人的损失、侵权人获得的利益、专利许可使用费的合理倍数以及法定赔偿。显然，对于前三种方式，“市场定价”是直接和客观的标准。即使是在适用法定赔偿的情形下，仍然应该根据专利权的类型、侵权行为的性质和情节等因素进行确定，这也涉及“市场定价”标准的适用。另一方面涉及法官裁量权的适用。每次面对这个问题，笔者都会毫不犹豫地抬出“让审理者裁判，由裁判者负责”的司法改革精神。尤其是后半句“由裁判者负责”，其实是威力很大的。试想一下，在没有相应的“市场定价”的情况下，法官敢“司法定价”吗？能承担得起这个责任吗？虽然近些年出现了不少高额赔偿，比如侵犯商标权案件中的300万、网络游戏著作权案件中的500万元，但时过境迁之后，主审法官再想起这事会不会偶尔陷入“细思极恐”的状态？而且，会不会出现一种可能，那就是法官之间进行高额赔偿的竞赛？想想还是很可怕的一件事情。所以，很长一段时间以来，笔者一直是“市场定价论”的坚定支持者，认为不应由法官为“赔偿低”的问题背黑锅。

当然，持“市场定价”的观点还源于笔者2014年对侵犯专利权案件中赔偿实务问题的调研。在《侵犯专利权法定赔偿适用问题研究》的调研报告中，对于侵犯专利权案件中“法定赔偿适用比例高”“赔偿数额相对偏低”等现象，笔者得出的结论是，这与原告的诉讼维权行为存在欠缺有着直接的关系，即原告主张适用法定赔偿的比例高、且很少提交证据。而且这一结论也得到长沙市中级人民法院2016年“4·26”期间公布的一份报告的佐证。[①] 因此，基于上述调研报告，笔者曾主张，既然“赔偿低”是源于举证不力，那对症下药自然是要求当事人加大举证力度。

但是，随着知识产权法院成立以来对知识产权司法保护的意义、知识产权司法强保护、知识产权法律共同体建设等问题的深入学习和思考，笔者也在逐渐

---

① 见长沙市中级人民法院：《知识产权民事案件损害赔偿额判定状况（2011—2015）》，载“知产力”微信公众号，2016年4月20日。

修正之前固守“市场定价”的立场。这可能会涉及三个方面的问题。首先，虽然知识产权是私权，但由于知识产权的无形性，权利人很难通过私力救济去抵抗侵权行为，必须求助于代表国家公权力的知识产权司法保护制度。其次，虽然知识产权是私权，但知识产权保护制度事关国家创新驱动发展战略，只有通过知识产权的司法强保护才可能形成对创新活动的激励。再次，司法实务中“赔偿低”的问题虽然与当事人、代理律师举证不力相关，但是，如果不能通过司法保护实现知识产权的价值，法官裁判的价值自然也没法实现。因此，基于法律人共同体的理念，法官也有职责在赔偿证据获取、赔偿数额计算等方面积极探索，完善相关的规则。

基于这些学习和思考，笔者也赞同知识产权“司法定价”的观点。

但是，如何统一理解“司法定价”和“市场定价”两种观点呢？结合知识产权审判实务，笔者的认识是，“司法定价”主要体现为一种理念，尤其是司法强保护的理念，而“市场定价”则对应《专利法》等知识产权专门法中确定赔偿数额的具体裁判规则。一方面，当裁判规则还不够具体，难以发掘出知识产权的“市场定价”，或者说裁判规则还存在一定的裁量空间时，法官应注重听从“司法定价”理念的指引，以司法的强保护去推动知识产权市场价值的实现。另一方面，司法强保护的“司法定价”理念又必须落实在具体的裁判规则上，在司法个案中必须通过知识产权的“市场定价”予以实现。

因此，对于确定知识产权损害赔偿数额而言，“司法定价”是理念，“市场定价”是规则，二者并不对立，而应该被理解为一个统一体。

加大知识产权保护力度的三点认识

党的十八届三中、四中、五中全会明确提出，要健全以公平为核心原则的产权保护制度，推进产权保护法治化。2016 年 11 月 4 日，中共中央、国务院印发《关于完善产权保护制度依法保护产权的意见》，对完善产权保护制度、推进产权保护法治化有关工作进行了全面部署，明确提出“加大知识产权保护力度”。2016 年 11 月 28 日，最高人民法院发布《关于充分发挥审判职能作用切实加强产权司法保护的意见》（法发〔2016〕27 号），也提到要“依法制裁知识产权违法犯罪，加大知识产权保护力度”。结合司法实践中的一些体会，笔者想借此机会谈谈关于加大知识产权保护力度的三点认识。

一、加大知识产权保护力度不等于惩罚性赔偿

近年来，我国创新能力和研发投入逐渐提高，国内创新者对于知识产权保护的内在需求更加强烈，加强知识产权保护已经成为社会共识。中共中央、国务院 2016 年 5 月份发布的《国家创新驱动发展战略纲要》明确要求，“充分发挥知识产权司法保护的主导作用，增强全民知识产权保护意识，强化知识产权制度对创新的基本保障作用”。尤其是在“双创”背景下，面对各类侵犯知识产权的行为，“惩治”“惩戒”“惩罚”等呼声不时出现，或许下一步就是“侵权可耻”“人人喊打”的局面。但是，值得注意的是，知识产权具有法定性，专利权、商标权、著作权等任何一项具体的知识产权都有其法定的权利边界。实务中，某项侵权行为是否成立需要与权利人享有的知识产权保护范围进行比对，而且还要考虑被告相关抗辩主张是否成立。因此，是否构成侵犯知识产权的行为并非道德判断，而是法律判断。在此基础上，加大知识产权保护力度也不能与惩罚性赔偿画等号。

在我国现行知识产权立法实践中，《商标法》第六十三条被认为具有惩罚性赔偿的性质，即“对恶意侵犯商标专用权，情节严重的，可以在按照上述方法确定数额的一倍以上三倍以下确定赔偿数额”。但是，此处“一倍以上三倍以下

确定赔偿数额”的适用也具有明确的前提条件，即“恶意侵犯商标专用权”“情节严重”。此外，还应该“在按照上述方法确定数额”的基础上适用。因此，惩罚性赔偿并非侵犯知识产权案件中确定赔偿数额的常态。这在最高人民法院“实现以补偿为主、以惩罚为辅的双重效果”的司法政策上也得到体现。

更进一步地，重新回到开篇提到的两份文件，也可以看到类似的精神。中共中央、国务院《关于完善产权保护制度依法保护产权的意见》提出，探索建立对专利权、著作权等知识产权侵权惩罚性赔偿制度，对情节严重的恶意侵权行为实施惩罚性赔偿。《最高人民法院关于充分发挥审判职能作用切实加强产权司法保护的意见》提出，通过排除侵权证据妨碍、合理分配当事人的举证责任等途径，依法推进惩罚性赔偿制度的适用。可见，惩罚性赔偿必须在现行法律的框架范围内适用，加大知识产权保护力度不等于惩罚性赔偿。

二、知识产权的保护力度不仅体现为赔偿数额

有观点提出要通过司法对知识产权进行定价，对此笔者也基本赞同。但是，这只是问题的一个方面，更为基础的是，知识产权的价值体现为其在市场交易中的价格。没有市场交易，知识产权的价值如何体现？司法对知识产权定价又如何可能？这也是最高人民法院明确提出“以实现市场价值为指引，进一步加大损害赔偿力度”的司法政策的原因。

因此，对知识产权保护的关键，或者说基础，在于知识产权的市场价值，而司法个案中确定的赔偿数额仅仅是体现涉案知识产权市场价值的一个指标。那么，怎样实现知识产权的市场价值？笔者认为，关键在于知识产权本身的质量。以专利权为例，全国人民代表大会常务委员会执法检查组于 2014 年 6 月 23 日提交的《关于检查〈中华人民共和国专利法〉实施情况的报告》中列举了《专利法》实施中的一些问题，包括专利质量总体上还处在较低水平、侵权行为时有发生、专利运用能力不足、专利公共和社会服务能力不强等。当然，这些问题共同反映着我国《专利法》的实施状况，但“专利质量低”无疑是基础性的问题。因此，加大知识产权保护力度，很重要的一个方面是提升知识产权的质量，具体体现为知识产权的授权确权质量。

以专利商标授权确权为例，加大保护力度有很多工作可以做。比如说，将附着在专利制度上的其他不正常因素，如专利申请资助政策等剥离，还原专利制度的本来面目，必将大幅度减少垃圾专利的数量，整体上提升我国专利授权

质量。再如，加大商标恶意抢注的打击力度，尽可能地保护商业标识的区别性，限制“傍名牌”“搭便车”等不正当行为的空间。只有从源头上完善知识产权授权确权制度，提升知识产权的授权确权质量，才能为后续的知识产权转化、运用和保护提供坚实的基础。这些无疑都是知识产权保护力度的重要方面。

此外，即便是在侵犯知识产权民事诉讼中，知识产权的保护力度也不仅仅体现为赔偿数额，诉前禁令、证据保全、举证妨碍等制度，判令停止侵权等的适用，都彰显着保护力度。

三、知识产权的保护力度离不开案件事实基础

在依法治国的语境下，“加大知识产权保护力度”的要求必须转化为具体的法律适用，即转化为司法活动。司法活动是“三段论”的过程，法律规范作为大前提，具体的案件事实为小前提，根据逻辑三段论推导出结论，即判决。

结合知识产权审判工作的实际和新形势、新任务及新要求的背景，最高人民法院将知识产权司法保护的总体要求归纳为“司法主导、严格保护、分类施策、比例协调”四项司法政策。其中，严格保护首先要严格司法、公正司法，切实保障知识产权法律体系的有效实施。对于法律明文规定构成侵犯知识产权或者违反竞争法的行为，要准确定性，坚决制止，充分赔偿，绝不允许法外施恩。要用足用好用活知识产权法律空间，在法律允许的范围内积极采取有效措施，加大司法惩处力度，降低维权成本，给权利人提供充分的司法救济，使侵权人付出足够的侵权代价，努力营造侵权人不敢侵权、不愿侵权的法律氛围。要妥善行使司法裁量权，以有利于严格保护、有利于激励创新和有利于维护公平竞争为出发点，作出体现严格保护效果的选择。

如果说对于法律的理解和适用主要是裁判者的工作，那么提供案件事实则离不开权利人的积极参与。这也就是笔者多年来一直主张的“你给我事实，我给你法律”的做法[①]。但是，考察知识产权司法实践，权利人提供事实（体现为证据）的情况并不尽如人意。笔者曾以随机搜集的北京、广东、江苏、福建、安徽五地的548份侵犯专利权案件民事判决书为例对损害赔偿问题进行过统计，权利人提交损害赔偿相关证据的案件仅90起，占比约16%。也就是说，司法实务中，权利人很少提交损害赔偿证据，往往都是主张适用法定赔偿。

---

① 陈志兴：《积极提赔偿证据　客观看赔偿数额》，载《中国知识产权报》，2014年9月3日。

虽然中共中央、国务院印发的《关于完善产权保护制度依法保护产权的意见》已经明确提出“加大知识产权保护力度”，司法实践中“加大知识产权保护力度”或许将会作为一种“政治正确”而被要求执行，但是，仍应时刻牢记的是，“以事实为根据，以法律为准绳”是我国诉讼活动的一项基本原则，“实事求是”也是党的基本原则。

侵犯专利权高额赔偿典型案例解读

2017年1月10日，时任北京知识产权法院院长宿迟在建院两周年新闻发布会上的讲话中提到，2015年，该院侵犯知识产权案件平均判赔数额为45万元，2016年，侵犯专利权案件平均赔偿数额为141万元，侵犯商标权案件平均赔偿数额为165万元，侵犯著作权案件平均赔偿数额为45.8万元。[①] 这组数据有什么特殊性呢？可以对照看另一组数据。2013年，中南财经政法大学知识产权研究中心发布《知识产权侵权损害赔偿案例实证研究报告》，以2008年6月我国知识产权战略实施以来全国各级法院审理的4768件侵犯知识产权有效司法判例为研究对象，结果显示侵犯专利权案件的平均判赔金额为8万元，侵犯著作权案件为1.5万元，侵犯商标权案件为6.2万元。[②] 两相比较，很显然，北京知识产权在判赔数额上有了很大的提高。

那么，判赔数额的提高是怎样实现的？对此，本文以侵犯专利权案件为例，对北京知识产权法院2015年、2016年审理的部分案件进行分析，探究"高额赔偿"[③] 的机理，以期起到"解剖麻雀"的作用。

一、共性：赔偿证据是确定赔偿数额的基础

不可否认的是，司法实践中侵犯专利权案件确实存在"赔偿低"[④] 的现象。但是，这一现象并不能全部归责于法院。对此，实证方面的研究成果不少，有

---

① 宿迟：《北京知识产权法院两周年工作情况通报——在建院两周年新闻发布会上的讲话》，载"知产北京"微信公众号，2017年1月10日。

② 张维：《知识产权侵权获赔额整体偏低》，载《法制日报》，2013年4月18日。

③ 本文中"高额赔偿"指的是侵权判赔额大于或者等于法定赔偿上限。

④ 在2014年6月23日提交的《关于检查〈中华人民共和国专利法〉实施情况的报告》中，全国人民代表大会常务委员会执法检查组就提到，专利维权存在"赔偿低"的问题。

的将重点放在赔偿证据的缺失，指出当事人应注重证据的收集[①]；有的提出要合理分配举证责任和举证内容，细化赔偿计算方式[②]；还有的分析了不认同“赔偿低”的十个理由，涵盖了当事人举证、知识产权价值、损害赔偿计算方式的适用等十个方面[③]。

考察北京知识产权法院审理的侵犯专利权案件，赔偿证据缺失的问题也同样存在，此类案件中当然也就难以获得高额赔偿。也就是说，“权利人需要对其主张的赔偿数额进行举证”这一基本规则在北京知识产权法院同样得到遵守，没有赔偿证据，则奢谈高额赔偿。例如，在“一种门用软包贴片”实用新型专利案[④]中，法院认为，原告没有提交其因侵权受到的实际损失以及侵权人因侵权获得利益的证据，也没有专利许可使用费可以参照，故考虑涉案专利系实用新型专利、侵权行为发生在展会期间、参展持续时间较短、中装华港公司侵权行为的性质和情节等因素，确定本案的赔偿数额。原告为制止侵权行为所支付的合理开支，被告中装华港公司应一并予以赔偿。原告主张的赔偿数额过高，不予全额支持。最终，法院确定被告中装华港公司赔偿原告经济损失及合理开支共计 2 万元。该案中，原告并未向法院提交赔偿证据，除“举证难”等因素外，还可能是考虑到被告是展览场地的出租方，即使参展商的许诺销售等行为构成侵权，被告也仅是监管注意义务的缺失，至多只构成帮助侵权行为，原告很难获得高额赔偿，过多的举证工作反而会增加维权成本，以致得不偿失。

在“手持式正负液体压力校验器”实用新型专利案[⑤]中，原告康斯特公司未举证证明其因被侵权所受到的实际损失，亦未举证证明被告斯贝克公司因侵权所获得的利益，且明确主张适用法定赔偿。针对法定赔偿数额的确定，法院指出，专利权人和侵权人的主体身份及市场竞争地位、企业经营规模、市场占有率、

---

① 陈志兴：《侵犯专利权法定赔偿适用问题研究》，载“知产力”微信公众号，2015 年 11 月 14 日；长沙市中级人民法院：《知识产权民事案件损害赔偿额判定状况（2011—2015）》，载“知产力”微信公众号，2016 年 4 月 20 日。

② 南京铁路运输法院课题组：《知识产权侵权诉讼成本与效率分析——基于南京法院案件的实证研究》，载“江苏高院”微信公众号，2016 年 4 月 26 日。

③ 何震：《法官不认同“知识产权损害赔偿低”的十个维度》，载“西南知识产权”微信公众号，2017 年 1 月 15 日。

④ 见北京知识产权法院（2015）京知民初字第 907 号民事判决书。

⑤ 见北京知识产权法院（2015）京知民初字第 1462 号民事判决书。

同类产品的市场价格、侵权行为的性质、持续时间、实施范围和实施后果、同行业的平均利润率、行业协会等官方机构的统计报告、被告对被控侵权产品宣传和广告等均可以成为影响损害赔偿问题的考量因素。当事人更应积极地履行举证义务，才能更加真实地反映被侵害的知识产权的市场价值，并且为法院进一步合理地确定损害赔偿额打下良好的基础。

也就是说，和其他法院一样，在北京知识产权法院审理侵犯专利权案件司法实践中，“赔偿证据是确定赔偿数额的基础”这一基本规则仍然得到遵守。

二、特性：立足赔偿证据确定高额赔偿

正如大家都知道的，提交赔偿证据是有难度的，也就是所谓的“举证难”问题。基于专利权的无形性、客观举证困难等原因，该“举证难”至少有两方面的表现，一是完全没有提交任何证据[①]，二是仅提交部分证据，但在证据链上有欠缺。权利人要想获得高额赔偿，或者法院想要做出一份高额赔偿的判决，“举证难”的难题必须破解。

（一）适用法定赔偿弥补举证不足

在“榨汁机”发明专利案[②]中，原告图们惠人公司为证明其索赔数额，向法院提交了海尔公司官方网站、海尔商城网站、国美在线、易迅网、天猫商城网站截屏、第 26012 号公证书附件第 82 页等证据，以证明海尔公司的经营规模和销售规模、京东公司销售涉案产品的数量。但基于这些证据，仍无法确定原告因被侵权所受到的实际损失、被告因侵权所获利益的具体数额，且也没有涉案专利的许可使用费可供参照，故法院适用法定赔偿的方式确定赔偿数额。

但是，在“一万元以上一百万元以下”的赔偿范围内，法定赔偿的数额具体该如何确定？对此，法院在该案中作出如下认定：第一，涉案专利的类型为发明专利，与其申请日前的现有技术相比具有突出的实质性特点和显著的进步，这一点在法院依法酌定侵权赔偿数额时亦应有显著的体现；第二，涉案专利产品和涉案产品相对于以高速压榨、离心分离为特点的传统榨汁机产品在性能上有较为明显的提升，消费者好评率较高，对于市场上该类产品的升级换代有较为明

---

① 在加大保护力度的背景下，这种案例越来越少。

② 见北京知识产权法院（2015）京知民初字第 198 号民事判决书。

显的影响；第三，从海尔公司的产销规模来看，其公司网站上介绍海尔公司的营销网络覆盖全国，行政县市的覆盖率达到100%。海尔商城网站网页截屏则显示涉案产品在海尔商城中进行销售，售价为799元，且已售出3765台。综上，法院认为无论从涉案专利的类型，还是从海尔公司侵权行为的性质和情节以及侵权的涉案产品对于权利人正常市场份额的非法侵占等角度考虑，海尔公司的侵权行为给图们惠人公司造成的实际损失都应当是巨大的，对图们惠人公司请求法院判令海尔公司赔偿损失100万元的诉讼请求予以支持。

可见，在该案中，法院在确定法定赔偿数额时，依照《专利法》第六十五条第二款的规定，根据“专利权的类型、侵权行为的性质和情节等因素”作出认定，弥补了当事人举证的不足。

（二）通过法院调查取证破解举证难题

不过，法定赔偿毕竟还有100万元的上限。因此，权利人要想获得超过100万元的高额赔偿，还是要想办法做好举证工作。但是，举证在有些时候确实是存在困难的。为了破解权利人的举证难题，更好地查明案件事实，《民事诉讼法》及其司法解释赋予了当事人申请法院调查取证的权利。然而，由于对“当事人因客观原因不能自行收集”等调查取证要件的判断标准把握不一、我国市场主体的财务账簿不健全、现阶段司法威慑力不足导致社会公众提供证据的配合程度低、法院自身案多人少的矛盾突出等因素的综合作用，导致调查取证工作开展得并不理想。

在“一种物理认证方法及一种电子装置”发明专利案[①]中，原告握奇公司主张采用以被诉侵权产品的实际销售数量乘以每件专利产品合理利润的方法计算侵权赔偿数额。法院根据原告的申请，向中国银行、中国人民解放军61046部队、中国金融认证中心发送《调查函》，就被告恒宝公司向有关银行销售USBKEY产品的数量情况进行调查取证。针对法院的《调查函》，上述各单位均向法院出具了书面证明。正是得益于上述调查取证，法院计算出被诉侵权产品的实际数量及每件专利产品的合理利润，全额支持了原告4900万元的赔偿请求。该案是以“权利人因侵权受到的实际损失”确定赔偿数额的典型案例，之所以能够做到这一点，法院依权利人申请履行调查取证职能功不可没。

---

① 见北京知识产权法院（2015）京知民初字第441号民事判决书。

（三）善于适用举证妨碍制度补足部分证据

考虑到权利人的举证难度，《民事诉讼法》及其司法解释也设定了一些特殊的规则和保障措施。例如，对一方不利事实的推定[①]，降低权利人的举证难度。《专利法》及其司法解释亦有相关的规定。[②]

在“行星式搅拌机的一种高效传动装置”实用新型专利案[③]中，原告青岛科尼乐公司主张以被告侵权获利的方式确定赔偿数额，认为本案行业的平均利润率为40%。法院认为，鉴于被告经法院裁定保全并再次释明要求其提交财务账册以便法院查明其利润率，但被告未执行法院的查封、扣押裁定，亦未向法院提交相关证据。加之，被告在原告明确主张利润率为40%的情况下，仍然拒绝执行法院裁定并拒绝提供相应的证据，其应当承担举证妨碍的法律后果。据此，法院采纳原告关于行业平均利润率为40%的主张。

（四）大胆参照专利许可使用费确定赔偿数额

《专利法》第六十五条规定，在权利人的损失或者侵权人获得的利益难以确定的情形下，可参照许可使用费的倍数合理确定。司法实务中，参照专利许可使用费的倍数确定赔偿数额的案例较为少见，其疑难之处在于“可参照性”的理解和把握。关于“可参照性”，至少涉及许可使用方式、许可地域、许可期间、履行方式等因素。当然，我国专利权许可使用率不高也是影响适用许可使用费的直接因素，即使是当事人能够提交许可协议的情形，还面临许可协议的签订主体是否有关联性、许可协议是否真实履行等质疑。

在“一种无线局域网移动设备安全接入及数据保密通信的方法”发明专利案[④]中，原告西电捷通公司主张以1元/件的标准确定许可费，并以许可费的3倍确定赔偿数额，并提交了四份与案外人签订的专利实施许可合同，其中约定专利提成费为1元/件。法院认为，四份合同分别于2009年、2012年签订于西安和北京，其适用地域和时间范围对本案具有可参照性。四份合同约定的专利提成

---

① 《民事诉讼证据若干规定》第七十五条规定，有证据证明一方当事人持有证据无正当理由拒不提供，如果对方当事人主张该证据的内容不利于证据持有人，可以推定该主张成立。

② 如《侵犯专利权司法解释（二）》第二十七条。

③ 见北京知识产权法院（2015）京知民初字第2160号民事判决书。

④ 见北京知识产权法院（2015）京知民初字第1194号民事判决书。

费为 1 元 / 件，虽然该专利提成费指向的是专利包，但该专利包中涉及的专利均与 WAPI 技术相关，且核心为涉案专利。因此，上述四份合同中约定的 1 元 / 件的专利提成费可以作为本案中确定涉案专利许可费的标准。考虑到涉案专利为无线局域网安全领域的基础发明、获得过相关科技奖项、被纳入国家标准以及被告在双方协商过程中的过错等因素，法院支持原告"以许可费的 3 倍确定赔偿数额"的主张。

（五）大力支持当事人的合理开支

对于当事人因维权而产生的合理开支，尤其是律师费，如果能够得到法院的支持，肯定会提高当事人委托律师进行举证的积极性。但是，实务中，律师费常常会被认定为不合理而遭受酌减处理。笔者认为，对律师费的确定还是应该充分考虑律师收费市场的实际，只要是符合律师收费实际的，都应予以支持。

在前述"一种物理认证方法及一种电子装置"发明专利案[①]中，原告主张以计时收费方式作为律师费的计算标准。法院经审判委员会讨论予以认可，并结合案件代理的必要性、案件难易程度以及代理律师为本案的实际付出等情况，认为原告在本案中主张的律师费数额合理，对该项请求予以支持。

在前述"一种无线局域网移动设备安全接入及数据保密通信的方法"发明专利案[②]中，原告因提起本案诉讼而产生的合理支出，包括被控侵权产品购买费 22054 元、公证费 31840 元、被控侵权产品检测费 20000 元、翻译费 300 元和律师费 40 万元，共计 474194 元均有票据在案支持，法院予以全额支持。

三、思考：形成加大知识产权保护力度的大气候

回顾这些年我国侵犯专利案件的审判实践，"加大保护力度"一直是一项重要的司法政策。本文提到的一些基本规则，如立足赔偿证据、适用法定赔偿、善用举证妨碍制度等，在之前的审判实践中也有体现。例如，在"防火隔热卷帘用耐火纤维复合卷帘及其应用"发明专利案[③]中，法院明确，原告提交的项目利润审计报告可以作为被告获利的参照，以确定原告能够获得的经济损失赔偿数

① 见北京知识产权法院（2015）京知民初字第 441 号民事判决书。

② 见北京知识产权法院（2015）京知民初字第 1194 号民事判决书。

③ 见北京市第一中级人民法院（2010）一中民初字第 5578 号民事判决书。

额。在"四氢苯并咪唑衍生物的制备方法"发明专利案[①]中，法院认定，被控侵权产品的销售额不等于被告获利数额，但通过结合同类产品的市场利润率，可以作为计算被告获利数额的基础。在"弯曲切刀钉紧器所用的刀具回缩臂"发明专利案[②]中，法院指出，在法院已明确相应不利法律后果的情况下，被告仍然拒绝在指定期限内提交涉案侵权产品相应财务资料的，可推定其非法所得超出法定赔偿上限。可以说，这些案件中确立的裁判规则对于弥补权利人举证不足、确定高额赔偿具有重要的意义，也是北京知识产权法院在确定赔偿数额的过程中较为常见的思路。

值得思考的是，上述这些裁判规则一直存在，并且在某些案件中适用也形成了一些高额裁判，但是为什么没有产生如本文开篇提到的北京知识产权法院审理相关案件的高额赔偿数据？

或许还得回到知识产权司法审判的大背景。

2014 年 8 月 31 日，全国人民代表大会常务委员会表决通过《关于在北京、上海、广州设立知识产权法院的决定》，北京、广州、上海三家知识产权法院于 2014 年年底相继成立。设立知识产权法院一个很重要的背景是落实国家创新驱动发展战略，提高知识产权保护水平。2016 年 11 月 4 日，中共中央、国务院印发《关于完善产权保护制度依法保护产权的意见》，明确提出要加大知识产权侵权行为的惩治力度，提高知识产权侵权法定赔偿上限，探索建立对专利权、著作权等知识产权侵权惩罚性赔偿制度。《最高人民法院关于充分发挥审判职能作用切实加强产权司法保护的意见》指出，要按照"司法主导、严格保护、分类施策、比例协调"的知识产权司法保护基本政策，加大保护力度，推进知识产权强国建设。可见，知识产权保护不仅是权利主体的维权问题，还直接影响到国家创新驱动发展战略的实施。

自 2014 年年底三家知识产权法院相继成立以后，尽管侵犯知识产权案件的具体裁判规则并没有改变，但加大保护力度、产生高额赔偿的大气候已经初步形成。只有在这种解释语境下，才能更好地理解开篇提到的北京知识产权法院平均判赔数额的重要意义。

---

① 见北京市第一中级人民法院（2009）一中民初字第 4358 号民事判决书。

② 见北京市第一中级人民法院（2011）一中民初字第 16572 号民事判决书。

侵犯专利权法定赔偿的适用*

随着我国创新驱动发展战略的确立，科技创新成果，尤其是专利权的司法保护问题在我国的关注度越来越高，甚至每年“两会”期间都有不少与此有关的提案（议案）。例如，2013 年“两会”期间，人大代表杨悟建议完善证据规则，解决取证难的问题，加大专利权保护力度①；2014 年“两会”期间，人大代表李健提到“企业收集证据难度很大”“赔偿额很难确定”的问题②。在 2014 年 6 月 23 日提交的《关于检查〈中华人民共和国专利法〉实施情况的报告》中，全国人民代表大会常务委员会执法检查组提到，专利维权存在“时间长、举证难、成本高、赔偿低”“赢了官司、丢了市场”以及判决执行不到位等现象。李克强总理也多次提到，“对严重侵犯知识产权的行为，更要依法惩处，包括实行巨额赔偿惩罚，使违法者付出难以承受的代价，为创新助力”。③

2013 年，中南财经政法大学知识产权研究中心完成的《知识产权侵权损害赔偿案例实证研究报告》显示，在确定侵犯专利权赔偿数额时，97.25% 的判决都采取法定赔偿的方式。而且，自 2008 年以来的侵犯专利权案件中，法定赔偿的平均赔偿额只有 8 万元，通常只占到起诉人请求额的 1/3 甚至更低。④

尽管司法实践中确定侵犯专利权赔偿数额时“97.25% 的判决都采取法定赔

---

* 本文系北京知识产权法院承担的最高人民法院 2015 年度司法调研重大课题“关于《专利法》第四次修改中的重大问题的调研”中的部分成果。该课题由北京知识产权法院陈锦川副院长主持，课题组成员包括：宋鱼水、姜颖、张晓津、许波、崔宁、马云鹏和陈志兴。本文由陈志兴执笔。

① 姜旭：《加大专利权保护，有效遏制侵权行为》，载《中国知识产权报》，2013 年 3 月 13 日。

② 楚天网：《企业知识产权维权举证难》，载 http://news.sina.com.cn/o/2014-03-12/101029688350.shtml，最后访问日期：2016 年 10 月 3 日。

③ 毛振华、张泽伟：《李克强：政府要当好市场秩序“裁判员”惩处侵犯知识产权行为》，载 http://finance.sina.com.cn/china/20140910/183320257126.shtml，最后访问日期：2016 年 10 月 3 日。

④ 张维：《97% 专利侵权案判决采取法定赔偿，平均赔偿额只有 8 万元》，载《法制日报》，2013 年 4 月 16 日。

偿的方式”，但基于相关实证研究[①]，法定赔偿的适用体现出“权利人胜诉率高、获赔数额低”“原告主张适用法定赔偿的比例高、且很少提交证据”的双重特点。而且“法定赔偿适用比例高”“赔偿数额相对偏低”等现象与原告的诉讼维权行为存在欠缺有着直接的关系，即原告主张适用法定赔偿的比例高、且很少提交证据。据此，有必要进一步研究法定赔偿的价值以及目前遭受诟病的原因，并在此基础上提出完善对策以及针对《专利法修改草案（送审稿）》的修改建议。

一、基本前提：法定赔偿的实务价值

考察我国侵犯专利权案件审判实践，怎样确定赔偿数额始终是法院面临的一大难题，甚至在最高人民法院相关领导的讲话中还出现了“世界性难题”的提法。[②]通过对法定赔偿适用现状的考察，需要追问的是，为什么需要法定赔偿?

我国 1984 年制定的《专利法》中并没有关于侵犯专利权赔偿数额的规定。1992 年《专利法》修订时也没有增加。此后，最高人民法院发布《关于审理专利纠纷案件若干问题的解答》（法发〔1992〕3 号）[③]，其中第四条规定，专利侵权的损害赔偿可按照专利权人因侵权行为受到的实际经济损失、侵权人因侵权行为获得的全部利润、不低于专利许可使用费的合理数计算，并且规定法院对这三种计算方法可以根据案情选择适用。2000 年《专利法》修改时，增加一条，即侵犯专利权的赔偿数额，按照权利人因被侵权所受到的损失或者侵权人因侵权所获得的利益确定；被侵权人的损失或者侵权人获得的利益难以确定的，参照该专利许可使用费的倍数合理确定。

但是，基于专利权的无形性等特点、权利人举证困难等原因，司法实践中经常会出现权利人的实际损失和侵权人的非法获利难以确定，也没有专利许可使用费可以参照的情形。在这种情况下，按照 2000 年修订《专利法》的上述规定，权利人关于损害赔偿的诉讼请求将不能得到任何支持。正是为了解决这一问题，最高人民法院于 2001 年发布《关于审理专利纠纷案件适用法律问题的若干规定》（法释〔2001〕21 号），在前述三种计算方式的基础上，首次将法定赔偿作为损

---

① 陈志兴：《专利侵权诉讼中的举证妨碍规则》，载《中国知识产权》2017 年 3 月，第 52 页。

② 曹建明：《加强知识产权司法保护、优化创新环境、构建和谐社会——在全国法院知识产权审判工作座谈会上的讲话》，2005 年 11 月 21 日。

③ 该司法解释现已失效。

害赔偿的计算方式之一。2008 年修订的《专利法》将法定赔偿入法，并明确适用顺位，将法定赔偿的上限提高到一百万元。

除了弥补“权利人的实际损失”“侵权人的非法获利”和“专利许可使用费的倍数”三种计算方式存在的不足之外，法定赔偿还存在着震慑作用。① 总体来讲，法定赔偿是司法实践不断发展的产物，其目的在于满足加大专利权保护力度的需要。可以说，法定赔偿是加大专利权司法保护力度的必然要求。

二、实务迷思：法定赔偿遭受诟病的七大原因

虽然司法实践中存在“法定赔偿适用比例高”“赔偿数额相对偏低”等现象，但并不能因为“适用比例高”而否定法定赔偿的价值。关键在于，目前法定赔偿的适用能否真实地反映出专利权的价值，起到遏制侵权行为、保护专利权的作用。对此，答案可能是否定的。因此，法定赔偿适用遭受诟病的问题，其实质在于，“赔偿数额相对偏低”，不能真正实现保护专利权的目的。对于“法定赔偿数额相对偏低”的问题，我们认为，主要有以下七大原因。②

（一）专利权的无形性等特点造成举证障碍

和其他知识产权一样，专利权具有无形性等特点，导致对其估价存在很大的困难，甚至在实践中很难确定一项专利权的价值。正是这个缘故，当专利权遭受侵害的时候，权利人往往很难确定侵权行为给其带来的损失，证明被告因侵犯专利权的获利也非易事。退一步讲，即使其通过市场评估等方式最后能够得到一个数额，也需要付出巨大的成本。因此，在绝大部分侵犯专利权案件中，

---

① 有观点认为，规定法定赔偿的突出作用，在于对侵权人施加必要的法律震慑力。最高可达 100 万元的法定赔偿数额可以防止侵权人通过销毁有关证据或者炮制假账等方式以躲避或者减少其应当承担的赔偿数额，迫使侵权人如实交代其非法获利。否则，在侵权人明显有违诚实信用原则的情况下，被法院判处高额的法定赔偿就是咎由自取。见尹新天著：《中国专利法详解》，知识产权出版社 2011 年版，第 737 页。

② 对于法定赔偿的适用遭受诟病的原因，笔者曾进行过调研，得出的结论是，关键还在于权利人（即案件原告）并没有提交原告损失、被告获利等相关证据，法院不得不采取法定赔偿的方式确定赔偿数额，进而也难以得出较高的赔偿数额。见陈志兴：《积极提赔偿证据　客观看赔偿数额》，载《中国知识产权报》，2014 年 9 月 3 日。但是，值得进一步思考的是，原告为什么没有提交原告损失、被告获利等相关证据？是什么原因导致这一局面的出现？

法院只能通过法定赔偿的方式确定赔偿数额。而且，由于不能形成明确的定价，法定赔偿的数额相对偏低。

（二）专利权转化运用不足等原因导致定价困难

尽管《专利法》第六十五条规定了“参照该专利许可使用费的倍数”的方式合理确定损害赔偿数额，且列于法定赔偿适用顺位之前。但是，实务中的困难在于，缺乏专利许可使用费可以参照。对此，《关于检查〈中华人民共和国专利法〉实施情况的报告》中也提到“专利运用能力不足，专利的市场价值没有得到充分体现”的问题，具体体现为“重申请、轻运用”的现象较为普遍，专利“沉睡”与“流失”现象并存，专利运用能力整体不强，对专利的市场价值认识不足，专利许可转让不够活跃，市场化水平较低等。① 专利权转化运用不足等现象导致法定赔偿适用的比例提升，也影响到适用法定赔偿时的准确定价。

（三）法院对损害赔偿证据的采信要求过于严格

与其他案件中的证据采信标准一样，证明损害赔偿数额的证据也应该具备“三性”，即真实性、合法性和关联性。正如上文提到的，由于专利权的无形性等特点，通过提交证据的方式证明原告损失、被告获利等存在很大的困难。在具体计算的过程中，涉及“专利产品因侵权所造成销售量减少的总数”“专利产品的合理利润”“侵权产品在市场上销售的总数”等需要确定的计算项目。司法实务中，权利人往往很难完整提供这些证据，其中任何一项内容的缺失都会导致“权利人的实际损失”“侵权人的非法获利”等计算方式不能适用，进而不得不适用法定赔偿的计算方式。

（四）法院适用损害赔偿证据规则的灵活度不够

民事诉讼的基本证据规则是“谁主张，谁举证”，只有在法律作出特别规定的情况下，才可以适用“举证责任倒置”。② 损害赔偿的举证也是一样。但是，考虑到权利人举证证明实际损失、被告非法获利等的难度，最高人民法院相关司法政策明确提出，要积极探索运用推定方式转移赔偿数额的举证责任，充分

---

① 全国人民代表大会常务委员会执法检查组：《关于检查〈中华人民共和国专利法〉实施情况的报告》，2014 年 6 月 23 日。

② 例如，《专利法》第六十一条第一款规定，专利侵权纠纷涉及新产品制造方法的发明专利的，制造同样产品的单位或者个人应当提供其产品制造方法不同于专利方法的证明。

发挥举证妨碍制度在损害赔偿确定中的作用，依法支持当事人有关侵权赔偿额计算方法的约定，促进当事人举证责任负担上的公平与诚信。赔偿额的计算属于事实认定范畴，可以酌情适用优势证据的证明标准。但是，司法实践中，大多数案件还是严格适用“谁主张，谁举证”的证据规则。

（五）赔偿数额未能体现专利权利类型、创新高度的差异

根据《专利法》第六十五条的规定，法院可以“根据专利权的类型、侵权行为的性质和情节等因素，确定给予一万元以上一百万元以下的赔偿”。但是，司法实践中，“专利权的类型”这一因素并没有得到很好的体现。基于已有的实证研究，对于单个案件赔偿数额的平均值，发明、实用新型和外观设计并没有太大的差异。[①] 很显然，在法院适用法定赔偿对发明、实用新型和外观设计的司法定价基本相同的情况下，科技创新、专利权保护力度将无从谈起。

（六）赔偿数额未能充分体现侵权行为类型的差异

法定赔偿的考虑因素包括“侵权行为的性质和情节”等，其中制造、使用、许诺销售、销售和进口等侵权行为类型是重要内容。由于专利权的无形性等特点，在侵权行为的发现和举证难度方面，制造行为远远超出销售行为。因此，司法实务中大量案件仅起诉销售行为。[②] 然而，不同类型的侵权行为体现在法定赔偿的数额上是什么状况呢？以随机统计的 131 份涉及侵犯发明专利权案件的判决书为例，有 74 份判决支持了原告关于损害赔偿的诉讼请求。经对这 74 份判决书进行分析，单纯起诉使用行为的 3 起案件平均获赔数额为 14 万元，单纯起诉销售行为的 11 起案件平均获赔数额为 12 万元，起诉制造、销售、使用等行为的 60 起案件平均获赔数额为 36 万元。这些数据虽然体现了制造者、销售者、使用者等承担损害赔偿数额的差异，但是，考虑到制造行为系侵权源头，对专利权的侵害更严重，故上述差异还不足以鼓励权利人尽可能地起诉制造商，以实现对侵犯知识产权行为的源头打击。[③]

---

① 中国专利代理（香港）有限公司法律部：《专利侵权损害赔偿的理论与实践》，载《中国专利与商标》2009 年第 4 期，第 5 页。

② 这种现象尤其体现在侵犯外观设计专利权案件中。

③ “鼓励源头打击侵权”的司法政策一方面能够加大专利权司法保护力度，整体上提高侵犯专利权赔偿数额，另一方面能够避免大量仅起诉销售商的案件涌入法院，进而节省有限的审判资源。

（七）合理开支赔偿数额未能激励权利人积极维权

正如上文提到的，专利权的无形性等特点，给权利人带来举证困难，维权成本高。然而，与专利权损害赔偿数额举证难不同的是，合理开支的举证并不存在较大的障碍。那么，对于权利人的合理维权开支（包括律师费、调查取证费等），法院是否能够给予足额赔偿呢？以实证研究的 478 份原告诉讼请求得到法院支持的判决为例，法院没有单独确定合理开支赔偿数额的案件为 412 件，确定的合理开支数额在 5000 元以下的为 26 件，5000 元至 10000 元之间的为 13 件，10000 元以上的为 27 件。也就是说，在 86.2% 的案件中，法院并没有单独确定诉讼合理开支的数额，单独确定的案件中，合理开支的支持数额也并不高。这与最高人民法院的相关司法政策是相悖的。[①]

三、完善对策：法定赔偿典型案例给出的启示

不论是理论界还是实务界，专利权损害赔偿都是一个老问题。但是，尽管经过多年的理论研究和司法实践经验的总结，这个问题仍然是个难题。细究起来，关键在于司法实践中对法定赔偿适用规则的规范性落实和创造性执行。

（一）灵活运用侵犯专利权损害赔偿证据规则

正如上文提到的，侵犯专利权法定赔偿数额偏低的原因主要在于证据不充分。但是，侵犯专利权损害赔偿举证难也是不争的事实。因此，为了体现加大专利权司法保护力度，法院应灵活掌握和运用证据规则，并适当降低证据采信门槛。例如，逻辑推理和日常生活经验、事实推定、举证妨碍等均可运用。2014 年 5 月实施的《商标法》第六十三条第二款确立了举证妨碍制度。虽然《专利法》中目前还没有该项规定，但在我国民事诉讼中也有与此相关的规则。[②] 积极准确地适用这些规则，对于提高赔偿数额具有重要意义。

---

① 在《关于当前经济形势下知识产权审判服务大局若干问题的意见》（法发〔2009〕23 号）中，最高人民法院指出，除法律另有规定外，在适用法定赔偿时，合理的维权成本应另行计赔。

② 《民事诉讼证据若干规定》第七十五条规定，有证据证明一方当事人持有证据无正当理由拒不提供，如果对方当事人主张该证据的内容不利于证据持有人，可以推定该主张成立。

在原告伊西康公司诉被告智业公司侵犯专利权纠纷案件[①]中，法院出具证据保全民事裁定书，查封、扣押被控侵权产品设计图以及相关的财务账册等材料。在法院前往智业公司送达上述民事裁定书时，其未能当场提供上述材料，法院要求其于收到民事裁定书之日起5日内提交，并说明了不在限期内提交将承担相应不利的法律后果。但智业公司迟至十天后才向法院寄出被控侵权产品的财务销售资料复印件。据此，法院适用《民事诉讼证据若干规定》第七十五条的规定，确信被告侵权所得已超过了法定赔偿额的上限，故判决其向原告赔偿一百万元。

此外，被评为"2011年中国法院知识产权司法保护10大案件"之一的珠海格力电器股份有限公司诉广东美的制冷设备有限公司等侵犯发明专利权纠纷案也是适用证据披露和举证妨碍规则的典型案例。[②]

（二）鼓励法官在确定赔偿数额时的自由裁量

裁量性赔偿，也叫酌定赔偿，是指在计算赔偿数额所需的部分数据确有证据支持的基础下，法院根据案情运用裁量权，确定计算赔偿所需要的其他数据，从而确定公平合理的赔偿数额。也就是说，根据在案证据（例如，可以确定侵权产品的销售收入，但缺少利润数据），通过法官的自由裁量，最终确定一个赔偿数额。[③]当然，这种自由裁量的做法并不仅仅体现在法定赔偿的适用过程中，而且理想的状态是，法官能够基于在案证据并结合自由裁量，通过适用"权利人的实际损失""侵权人的非法获利"和"专利许可使用费的倍数"三种优先的计算方式确定损害赔偿数额，避免法定赔偿适用的不确定性。

在上诉人华纪平等与被上诉人上海斯博汀贸易有限公司等侵犯专利权纠纷案件[④]中，最高人民法院指出，在侵权产品销售数量可以确定的情况下，根据专利产品或者侵权产品的利润率，即可以计算出被侵权人的损失或者侵权人获得的利益，并以此来确定赔偿额；在有关产品的利润率难以准确计算时，法院可以酌定一个合理的利润率来计算。当然，如果当事人能够证明存在一个真实合理的按照产品件数计算的专利许可使用费时，也可以根据按件计费标准乘以侵权

---

① 见北京市第一中级人民法院（2011）一中民初字第16752号民事判决书。

② 见广东省高级人民法院（2011）粤高法民三终字第326号民事判决书。

③ 霍冰一：《最高法：三举措解决知识产权案赔偿难》，载http://china.caixin.com/2013-10-23/100594709.html，最后访问日期：2016年10月3日。

④ 见最高人民法院（2007）民三终字第3号民事判决书。

产品数量所得之积计算赔偿额。又如，在原告施特里克斯公司诉被告浙江家泰公司等侵犯专利权纠纷案件[①]中，施特里克斯公司明确其主张100万元经济赔偿的计算方式为法定赔偿。法院认为，浙江家泰公司在已有在先三份判决确定其侵犯涉案专利权，且其中两份判决全额支持了施特里克斯公司关于赔偿数额的请求、另一份判决依据《侵犯专利权司法解释（一）》中的上限确定赔偿数额的情况下，仍然实施侵犯涉案专利权的行为，故考虑浙江家泰公司的侵权恶意程度、浙江家泰公司的企业规模及产品年生产量、涉案专利在被控侵权产品中的作用以及被控侵权产品的通常利润率等因素，适用法定赔偿的上限，即100万元确定损害赔偿数额。

（三）体现专利权的市场价值和侵权行为类型

市场是专利权价值的最佳判断者。法院要充分运用证据规则，加大释明力度，强化当事人举证，推动并引导当事人在提交证据、质证以及诉讼交锋中呈现专利权的市场价值。要促进形成符合市场规律和满足权利保护要求的损害赔偿计算机制，使损害赔偿数额与专利权的市场价值相契合，与专利权对侵权行为获利的贡献率相适应。[②]

《专利法》第六十五条明确规定，确定法定赔偿的数额可以考虑专利权的类型，不同的专利权类型、不同的发明创造，其市场价值必然存在差异，这一点需要在司法定价行为中体现出来。司法实务中，不少案件中也将专利权的类型作为一项重要的考虑因素。例如，在珠海格力电器股份有限公司诉广东美的制冷设备有限公司等侵犯发明专利权纠纷案件[③]中，法院在确定赔偿数额时，亦考虑到“涉案专利的类型是发明专利，研发成本和市场价值较高”的具体情况。

（四）加大诉讼维权合理开支的赔偿力度

诉讼维权合理开支体现为当事人获取（接近）正义的成本。合理开支的赔偿是对权利人诉权保障的体现，同时也能减少“赢了官司输了钱”现象的存在。因此，在适用法定赔偿时，应按照最高人民法院相关司法政策的要求，体现出

---

① 见北京市第一中级人民法院（2011）一中民初字第15号民事判决书。

② 陶凯元：《充分发挥知识产权审判职能作用为全面深化改革和实施创新驱动发展战略提供有力司法保障——在全国法院知识产权审判工作座谈会上的讲话》，2014年7月3日。

③ 见广东省高级人民法院（2011）粤高法民三终字第326号民事判决书。

鼓励维权、加大保护力度的司法导向。

例如，对于律师费的合理性问题，最高人民法院在申请再审人株式会社岛野与被申请再审人宁波市日骋工贸有限公司侵犯专利权纠纷案件[①]中指出，日骋公司虽对上述律师费（按照每位律师每小时3000元计收，共计442500元）的数额提出质疑，但未提出充分的事实和理由，且律师费以每小时3000元计收并未违反有关法律、行政法规以及行政规章的规定，本院予以支持。又如，对于合理开支的票据支持问题，最高人民法院在上诉人华纪平等与被上诉人上海斯博汀贸易有限公司等侵犯专利权纠纷案件[②]中指出，为制止侵权行为所支付的合理开支并非必须有票据一一予以证实，法院可以根据案件具体情况，在有票据证明的合理开支数额的基础上，考虑其他确实可能发生的支出因素，在原告主张的合理开支赔偿数额内，综合确定合理开支赔偿数额。

四、继续思考：法定赔偿适用是否应该设置下限

在加大保护力度的语境下，有个不可否定的前提，就是得有事实依据。因此，赔偿下限的问题也值得研究。关于我国侵犯专利权案件中的法定赔偿问题，有研究指出，大量财务制度不健全的个体工商户和小微企业的存在，以及诉讼双方的谋利动机使得法定赔偿成为目前我国侵犯专利权赔偿最主要的原则。无论是法定赔偿还是非法定赔偿，侵犯专利权赔偿都表现出明显的产业区分特征和多种赔偿原则并用的倾向。从总体的实际平均赔偿额看，我国的法定赔偿额偏低，这与大量专利民事案件集中在传统快速消费品和传统耐用消费品领域的事实是相关联的。事实上，高新技术产品的法定赔偿额远高于前两类产业。[③]那么，值得思考的是，对于大量的个体工商户和小微企业被告而言，10万元的法定赔偿下限是否合理?

如上所述，侵犯专利权赔偿数额低的症结并不在于法定赔偿下限过低，而是证明赔偿数额的证据不足。增强权利人的举证能力、加强法院依申请或依职权调查取证等措施，要比提高法定赔偿额下限效果明显。相反，提高法定赔偿

---

① 见最高人民法院（2012）民提字第1号民事判决书。

② 见最高人民法院（2007）民三终字第3号民事判决书。

③ 李黎明：《专利侵权法定赔偿中的主体特征和产业属性研究：基于2002—2010年专利侵权案件的实证分析》，载《现代法学》（2005年7月第37卷第4期），第170页。

额下限，可能会导致原告怠于提交证明其损害或被告获利的证据，消极等待法院按照法定赔偿作出判决，甚至出现专门的“诉讼专业户”，影响到企业的正常经营。提高法定赔偿额下限还有可能产生下列不良影响：一是我国相当一部分外观设计和实用新型专利市场价值较低，相当一部分被诉侵权人为销售商，对专利权人损害较小，获利较少，举证能力弱，10万元的法定赔偿下限明显失衡；二是恐怕会产生反向激励，权利人不再去追究生产制造源头，甚至会“放水养鱼”后再起诉销售商；三是会在一定程度上限制法官根据个案情况行使自由裁量权的空间。因此，《专利法修订草案（送审稿）》第六十八条第二款不应该设置下限，而是应当交由法官根据案件的具体情况自由裁量。

结语：关于《专利法修改草案（送审稿）》法定赔偿条款的建议

对于法定赔偿适用规则的研究需置于“加大知识产权保护力度”“知识产权损害赔偿”等系列课题之下进行研究。相比于“权利人的实际损失”“侵权人的非法获利”和“专利许可使用费的倍数”三种计算方式，法定赔偿的适用属于“次优选择”。当通过降低损害赔偿证据采信门槛、完善证据规则等做法能够适用前三种计算方法时，应该优先适用，以反映出专利权的市场价值，体现出全面赔偿的原则，促进专利权司法保护力度的提升。当在案证据不能支持前三种计算方法时，法院也应以“加大专利权保护力度”为导向，尽可能地让法定赔偿的数额与涉案专利权的市场价值、创新程度相适应，并适当加大诉讼维权合理开支的赔偿力度，鼓励权利人积极维权。

在“严格保护”的司法政策背景下，《专利法修订草案（送审稿）》第六十八条第二款将法定赔偿的上限提高到500万具有现实意义，但不应该设置下限，而是应当交由法官根据案件的具体情况自由裁量。即建议将《专利法修订草案（送审稿）》第六十八条第二款的内容修改为：权利人的损失、侵权人获得的利益和专利许可使用费均难以确定的，人民法院可以根据专利权的类型、侵权行为的性质和情节等因素，确定给予五百万元以下的赔偿。

“新百伦”案中的“品牌贡献率”问题

或许是“物以稀为贵”吧。“新百伦”案[①]给笔者印象最深刻的是原、被告双方为确定经济损失赔偿数额所做的举证努力，尤其是原告主张以被告新百伦公司的侵权获利来确定赔偿数额。虽然二审法院并没有完全支持任何一方的诉讼主张，但毫无疑问的是，最终500万元的赔偿数额是二审法院综合双方证据酌情确定的。

可以假设一下，“新百伦”案中，如果原、被告双方均未就赔偿数额的确定提交证据，而是像90%以上案件中的原告那样，主张由法院采取法定赔偿的方式确定赔偿数额。本案的赔偿数额会是怎样？按照2001年《商标法》第五十六的规定，最高的赔偿数额是50万元。50万元，9800万元，500万元。面对这三个数字，当事人应该有充分的理由去认真对待举证的问题，而不是止步于“举证难”。

这是笔者看完“新百伦”案二审判决最强烈的一个感受，即当事人举证很重要。

还有一个感受是，以“侵权获利”的方式确定赔偿数额需要认真对待“品牌贡献率”的问题。用判决中的原话表达就是，“在计算侵害商标专用权赔偿数额时，应当注重侵权人的产品利润总额与侵权行为之间的直接因果关系……原审判决以新百伦公司被诉侵权期间销售获利总额的二分之一作为计算赔偿损失的数额，忽略了被诉侵权行为与侵权人产品总体利润之间的直接的因果关系”。

对于“侵权获利”的适用，本文简要梳理一下两审判决。

一审法院综合考虑被告新百伦公司的企业性质、侵权主观恶意、侵权标识的使用方式、宣传、销售规模等因素，将被告新百伦公司在侵权期间获利总额的二分之一，即9800万元（含合理支出）确定为赔偿数额。

二审法院认为，新百伦公司的经营获利并非全部来源于侵害周乐伦“百伦”“新百伦”的商标，周乐伦无权对新百伦公司因其自身商标商誉或者其商品

---

① 见广东省高级人民法院（2015）粤高法民三终字第444号民事判决书。

固有的价值而获取的利润进行索赔，周乐伦主张以新百伦公司被诉侵权期间的全部产品利润作为计算损害赔偿数额的依据，理由不成立。

在此基础上，二审法院综合考虑“新百伦”中文标识在侵权期间的利润贡献额评估、原告周乐伦遭受的经济损失、被告新百伦公司的侵权主观恶意、侵权标识使用方式、侵权规模、侵权持续时间等因素，确定新百伦公司赔偿周乐伦经济损失及为制止侵权所支付的合理开支共计 500 万元。

对比一、二审法院的判理可知，二者在确定赔偿数额时，既有相同点，也有不同点。相同点在于，二者都综合考虑了被告新百伦公司的侵权主观恶意、侵权标识使用方式、侵权规模等因素。主要不同点在于，一审法院是以被告侵权获利的方式确定赔偿数额，而二审法院否定了一审的这一做法，最终是采取酌定的方式确定赔偿数额；二审法院重点考察了“新百伦”中文标识的利润贡献率，并且是采信了被告提交的获利评估证据。

在适用“侵权获利”的方式确定赔偿数额时需考虑品牌的贡献率。单独就这个观点来讲，各方应该不会有太大的争议，而且笔者相信一、二审法院也没有分歧。

问题在于，这个“贡献率”究竟该如何确定？

根据二审法院的观点，这需要充分的举证，而且必须由原告提交证据证明产品利润总额和侵权行为之间存在“直接因果关系”。而一审法院似乎在这个问题上做了一定的“自由裁量”。

二审法院的观点肯定是没有错，能做到“以事实为根据”当然最好。

但是，这种“直接因果关系”的存在究竟如何举证证明以及原、被告之间的举证责任该如何分配，实务中可能会存在一定的疑难。

这让笔者想起了“港中旅”商标及不正当竞争案件[①]，也涉及“品牌贡献率”的考量问题。二审法院认为，张家界中港国际旅行社有限公司自 2008 年变更为含“港中旅”字号的公司名称后，其当年营业收入为 1292 万元，较之 2007 年度营业收入 348 万元增长了 944 万元，该公司并未举证证明其营业收入大幅增长的其他市场因素，因此该 944 万元的增长额应推定为使用“港中旅”品牌所带来的效益。

二审判决中的这段论述表达出怎样的论证思路呢？

如果笔者理解没有偏差的话，二审法院的意思是说，被告 2008 年营业收入

---

① 见湖南省高级人民法院（2015）湘高法民三终字第 4 号民事判决书。

的增长是由于其将企业名称变更为含有“港中旅”字号，而在被告没有提出反证的情况下，这也就是“港中旅”的品牌贡献率。

对比“新百伦”案和“港中旅”案，两份二审法院判决对于“品牌贡献率”的举证责任分配存在一些差异：“新百伦”案中，二审法院认为，品牌贡献率的“直接因果关系”需要原告提交证据证明；而“港中旅”案中，二审法院并没有要求原告举证证明这种“直接因果关系”，而是取决于被告能否提出相反的证据来否定这种因果关系。

究竟哪一种思路更加合适，可能还得结合司法实践中的个案实际作出理性、客观的认定。基于企业营业收入影响因素的复杂性以及知识产权价值的无形性，要确定某一商标标识的品牌贡献率恐怕并不是一项能够轻易完成的工作。尤其是以侵权获利的方式确定经济损失赔偿数额时，要让原告去举证证明被告营业额中特定商标标识的品牌贡献率，难度更大，甚至很难完成举证。

那么，“新百伦”案二审判决就“品牌贡献率”所做的举证责任分配，会不会令实务中罕见的“以侵权获利的方式确定经济损失赔偿数额”走向绝迹？可能需要在实务中不断地积累裁判经验，确定合理的裁判规则。

侵犯商标权法定赔偿的限额

在侵犯知识产权纠纷案件中，如何确定侵权赔偿数额一直以来都是一个难题。在我国司法实践中，赔偿数额过低的问题也久遭诟病，“侵权代价小，维权成本高”是权利人不得不面对的残酷现实。商标领域当然也不例外。记得2013年“两会”期间，全国人大代表、娃哈哈集团董事长宗庆后就曾指出，对于侵犯商标权的企业要严刑峻法，“罚到它倾家荡产”。可见，代表们对侵权人是多么的憎恨。

那么，代表们的想法又能否得到实现呢？翻看2001年《商标法》，第五十六条规定，侵犯商标专用权的赔偿数额，为侵权人在侵权期间因侵权所获得的利益，或者被侵权人在被侵权期间因被侵权所受到的损失，包括被侵权人为制止侵权行为所支付的合理开支。侵权人因侵权所得利益，或者被侵权人因被侵权所受损失难以确定的，由人民法院根据侵权行为的情节判决给予五十万元以下的赔偿。也就是说，该条款确立了“获利”“损失”和“法定赔偿”三种侵权赔偿数额的计算方式。然而，司法实践中又是怎样一种景象呢？

中南财经政法大学知识产权研究中心以2008年6月以来各级法院审理的1097件侵犯商标权案件为研究对象，发现各级法院在确定侵权损害赔偿数额时，“损失”“获利”和“法定赔偿”这三种计算标准的采用情况分别为15件、11件和1071件，各占1.37%、1%和97.63%。此外，在侵犯商标权的488件有效案例判决中，权利人经济损害赔偿诉求的平均金额为32.6万元，法院判赔的平均金额为6.2万元。也就是说，一方面，“法定赔偿”是确定损害赔偿数额的主要方式；另一方面，权利人获赔数额整体偏低。

针对上述司法现状，有人就提出，在侵犯商标权案件中确定赔偿数额时，应该引入“惩罚性赔偿”，法定赔偿数额应该“上不封顶，下有保底”，让侵权人不敢侵权，进而做到切实提升商标保护力度。2013年修订的《商标法》基本上能看出这一思路。

本文想就法定赔偿数额的上、下限问题谈点粗浅的看法。

在2013年《商标法》修改过程中，修改草案一审稿将法定赔偿数额的上限由现行的 50 万元提高到 100 万元；二审稿中，法定赔偿的数额有了上、下限，即 2 万元和 200 万元；三审稿中，取消了二审稿中法定赔偿数额的下限，并且将其上限提高至 300 万元。

记得二审稿中 2 万元下限的规定公布后，有人就说这是让法官“合法地枉法裁判”。言论很是戏谑，但一针见血。在我国 2001 年《商标法》中，侵权赔偿坚持的仍然是填平原则，要么是侵权获利，要么是遭受损失，在上述依据均难以确定的情况下，才由法院“根据侵权行为的情节判决给予五十万元以下的赔偿”，也就是“法定赔偿”。那么，这种法定赔偿是不是真的就是“拍脑门儿”？当然不是！需“根据侵权行为的情节判决”。什么是“侵权行为的情节”？通俗地讲，就是要根据具体的案情，具体问题具体分析。至于说到具体的案情，至少包括请求保护的商标的知名程度、侵权行为的地域范围和持续时间以及侵权行为人的主观恶意等。正所谓“世上没有两片相同的树叶”，当然也很难找到完全相同的两起案件。任何一起案件，只要认定侵权行为成立，一旦适用法定赔偿，就让法官去判 2 万元以上的赔偿数额，这不是将法官往火坑里推吗？或许也是认识到了这一点，三审稿中取消了下限的规定。

这是实事求是的做法，值得称赞。

法定赔偿数额的上限由 2001 年《商标法》中的 50 万元，变成修改草案中的 100 万元、200 万元、300 万元，呈现出了“芝麻开花节节高”的走势。不过，有两个问题值得思考：一是，提高法定赔偿数额上限的目的是什么；二是，究竟在哪个数额节点上才能实现设定法定赔偿数额上限的目的。2013 年《商标法修改案（草案）》三次审议稿的相关说明中，非常明确地提出了，提高法定赔偿数额上限的主要目的在于提高违法成本，加大对侵犯商标权行为的打击力度。那么，这“300 万元”的上限数额究竟“够不够”呢？如果按照“罚到它倾家荡产”的思路，显然这个数额就是不够的。

据媒体报道，某大学商法研究所所长就指出了 300 万元上限的“美中不足”：侵权人会知道新法通过后最大的赔偿责任可能是 300 万元，于是乎如果侵权收益高于 300 万元的话，他可能觉得依然有利可图；还是应当采取上不封顶下有保底的态度，比如至少要赔偿 300 万元，但是如果情节严重的，侵害的利益更大的，应当提供更多的赔偿，这样的话任何一个企业在傍名牌的时候，在决意想侵害别人商标权的时候就会三思而行。显然，如果上述观点确实出自这位所长的话，按照他的观点，300 万元的上限肯定是不够的，而且最好是实现“上不封顶”。笔者认为，这个观点在理论上探讨倒也无妨，但如果放在司法实践中或者说上升为法律的话，恐怕是不能成立的。

司法实践中，法定赔偿数额偏低的症结并不在于2001年《商标法》将法定数额的上限设定为了50万元，主要是缺乏佐证“侵权行为的情节”的证据，从而使得法定赔偿数额的确定失去了事实基础。实际上，即使在2001年《商标法》将法定赔偿数额限定为50万元以下的情况下，仍有不少案件的赔偿额在50万元以上。为什么能够实现突破？关键在于权利人自身积极举证，因为综合其提交的相关证据，足以证明其损失或被告获利明显在50万元以上。笔者认为，除法律的威慑作用外，法定赔偿上限数额在司法实践中的作用恐怕还有待观察。

需要说明的是，法定赔偿只是确定侵权损害赔偿数额的方式之一。司法实践中，法官其实更愿意引导权利人以“遭受损失”或者“侵权获利”（甚至2013年《商标法》中的“许可使用费的倍数”）的方式来主张侵权赔偿数额。毕竟，这样得出来的数据更加有事实基础。即使是在适用法定赔偿的计算方式时，也仍应建立在“侵权行为的情节”等具体的案件事实基础上，而非纯碎由法官“拍脑门儿”。归根到底，权利人的维权能力，尤其是证据搜集能力要有提升。当然，立法部门、司法机关也应给予权利人适当的支持，如证据开示、证据保全等，以便减少权利人的维权成本，降低其维权难度。

审理期限与保护力度

随着创新驱动发展战略的实施，知识产权保护在我国越发受到关注，甚至每年“两会”期间都有不少与此有关的提案（议案）。例如，2013 年“两会”期间，人大代表宗庆后建议对于侵犯商标权的企业要“罚到它倾家荡产”；人大代表杨悟建议完善证据规则，解决取证难的问题，加大专利权保护力度。2014 年“两会”期间，这两位代表继续在与知识产权保护有关的品牌建设和知识产权法院等问题上提出建议。

值得留意的是，2014 年至少有两项提案涉及到知识产权案件审理期限的问题。例如，人大代表、时任格力电器副董事长兼总裁董明珠提到“专利案件审理期限过长”的问题——立案起到判决生效大部分都在两年以上；人大代表、金龙精密铜管集团董事长李长杰建议——提高知识产权案件审判的及时性，切实保护创新性企业创新热情。难能可贵的是，两位代表不仅仅是指出问题，还对导致该问题的原因作出分析，并给出明确的对策建议，如成立专门法院（法庭）、简化审理程序、提高审理效率、加大侵权制裁力度等。

可以看出，两位代表的逻辑在于，知识产权具有生命周期，如不能及时遏制侵权行为，也就不能保护企业的合法权益，进而将影响到企业的创新热情，创新驱动发展战略也将大打折扣。这个思路是对的，因为“迟来的正义非正义”。本文也想借此机会，谈谈与知识产权案件审理期限相关的一些问题。

《民事诉讼法》第一百四十九条规定，人民法院适用普通程序审理的案件，应当在立案之日起六个月内审结。有特殊情况需要延长的，由本院院长批准，可以延长六个月。还需要延长的，报请上级人民法院批准。第一百七十六条规定，人民法院审理对判决的上诉案件，应当在第二审立案之日起三个月内审结。有特殊情况需要延长的，由本院院长批准。人民法院审理对裁定的上诉案件，应当在第二审立案之日起三十日内作出终审裁定。同时，第二百七十条规定，人民法院审理涉外民事案件的期间，不受本法第一百四十九条、第一百七十六条规定的限制。

也就是说，对于非涉外民事案件（当然包括与知识产权有关的民事案件），法律明确规定了六个月、三个月的审理期限。那为什么还会存在人大代表董明珠提到的“专利案件审理期限过长——立案起到判决生效大部分都在两年以上”的问题呢（暂且不去质疑该数据的真实性）？司法实践中，影响案件审理期限的因素至少包括管辖权异议、中止审理、技术鉴定（作品比对）、现场勘验、案件疑难复杂、法院案多人少等。对于这些事项，有些是制度设计带来的负面效应，如管辖权异议制度。也有些是知识产权本身的问题，如中止审理、技术鉴定（作品比对）、现场勘验、案件疑难复杂等。还有一些是各类案件在实务中共同面临的问题，如法院案多人少等。

首先，司法实践中，被告提出管辖权异议申请已经有异化为一项“诉讼技巧”的趋势。《民事诉讼法》第一百二十七条规定，人民法院受理案件后，当事人对管辖权有异议的，应当在提交答辩状期间提出。人民法院对当事人提出的异议，应当审查。异议成立的，裁定将案件移送有管辖权的人民法院；异议不成立的，裁定驳回。可见，管辖权异议是法律赋予当事人的一项诉讼权利（司法实践中，绝大部分情况下是被告在行使），其本义在于制约原告人为“拉管辖”的做法，但在司法实践中这项制度却有异化为一项“诉讼技巧”的趋势。绝大部分知识产权民事案件中，被告基本上均会在答辩期限内提出管辖权异议申请。当然，不能否认有些被告是善意的，且其管辖权异议的申请也得到法院的支持。但在大部分案件中，被告将管辖权异议作为一项“诉讼技巧”，其用意仅仅在于拖延诉讼。更有甚者，有些被告在其“管辖权异议申请”中表达的实质意思是不侵权抗辩，只不过文件命名为“管辖权异议申请书”，然而法院为慎重起见仍将其视为一项“管辖权异议申请”对待。司法实践中，只要涉及管辖权异议，经过两审法院终审，在实体程序还未启动的情况下，时间或许就已经过去六个月。

其次，知识产权本身的特点也让其审理时间比其他类型的案件要长。和著作权经创作完成自动产生不同，商标权、专利权的产生需经特定的授权程序，并且获得授权后还有相应的商标无效、专利无效等制度设计。因此，在此类侵权案件中，被告一般会向相应的行政管理机关提起商标无效、专利无效申请，尤其是在侵犯专利权案件中体现的更为明显。进而，在此类侵权案件中，就有可能因等待权利稳定而中止案件审理。例如，笔者就曾经历数起侵犯发明专利权系列案件，被告在法定答辩期限内向专利复审委员会提出专利权无效宣告请求审查申请，法院经开庭审理后，觉得原告主张权利保护的专利权稳定性确实不够，裁定中止审理。经专利复审委员会审查，原告主张权利保护的专利权果然被宣告无效，法院亦维持了专利复审委员会的决定，以致该数起案件以原告撤回起诉的方式结案。可以看出，法院中止审理的做法有其合理性。此外，在侵犯专利权、著作权、商业秘密纠纷等案件中，往往存在复杂的技术特征比对、作品内容比对等，甚至可能需要进行现场勘验等，导致在案件事实查明部分花费较长的审理时间。例如，笔者还曾经历一起涉及侵犯《史记》点校作品著作权的案件，主张权利的作品和被控侵权作品各 9 本，共 18 本书，单就作品比对双方就已花费小半年的时间。更别说，某些案件中可能还存在着复杂的技术问题需要送鉴定等，花费时间肯定更长。

第三，知识产权民事案件的审理也面临着和其他案件相同的问题，即案多人少，法官人手不够等。一方面，知识产权牵涉重大的经济利益，必然引起纠纷多发，尤其是在诸如互联网等某些法律规则不太明确的领域，不正当竞争、侵权纠纷更是如洪水般涌向法院；另一方面，在案件数量激增的背景下，法官人数并未有相应的增加，且为应对繁重的案件审判压力，法院在业务培训、司法调研等方面的时间受到压缩，还会导致其在应对某些疑难复杂新类型案件时出现“能力不及”的困境。这些因素相互作用，必然影响到案件的审理期限。

当然，尽管存在以上各种影响案件审理期限的客观因素，但也并不是说只能“坐以待毙”。正如董明珠、李长杰两位代表在他们的建议中提到的，还是可以考虑简化审理程序、提高审理效率、加大侵权制裁力度等，进而完善审限管理制度。从长远意义上来讲，加大知识产权司法保护力度是一个“釜底抽薪”的策略，只有对侵权行为加大制裁力度，侵权现象必然减少，各种侵犯知识产权的案件数量也将随之下降，进而法院“案多人少”的矛盾也将得到缓解。从制度完善的角度来讲，管辖权异议、中止审理等也存在进一步完善的空间。例如，对于名义上为管辖权异议，实质上仅为不侵权抗辩的“管辖权异议申请书”，可以不将其作为“管辖权异议申请”对待；严格适用案件中止审理，对于被告提出无效宣告请求审查申请，根据现有证据可确认其权利有效性的，可不中止案件审理。从法院内部管理的角度来讲，采取切实措施（如业务培训、司法调研等）提升法官办案水平，与此同时，严格案件审限管理，杜绝随意扣审限、超审限等情况发生。

地域管辖与维权成本

知识产权司法实务中，“举证难度大”“维权成本高”“赔偿数额低”等现象一直饱受权利人、代理人等群体的诟病，也长期困扰着作为裁判者的法官。关于维权成本的问题，主要表现在，部分案件中，法院裁判的赔偿数额还不及权利人因诉讼维权而产生的律师费等支出。

上述问题取决于律师费等维权支出与法院确定的赔偿数额二者之间的比对。律师费的确定是权利人与代理人协议的结果，其数额高低并无硬性的规定，法院确定的赔偿数额必须有事实依据，如权利人因侵权遭受的损失、被告的侵权获利等。然而，法院确定赔偿数额的这些事实基础在现行的司法实务中却很少有充分的证据支持（当然，这又涉及权利人的“举证难”问题）。因此，以能够确定的律师费等支出与需要法院裁判的赔偿数额进行比对，进而得出“维权成本高”的结论，未免有点不太科学。

不过，据笔者观察，司法维权活动中，还有其他形式的“维权成本”问题，而且是“制度成本”。对此，本文以两个真实的案例为例，谈谈因地域管辖争议带来的诉讼维权成本问题。

案例一、管辖恒定原则与移送管辖问题

甲公司享有A影视作品的著作权，乙公司利用其经营的B播放软件提供A影视作品的在线播放服务，丙公司经营的C网站上提供B播放软件的下载服务。2010年10月9日，甲公司以乙公司、丙公司为被告，向丙公司的住所地法院（简称T法院）提起诉讼，T法院受理该案。2010年12月6日，甲公司向T法院提交《撤诉申请书》，申请撤回对丙公司的起诉。2011年3月1日，T法院作出裁定，准许甲公司的撤诉申请。2011年6月14日，T法院以对该案不具有管辖权为由，将该案移送至乙公司的住所地法院（简称Y法院）进行审理。2012年7月4日，Y法院对该案进行立案受理。

案例二、管辖权异议申请与不侵权抗辩的关系

丁公司是P发明专利的权利人，其认为由戊公司制造、己公司销售的Q产品落入其P专利权的保护范围。2011年6月28日，丁公司向己公司的住所地法院（简称X法院）提起诉讼，X法院受理该案。在收到X法院转送的起诉状和应诉手续后，戊公司于2011年7月25日向X法院提出管辖权异议申请，其认为，Q产品缺少P专利的必要技术特征，未落入P专利权的保护范围，并且认为该案应移送至戊公司的住所地法院（简称Z法院）审理。2011年8月2日，X法院裁定驳回戊公司的管辖权异议申请。2011年8月15日，戊公司针对该管辖权异议申请提起上诉。2011年10月31日，二审法院裁定驳回戊公司的上诉。2011年12月6日，X法院公开开庭对该案进行审理。

在上述两个案例中，“地域管辖”这一程序问题让案件迟迟不能进入实体审理阶段，短则半年，长则达两年。当然，笔者并不是否认程序问题的重要性，管辖法院的确立是诉讼活动中非常重要的一个环节，在我国《民事诉讼法》中也设专章规定管辖制度。但是，一项制度如果给整个诉讼活动带来重大困扰的话，那么，该制度本身的贯彻执行情况或者与其配套措施的完善状况都值得进一步思考。

根据《最高人民法院关于审理著作权民事纠纷案件适用法律若干问题的解释》第四条的规定，因侵犯著作权行为提起的民事诉讼，由《著作权法》第四十六条、第四十七条所规定的侵权行为的实施地、侵权复制品储藏地或者查封扣押地、被告住所地人民法院管辖。《民事诉讼法》第二十八条规定，因侵权行为提起的诉讼，由侵权行为地或者被告住所地人民法院管辖。第三十五条规定，两个以上人民法院都有管辖权的诉讼，原告可以向其中一个人民法院起诉。可见，在案例一中，甲公司向丙公司的住所地法院，即T法院起诉是符合我国地域管辖制度规定的，T法院对该案予以受理也说明了这一点。

2010年12月6日，甲公司向T法院提交《撤诉申请书》，申请撤回对丙公司的起诉。T法院于2011年3月1日作出裁定，准许甲公司的撤诉申请。司法实务中，在“拉管辖”的目的已经实现的情况下，原告对纯粹是为了确定管辖法院的被告方撤回起诉的做法也是很常见的。此时，基于“管辖恒定”原则，案件受理法院对该案的管辖权就应该是确定的。也就是说，在案例一中，尽管

甲公司向T法院申请撤回对被告丙公司的起诉（考虑到T法院后续移送管辖的行为，笔者推测甲公司在该案中撤回对丙公司的起诉或许并非出于其本意），但T法院仍应对该案行使管辖权。可是，令人疑惑的是，T法院以对该案不具有管辖权为由，于2011年6月14日将该案移送至乙公司的住所地法院，即Y法院进行审理。自T法院受理该案之日起，至决定将该案移送至Y法院进行审理，时间已经过去八个月。更让人不解的是，T法院于2011年6月14日将该案移送至Y法院，而Y法院对该案立案受理的时间却是一年过后，即2012年7月4日。这中间又发生了什么？为什么单纯的卷宗移送需要花费一年多的时间？经了解得知，2011年6月14日仅仅是T法院出具的“案件移送函”上的落款时间，实际上在这一年的时间里，这个案子还有另外两次移送经历。第一次是T法院将该案移送至Y法院的下属管辖法院，但因该案为涉外案件，Y法院的下属管辖法院因不符合级别管辖的规定，经与T法院协商，又将该案件退回到T法院。第二次是，收到退回的案件之后，T法院又将该案件移送至Y法院，但Y法院收到该案后，以事先并无沟通、且违反“管辖恒定”原则为由，又将该案件退回到T法院。直到T法院第三次移送该案，Y法院才最终于2012年7月4日对该案决定立案受理。

可见，司法实务中，案件的移送管辖看似非常简单的一件事情，但因涉及不同法院、不同部门之间的交接，移送流程非常的耗时费神。笔者也曾经历过一件与移送管辖有关的事情。某当事人几次三番打来电话，询问某法院移送过来的案子为什么三个多月过去，还是没有受理。对此，笔者曾经建议，法院在确定移送管辖的时候一般会与原告沟通，如果确实是选择的管辖法院不当，原告此时最好是选择撤回起诉，并重新去有管辖权的法院进行立案。当然，这个建议对那个当事人已经没有任何作用。而且，这也只是基于实务中的困境提出的权宜之计，关键还在于完善移送管辖制度，明确适用“移送管辖”的情形，且在确实需移送管辖的情况下，严格案件移送、立案受理的时限。

第二个案例中，被告看似提出“管辖权异议申请”，但其实质却是“不侵权抗辩”。被告提出这么一个“管辖权异议申请”也纯粹是出于“拖延诉讼”的考虑，所谓“诉讼技巧”是也。但是，笔者的困惑在于，对于这种所谓的“管辖权异议申请”，考虑到它的实质仅是“不侵权抗辩”，能不能就不作为“管辖权异议”来看待？对此，笔者征询过不少法官的意见，大多数的意见还是说要“谨慎起见”，作为“管辖权异议”看待更加妥当，也符合现行法律的规定。

实际上，对于此种情形，一旦作为“管辖权异议”对待，法院做出管辖权异议裁定书，被告必定还将上诉。这样一来，即使两审法院之间卷宗移送、做出两次管辖权异议裁定等时间安排得再紧凑，至少也需花费小半年的时间，正中被告“拖延诉讼”的下怀。

正如大家都知道的，诉讼是纠纷解决的最后一道防线。而且，既然是诉讼，为保证各方当事人的诉讼权利，必须进行适当的制度设计，而这也就是诉讼活动的“制度成本”。但是，制度设计者们还是可以让这种“制度成本”降到最低。移送管辖和管辖权异议带来的程序问题看似是法院在“忙里忙外”，但实际上却徒增权利人的维权成本，即这种“制度成本”是由权利人（即原告）来负担的。而且这种“制度成本”是原告无法计算的，更奢谈请求赔偿。

第二章

专利权

专利缴费日的确定与裁判规则的遵守

提起专利权纠纷案件，可能大家首先想到的是复杂的技术问题，感觉很高端的样子。但是，必须明确的是，不论是专利授权确权行政案件还是民事侵权案件，法院审理专利权案件的最终落脚点都在于法律的适用。通过当事人、专利代理人、技术调查官等群体的参与，案件技术问题也并非法官们不可逾越的障碍。而且，有一些案件涉及的技术问题本身并不是很复杂，法官运用自己的简单生活经验就足以理解，还有一些案件名为专利权纠纷案件，但实际上并不涉及技术问题，而纯粹是法律规则的适用。例如，某些涉及专利权的技术转让合同，和普通买卖合同纠纷案件并无太大的区别，掌握好合同法的基本规则也就完全可以审理好此类案件。因此，审理好专利权案件关键仍在于法律规则的适用。

基于各种原因，实务中还是会有些当事人或者专利代理人，因为忽视对相关规则的把握导致权利丧失的结果。《专利法实施细则》第九章以专章的形式对专利费用的缴纳规则予以了明确，在此基础上，《专利审查指南》第五部分第二章“专利费用”部分做了更进一步的规定。在此，笔者以北京知识产权法院审理的一起起诉国家知识产权局的专利行政案件①为例，对其中涉及的缴费日的确定问题进行分析。

案情

2014 年 5 月 26 日，伦德简向国家知识产权局提交了国际申请号为 PCT/SE2012/000148、名称为“从青贮豆荚植物制造蛋白质和乙醇的方法”的发明专利申请（即涉案国际申请）进入中国国家阶段声明。在该声明第 22 栏中要求了优先权，其在先申请日为 2011 年 9 月 26 日。

伦德简向国家知识产权局提交的《国内支付业务付款回单》中记载用途为

① 见北京知识产权法院（2015）京知行初字第 2327 号行政判决书。

“PCT/SE2012/000148 申请及宽限费”的 2030 元人民币的付款日期为 2014 年 5 月 27 日。中国银行上海市宜山路支行出具的《汇划来账回单》显示，该款项记账日期为 2014 年 5 月 27 日，并附“摘要或附言”为“PCT/SE2012/000148 申请及宽限费”。

2014 年 6 月 9 日，伦德简向国家知识产权局提交《意见陈述书》，其上记载“关于该案件缴费时间，我所于 2014 年 5 月 26 日向银行提交了汇款申请，但银行因设备调试未及时汇出，以致该款 2014 年 5 月 27 日汇出”。中国银行上海市宜山路支行先后于 2014 年 6 月 6 日、2014 年 6 月 19 日出具《说明》，载明用途为“PCT/SE2012/000148 申请及宽限费”的 2030 元人民币汇款业务于 2014 年 5 月 26 日申请，因该行内部设备调试该款于 2014 年 5 月 27 日汇出。

2014 年 6 月 24 日，伦德简向国家知识产权局提交《意见陈述书》，对于汇款用途中载明的“PCT/SE2012/000148 申请及宽限费”，其解释指出，在 2014 年 5 月 27 日发送给专利局收费处的邮件中注明了全部的费用明细，即包括宽限费 1000 元人民币、申请费 900 元人民币、公布印刷费 50 元人民币和优先权要求费 80 元人民币。

2014 年 7 月 17 日，国家知识产权局作出《国际申请不能进入中国国家阶段通知书》（简称被诉通知），认定：伦德简所述 2030 元汇款单的汇款附言中未注明完整的缴费信息，其于 2014 年 5 月 27 日通过邮件补充了完整的缴费信息。根据《专利审查指南》第五部分第二章第 7 节的规定，缴费日应确定为 2014 年 5 月 27 日。据此，根据《专利法实施细则》第一百零五条的规定决定，涉案国际申请不能进入中国国家阶段。

伦德简不服被诉通知，于 2014 年 9 月 17 日向国家知识产权局提出复议申请。国家知识产权局于 2014 年 12 月 18 日作出国知复字第 1700 号行政复议决定，维持被诉通知。

伦德简不服被诉通知，于 2015 年 4 月 23 日向北京知识产权法院提起行政诉讼。

诉辩

伦德简诉称：一、其于 2014 年 5 月 26 日向银行提出汇款申请，虽然银行向被告提供的汇划来账回单显示实际汇出日为 2015 年 5 月 27 日，但其已向被告提交银行出具的《情况说明》以证明其汇款日为 2014 年 5 月 26 日，故被告应当根据该事实，重新确定缴费日期。二、银行系统调试所导致的汇款日迟延系其不可预料的事件，应属于《民事诉讼法》第八十三条规定的“其他正当理由”。此种情况并不适用《专利审查指南》第五部分第7章关于缴费日期的规定。综上，伦德简认为，其缴费日期应确定为2014年5月26日，涉案国际申请应进入中国国家阶段，故请求法院判决撤销被诉通知，并判令国家知识产权局重新作出决定。

国家知识产权局辩称：一、银行向被告提供的汇划来账回单显示记账日期为2014年5月27日。在原告所提交的中国银行上海市宜山路支行出具的两份说明中，记载了由于该行内部设备调试，费用实际于2014年5月27日汇出。此外，原告提供的国内支付业务付款回单上记载的日期也为2014年5月27日。因而，依据上述证据可以确认涉案国际申请相关费用的银行实际汇出日为2014年5月27日。二、由中国银行上海市宜山路支行出具的说明以及国内支付业务付款回单可知，原告2014年5月26日填写的缴费信息为“PCT/SE2012/000148申请及宽限费”。此外，由上海百一领御专利代理事务所向被告所发电子邮件可以确认，原告于2014年5月27日补充了完整的缴费信息。因此，被告收到完整缴费信息的日期为2014年5月27日。综上，可以确认涉案国际申请的申请费、文印费、优先权要求费和宽限费的缴纳日期为2014年5月27日。由于涉案国际申请的优先权日为2011年9月26日，根据《专利法实施细则》第一百零三条的规定，费用的缴纳期限为2014年5月26日。因此，原告未在规定期限内缴纳相关费用，根据《专利法实施细则》第一百零五条的规定，涉案国际申请不能进入中国国家阶段，被诉通知是正确的，请求法院判决驳回原告的诉讼请求。

裁判

北京知识产权法院经审理认为，综合《专利法实施细则》和《专利审查指南》关于缴费形式和缴费日的规定可知，对于通过银行汇付方式进行的缴费，既要发生在法定的缴费期限内，还需在汇单上写明正确的申请号或者专利号以及缴纳的费用名称，二者缺一不可。虽然根据中国银行上海市宜山路支行出具的《说明》，2030元人民币汇款业务由原告于2014年5月26日提出申请，原告也主张该笔款项于2014年5月27日汇出存在“其他正当理由”，但是原告直到2014年5月27日才通过电子邮件补充完整缴费信息。因此，参照《专利审查指南》第五部分第二章第7节的规定，涉案国际申请的缴费日应确定为2014年5月27日。

2015年10月14日，北京知识产权法院作出（2015）京知行初字第2327号行政判决，驳回原告伦德简的诉讼请求。

一审判决作出后，双方当事人均未提起上诉。

评析

一、确定专利缴费日期的相关规则

缴费是专利申请的一个必备环节。根据《专利法实施细则》第九十三条的规定，申请专利时应当缴纳申请费、申请附加费、公布印刷费、优先权要求费等费用。针对国际申请，《专利法实施细则》第一百零四条规定也明确要求缴纳申请费、公布印刷费，必要时缴纳宽限费。关于缴费，至少有三个问题需要明确，即缴费期限、缴费形式和缴费日。

缴费需要在特定的时限内完成。《专利法实施细则》第九十五条规定，申请人应当自申请日起2个月内或者在收到受理通知书之日起15日内缴纳申请费、公布印刷费和必要的申请附加费；期满未缴纳或者未缴足的，其申请视为撤回。申请人要求优先权的，应当在缴纳申请费的同时缴纳优先权要求费；期满未缴纳或者未缴足的，视为未要求优先权。可见，未在规定的时限范围内完成缴费可能会导致专利申请视为撤回的后果。关于国际申请进入中国国家阶段的缴费期限，根据《专利法实施细则》第一百零三条的规定，国际申请的申请人未在优先权日起30个月内向国务院专利行政部门办理进入中国国家阶段的手续，在缴纳宽限费后，可以在自优先权日起32个月内办理进入中国国家阶段的手续。

关于缴费形式和缴费日，《专利法实施细则》第九十四条第二款规定，通过邮局或者银行汇付的，应当在送交国务院专利行政部门的汇单上写明正确的申请号或者专利号以及缴纳的费用名称。不符合本款规定的，视为未办理缴费手续。第三款规定，直接向国务院专利行政部门缴纳费用的，以缴费当日为缴费日；以邮局汇付方式缴纳费用的，以邮局汇出的邮戳日为缴费日；以银行汇付方式缴纳费用的，以银行实际汇出日为缴费日。

此外，《专利审查指南》也有关于缴费日的规定。《专利审查指南》第五部分第二章第2节规定，费用通过银行汇付，且写明申请号（或专利号）以及费用名称的，以银行实际汇出日为缴费日。当事人对缴费日有异议，并提交银行出具的加盖部门公章的证明材料的，以证明材料确认的汇出日重新确定缴费日。《专利审查指南》第五部分第二章第7节规定，费用通过邮局或者银行汇付时遗漏必要缴费信息的，可以在汇款当日通过传真或者电子邮件的方式补充。补充完整缴费信息的，以汇款日为缴费日。当日补充不完整而再次补充的，以专利局收到完整缴费信息之日为缴费日。

综合《专利法实施细则》和《专利审查指南》上述关于缴费形式和缴费日的规定可知，对于通过银行汇付方式进行的缴费，既要发生在法定的缴费期限内，还需在汇单上写明正确的申请号或者专利号以及缴纳的费用名称，二者缺一不可。此外，对于遗漏必要缴费信息的，《专利审查指南》也规定了相应的补救措施，即第五部分第二章第7节规定的，可以在汇款当日通过传真或者电子邮件的方式补充。补充完整缴费信息的，以汇款日为缴费日。当日补充不完整而再次补充的，以专利局收到完整缴费信息之日为缴费日。

二、本案中专利缴费日期的确定

本案中，涉案国际申请的在先申请日为2011年9月26日，根据《专利法实施细则》第一百零三条的规定，在缴纳宽限费的情况下，伦德简至迟应在2014年5月26日缴纳相关费用，即包括宽限费1000元、申请费900元、公布印刷费50元和优先权要求费80元，共计2030元。

在案《汇划来账回单》和《国内支付业务付款回单》均显示2030元汇款业务的记账日期为2014年5月27日，用途为"PCT/SE2012/000148申请及宽限费"。尽管由中国银行上海市宜山路支行出具的《说明》载明该汇款业务由原告于2014年5月26日提出申请，系因银行内部设备调试而导致于2014年5月27日汇出，但其载明的用途仍为"PCT/SE2012/000148申请及宽限费"。事后，原告在2014年5月27日发送给专利局收费处的邮件中对2030元人民币款项的全部的费用明细进行了补充。

虽然根据银行出具的《说明》，2030元汇款业务由原告于2014年5月26日提出申请，原告也主张该笔款项于2014年5月27日汇出存在"其他正当理由"，但是，原告直到2014年5月27日才通过电子邮件补充完整缴费信息。因此，参照《专利审查指南》第五部分第二章第7节的规定，涉案国际申请的缴费日应确定为2014年5月27日。

三、个案救济与规则遵守

这个案子之所以引起笔者的关注，除了涉及缴费日这个与其他专利权案件不太一样的争议焦点之外，更为关键的是，作为裁判过程的参与者，笔者认为该案还非常突出地体现出司法裁判过程中个案救济与规则遵守的关系问题。

其实，刚刚拿到这个案子的时候，笔者对于《专利法实施细则》和《专利审查指南》中关于缴费的相关规定并未特别留意过。通过简单地了解案情，觉得原告的说法有一定的道理，尤其是原告提到其延误汇款日是因银行系统调试所致。基于朴素的情感，笔者觉得该案应该给予“个案救济”。

随着对相关缴费规则的仔细研究以及对案情的进一步了解，笔者逐渐改变了最初的看法。一方面，《专利法实施细则》和《专利审查指南》明确规定，通过银行汇付方式进行缴费的，既要发生在法定的缴费期限内，还需在汇单上写明正确的申请号或者专利号以及缴纳的费用名称，二者缺一不可。这个规则是明确的。另外，对于遗漏必要缴费信息的，《专利审查指南》也规定了相应的补救措施，即可以在汇款当日通过传真或者电子邮件的方式补充。也就是说，缴费规则本身已经包含了救济条款。另一方面，对于原告提出的其延误汇款日是因银行系统调试所致，应该适用《民事诉讼法》第八十三条规定的“其他正当理由”。对照《民事诉讼法》第八十三条的规定，这里的“其他正当理由”主要是指“不可抗力”的事由以外、且不属于因当事人的故意或者过失而耽误的各种情况，如果是因为当事人自己的故意或者过失而造成了期间的耽误，则不能视为“其他正当理由”。本案中，根据与原告代理人的沟通，其于 2014 年 5 月 26 日向中国银行上海市宜山路支行申请汇款业务时，已经被告知银行系统调试这一事实，而仍然选在该行办理该汇款业务，并且于第二天前往该行领取付款回单。作为专业的代理人，在明知已经是最后一天缴费期限的情况下，还选择冒不能成功汇款的风险，应该说是有一定过失的。而且，即便认可原告所谓银行系统调试延误其汇款日的主张，缴费信息不完整也是一个“硬伤”，无法弥补。

近年来，知识产权司法审判领域有一个有意思的现象，叫作“以创新的思维保护创新”，不少法官也很热衷于通过个案创设判例。在这一过程中，有不少判决也引起了专家学者、社会公众的热议、讨论，甚至质疑。当然，能够引起热议是好事，但是，需要注意的是，法者，天下之公器也。法官行使审判权的最终目的是要给社会公众明确的行为预期，而要做到这一点，基本的前提就是遵守裁判规则。也就是说，个案救济的前提是裁判规则的遵守。

当然，这个案子给代理人的启示或许更大。实务中，很多小细节都不可忽视，尤其是涉及某些关键的期限，如起诉期限、上诉期限等，尽可能不要等到最后一天。实在来不及，也应该在最后一天完成，错过之后就不会有第二次机会。

专利文件撰写错误的理解与更正

专利授权确权司法审查实务中，涉及说明书公开充分、权利要求得到说明书支持、修改超范围、新颖性、创造性、实用性等条款。这些条款大体上可以分为两大块，一是涉及专利文件撰写，如说明书公开充分、权利要求得到说明书支持、修改超范围、缺少必要技术特征等；二是涉及专利实质要件，如新颖性、创造性、实用性等。对于专利文件撰写条款的适用，其实质上可以大体归结为对说明书和权利要求书的撰写和理解。当然，对说明书和权利要求书的理解需要立足本领域技术人员的视角。但是，如果专利文件（包括说明书和权利要求书）撰写出现错误，该怎么处理？

在这里我们可以引用最高人民法院两起在先案例的相关说理。对于权利要求撰写错误的理解，在涉“精密旋转补偿器”专利无效行政再审案[①]中，最高人民法院认为，权利要求中的撰写错误并不必然导致其得不到说明书支持；如果权利要求存在明显错误，本领域普通技术人员根据说明书和附图的相应记载能够确定其唯一的正确理解的，应根据修正后的理解确定权利要求所保护的技术方案，在此基础上再对该权利要求是否得到说明书的支持进行判断。对于说明书撰写错误的理解，在“具有低矫顽磁力特性的偏磁元件的磁力式电子货品监视用标识器”专利无效行政再审案[②]中，最高人民法院认为，判断专利说明书是否清楚、完整，应当以本领域技术人员是否理解技术方案并能够实现作为判断标准。如果本领域技术人员在阅读说明书公开的内容时，即能理解、发现并更正其错误，且该理解和更正并不会导致权利要求的技术方案发生变化，则应当允许对专利说明书中存在的错误予以更正理解。

可见，根据最高人民法院的上述裁判规则，对于说明书和权利要求书可能存在的撰写错误，基本原则还是要站在本领域普通技术人员的角度进行解读和理解，在特定情况下，还应当允许本领域技术人员对撰写错误的专利文件作出

① 见最高人民法院（2011）行提字第13号行政判决书。

② 见最高人民法院（2016）最高法行再95号行政判决书。

相应的更正性理解。

为更好地理解最高人民法院的裁判规则，下面就其中一个案例进行详细解读。

在涉“精密旋转补偿器”专利无效行政再审案中，涉案权利要求1记载如下：

1. 一种精密旋转补偿器，包括外套管、内管、压料法兰、延伸管和密封材料，内管与外套管之间装有柔性石墨填料，柔性石墨填料的端面装有压料法兰，压料法兰与外套管一端的法兰之间由螺栓连接，外套管内凸环和内套管外凸环之间设有钢球；在所述的外套管的另一端与延伸管连接，两者之间留有间隙，其特征在于：所述的延伸管为与内套管内径相同的直管，两者同轴对应；所述的压料法兰的外侧与外套管的内侧为紧密配合。

对于该项权利要求，理解有分歧的是，“两者之间留有间隙”中的“两者”应该怎么理解？在该段话之前，有“在所述的外套管的另一端与延伸管连接”的表述。按照权利要求文本的语义解读，“两者之间留有间隙”中的“两者”应该就是其前述的“外套管”和“延伸管”。

但是，进一步阅读涉案专利说明书，发明内容部分记载：……在所述的外套管的另一端与延伸管连接，两者之间留有间隙……；具体实施方式部分记载：外套管外侧是直通延伸管5，与内管1内径相等，延伸管5与内管1之间留有适当间隙（1—10mm）……。可见，发明内容部分与权利要求书中的记载相同，而根据具体实施部分的记载，留有适当间隙的是“延伸管”和“内管”，而不是权利要求书中的“外套管”和“延伸管”。

通过上述文本的解读，权利要求书与说明书的内容之间确实存在不一致，或者说，权利要求不能得到说明书的支持。这个时候怎么办？能不能直接认定权利要求书的撰写违反《专利法》第二十六条第四款的规定，还是说需要创设出特殊的裁判规则？对此，专利复审委员会、一审法院和二审法院的意见是一致的，均认为涉案专利权利要求1不能得到说明书的支持，违反《专利法》第二十六条第四款的规定。

然而，最高人民法院对此有不同的认定。

最高人民法院首先对“权利要求以说明书为依据”作出解读。其认为，权利要求书是对说明书记载发明创造的实质和核心的“提炼总结”，是在说明书记载内容的基础上，用构成发明或者实用新型技术方案的技术特征来定义专利权的保护范围。虽然作为界定专利权保护范围的载体，其详细程度不同于为公众提供实施发明或者实用新型所需要的具体技术信息的说明书，但权利要求书的内容不能与说明书的内容相互脱节，权利要求应当以说明书为依据，要得到说明书的支持。《专利法》第二十六条第四款的立法宗旨在于，权利要求的概括范围应当与说明书公开的范围相适应，该范围既不能宽到超出发明公开的范围，也不应当窄到有损于申请人因公开其发明而应当获得的权益。

对于专利文件撰写过程中的缺陷，以及专利文件的修改，最高人民法院认为，如何将说明书中公开的技术方案写入权利要求书中予以保护，对于发明人本人以及专利代理人而言，由于语言表达的局限性以及撰写和代理水平的客观限制，权利要求书在撰写过程中难免出现用词不够严谨或者表达不够准确等缺陷，为提高专利申请文件质量，便于公众理解运用发明创造，《专利法》规定了申请人可以对其专利申请文件进行修改。

由于专利文件的撰写错误难以避免，为确保专利权与其技术贡献相匹配，最高人民法院创造性地提出“明显错误”的概念，并且认为应该允许对明显错误进行更正性理解。最高人民法院认为，对于本领域技术人员来说，如果该技术人员根据所具有的普通技术知识在阅读权利要求后能够立即发现某一技术特征存在错误，同时，该技术人员结合其具有的普通技术知识，阅读说明书及说明书附图的相关内容后能够立即确定其唯一的正确答案。由于该错误的存在对本领域技术人员而言是如此“明显”，即在阅读权利要求时能够立即发现其存在错误，同时，更正该错误的答案也是如此“确定”，结合其普通技术知识和说明书能够立即得出其唯一的正确答案，所以，本领域技术人员必然以该唯一的正确解释为基准理解技术方案，明显错误的存在并不会导致权利要求的边界模糊不清。

重新回到本案，虽然涉案权利要求 1 中“两者”的概念与说明书具体实施方式中的记载不一致，存在“不支持”的问题，但是由于涉案专利权利要求 1 保护的补偿器包括外套管、内管、压料法兰、延伸管和密封材料，其中，外套管的一端经由法兰与内管相连接，另一端与延伸管连接。该旋转补偿器通过内外套管的旋转来吸收热网管道的轴向推力和位移量。内管与外套管之间、以及外套管与延伸管之间不可能既连接，又留有空隙，权利要求 1 中“两者之间留有间隙”中的“两者”不可能是指外套管与延伸管，而只可能是内管与延伸管。

因此，结合本领域普通技术人员的认知，其对涉案专利权利要求 1 中“两者”的理解只可能是内管与延伸管，而不可能是指外套管与延伸管。所以，也就不存在“不支持”的问题，故不违反《专利法》第二十六条第四款的规定。

技术问题的提出在“三步法”适用中的考量

爱因斯坦曾经说过，提出一个问题往往比解决一个问题更重要。爱因斯坦通过这句话告诉我们，在科学研究的道路上，提出问题本身有其自身价值，甚至比解决问题的价值更大。那么，在创造性判断的过程中，这句话有没有适用的可能性，以及怎样适用?

这让笔者想起多年前曾经参与审理过的一起专利案件。在这起案件中，笔者当时任职的北京市第一中级人民法院在一审判决书中提到，即便“一端插接，一端用螺钉固定”的安装方式属于惯用技术手段，但使用该惯用技术手段是在需要可拆卸安装的场合，如果本领域技术人员没有意识到现有技术中的排种盒挡帘存在拆卸不便、不能重复使用等技术问题，就不会想到将排种盒挡帘设置为可拆卸，而由于没有想到或从现有技术中没有得到在精量穴播器排种盒中使用可拆卸更换挡帘的技术启示，则不会进一步想到使用什么形式的可拆卸更换挡帘。[①] 对此，二审法院不予认可，其在二审判决中指出，原审法院认为还需要本领域技术人员认识到排种盒挡帘存在拆卸不便、不能重复使用等技术问题方能想到将排种盒挡帘设置为可拆卸才能认为存在技术启示，这是错误地理解“技术启示”的判断原则，实际上在是否存在“技术启示”的判断中增加了一个判断要素。原审判决的上述判断方式显然违背了“三步法”判断创造性的基本原则，本院予以纠正。[②]

现有技术中存在的需要解决的技术问题是本领域技术人员研发的起点，如果没有这个技术问题，也就根本不可能会有改进的技术方案产生。正是基于这一逻辑，一审法院提出了“意识到技术问题”这么一个概念。但是，二审法院认为这是错误地理解了“技术启示”的判断原则，是在是否存在“技术启示”的判断中增加了一个判断要素，进而违背了“三步法”判断创造性的基本原则。那么，在“三步法”适用的过程中，技术问题的提出有无价值？或者说，在“三步法”

---

① 见北京市第一中级人民法院（2012）一中知行初字第1191号行政判决书。

② 见北京市高级人民法院（2012）高行终字第1455号行政判决书。

适用的过程中，要不要考虑技术问题的提出，如果要考虑，又该怎样考虑？

一、“精量穴播器种盒可更换挡帘”专利无效案基本案情

由于涉及对技术方案的理解，还是有必要先对相关的案情进行介绍。

涉案专利系国家知识产权局于 2008 年 10 月 1 日授权公告的名称为“精量穴播器种盒可更换挡帘”、专利号为 200720183183.0 的实用新型专利，其申请日为 2007 年 12 月 11 日，专利权人为新疆天诚农机具制造有限公司（简称新疆天诚公司）。

涉案专利授权公告的权利要求 1 如下：

1. 一种精量穴播器种盒可更换挡帘，包括精量穴播器排种盒，其特征是：在排种盒（1）排种窗口一侧壳体上面安装着通过压板（4）压紧的胶皮挡帘（3），压板（4）和胶皮挡帘（3）的一端与挡壁上设置的侧向插接凹槽相配合，另一端通过螺钉（2）固装在排种盒（1）壳体上，胶皮挡帘（3）的侧部盖在排种盒（1）的排种窗口上，在压板（4）上设置着与胶皮挡帘（3）盖在排种盒（1）排种窗口形状相适应的缺口。（参见下图）

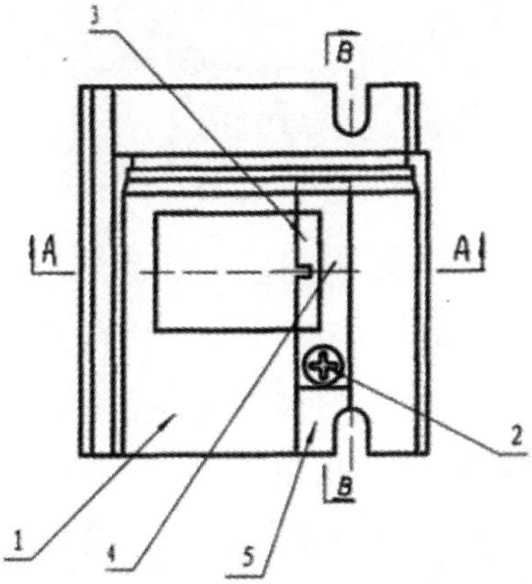

图 1

涉案专利说明书记载下述内容：目前使用的播种机播种装置采用孔型轮式强制排种装置，其结构是具有种窝的弹簧控制的排种轮与播种轮上的凸轮相配合，进行强制排种，工作可靠性强。但是高频率的排种工作，对其相应的种室与排种腔之间的密封装置损坏严重，并且原有的密封隔腔装置是与排种盒连成不可分割的整体，损坏后修复非常困难，并且修复所耗时间和费用多，修复后的可

靠性差。本实用新型的目的在于提供一种精量穴播器种盒可更换挡帘，使种室与排种腔之间的密封装置可以拆卸更换，维修方便，省工省时，既能使穴播器种盒的工作性能可靠，又能排除灰尘、粉末等异物，清洁种子室。

针对涉案专利，杨新源于2011年7月7日向专利复审委员会提出无效宣告请求，主张的理由包括说明书公开不充分、权利要求不能得到说明书支持、涉案专利要求保护的技术方案不具备创造性等。

关于创造性的问题，杨新源主张的最接近的现有技术（简称补充证据2）为一篇专利文献，其中公开了下述技术内容：一种机械式精量穴播器，在种子室3内排种圈9的排种口处分别设置的种盒11内安装着取种转轮12，取种转轮12上设置有取种腔13。（参见下图）

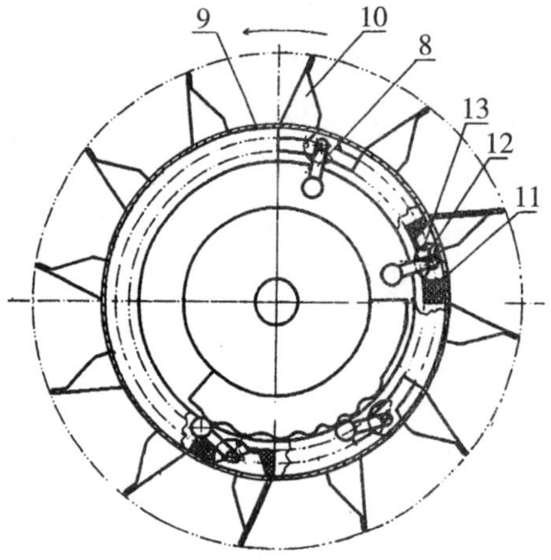

图2 A–A

专利复审委员会认定涉案专利权利要求1与补充证据2存在下述三个区别技术特征：①排种窗口一侧安装着通过压板压紧的胶皮挡帘；②压板和胶皮挡帘的一端与挡壁上设置的侧向插接凹槽相配合，另一端通过螺钉固装在排种盒壳体上，胶皮挡帘的侧部盖在排种盒的排种窗口上；③在压板上设置着与胶皮挡帘盖在排种盒排种窗口形状相适应的缺口。

针对上述区别技术特征，专利复审委员会的评述归纳如下：

对于区别技术特征①，补充证据3公开了种粒孔的外口（相当于排种窗口）设置软弹材料3（相当于胶皮挡帘），并设置弹性钢板4（相当于压板），该防漏板起到密封作用，防止未落入种粒孔中的种粒被排出，解决排种时多排漏排的问题。（参见下图）

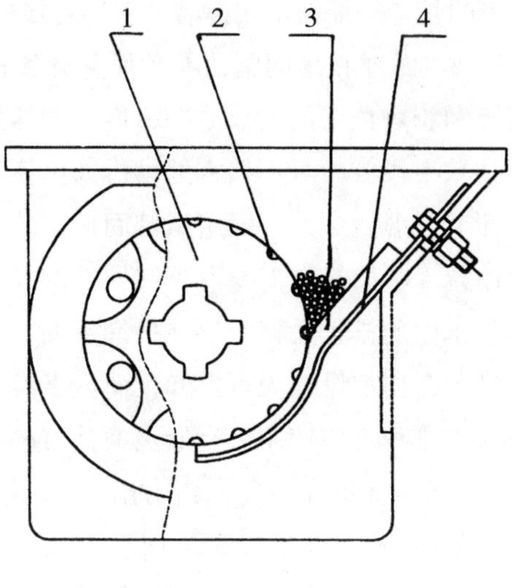

图 3

对于区别技术特征②，压板和胶皮挡帘的安装方式，一端插接，一端用螺钉固定。首先，螺钉固定是本领域公知常识；其次，在日常的生活常识中，一端插接一端用螺钉固定是惯用手段，其实质就是在密闭腔的出口处采用盖板的盖板安装形式；补充证据 3 中，弹性钢板一端是螺栓固定，另一端没有描述如何固定，但粘结、插接也属于本领域惯用手段。

对于区别技术特征③，为了防止种子被碰伤，在压板和胶皮挡帘设置着缺口，并且压板上缺口形状和胶皮挡帘盖在排种盒排种窗口形状相适应是本领域技术人员的常规技术手段。

基于上述认定，专利复审委员会作出第 17922 号专利无效宣告请求审查决定（简称被诉决定），宣告涉案专利全部无效。

二、三级法院针对被诉决定作出的判决及存在的分歧

对于被诉决定认定的涉案专利与补充证据 2 存在的三个区别技术特征，专利权人新疆天诚公司和无效宣告请求人杨新源均不持异议，三级法院也予以认可。但是，对于该三个区别技术特征是否已被现有技术公开，三级法院却有着不同的认定。

一审法院认同被诉决定关于区别技术特征①、③的认定，但认为被诉决定关于区别技术特征②为公知常识的认定有误。一审法院的主要理由在于：区别技术特征②解决的技术问题是实现挡帘的可拆卸更换，权利要求 1 的前序部分即

记载了本专利请求保护的是“一种精量穴播器种盒可更换挡帘”，可见挡帘的可拆卸更换是本专利要解决的重要技术问题，本专利说明书中对此亦有明确记载。被诉决定仅评价了压板和胶皮挡帘的安装方式，即一端插接，一端用螺钉固定的安装方式属于惯用技术手段，而对于挡帘的可拆卸更换是否在现有技术中公开根本未予提及。即便“一端插接，一端用螺钉固定”的安装方式属于惯用技术手段，但使用该惯用技术手段是在需要可拆卸安装的场合，如果本领域技术人员没有意识到现有技术中的排种盒挡帘存在拆卸不便、不能重复使用等技术问题，就不会想到将排种盒挡帘设置为可拆卸，而由于没有想到或从现有技术中没有得到在精量穴播器排种盒中使用可拆卸更换挡帘的技术启示，则不会进一步想到使用什么形式的可拆卸更换挡帘。[①] 因此，一审法院认为专利复审委员会对涉案专利创造性的认定有误，故撤销被诉决定。

然而，二审法院对一审法院关于区别技术特征②的评述不予认可。二审法院认为，在认定区别技术特征是否存在技术启示时，只要区别技术特征属于《专利审查指南》中规定的三种情况，就认为具有技术启示，而无须要求本领域技术人员意识到存在相关的技术问题。区别技术特征 2 系压板和胶皮挡帘的安装方式，一端插接，一端用螺钉固定。由于此种安装方式是公知常识，就此即可认定现有技术存在技术启示。原审法院认为还需要本领域技术人员认识到排种盒挡帘存在拆卸不便、不能重复使用等技术问题方能想到将排种盒挡帘设置为可拆卸才能认为存在技术启示，这是错误地理解“技术启示”的判断原则，实际上在是否存在“技术启示”的判断中增加了一个判断要素。原审判决的上述判断方式显然违背了“三步法”判断创造性的基本原则，本院予以纠正。[②]

据此，二审法院又撤销一审判决，维持被诉决定。

这个案子最终再审到最高人民法院。有意思的是，对于一、二审法院的分歧，最高人民法院并没有表态，而是对涉案专利权利要求 1 与补充证据 2 存在的三个区别技术特征作出另一种评述。

最高人民法院认同被诉决定关于区别技术特征②、③的认定，但认为被诉决定关于区别技术特征①的认定有误。关于区别技术特征①，最高人民法院的评述如下[③]：

---

① 见北京市第一中级人民法院（2012）一中知行初字第 1191 号行政判决书。

② 见北京市高级人民法院（2012）高行终字第 1455 号行政判决书。

③ 见最高人民法院（2015）行提字第 12 号行政判决书。

1. 补充证据 3 中的种粒孔本身设置在排种转轮上，实际上相当于本专利权利要求 1 中取种转轮上的取种腔，其外口并不相当于区别技术特征①中的排种窗口。

2. 补充证据 3 中的种粒孔外口与软弹材料相接触的是整个外口，区别技术特征①中胶皮挡帘只是盖在排种窗口的一侧。

3. 区别技术特征①在本专利权利要求 1 中所起的作用是，防止排种时多排漏排，同时还可以使胶皮挡帘拆卸更换，维修方便，解决了原先与排种盒不可分割的密封隔腔装置损坏后维修困难的问题；补充证据 3 披露的上述技术手段在补充证据 3 所涉实用新型中所起的作用是，为了防止未落入种粒孔中的种粒被排出，解决排种时多排漏排的问题，二者的作用并不相同。

因此，最高人民法院认为区别技术特征①并未被补充证据 3 所公开，故涉案专利具有创造性。最终，最高人民法院判决撤销二审判决、撤销被诉决定。

三、怎样理解三级法院判决中的“分歧”

一审判决认为，如果本领域技术人员没有意识到现有技术中的排种盒挡帘存在拆卸不便、不能重复使用等技术问题，就不会想到将排种盒挡帘设置为可拆卸。站在文本解读的角度，这事实上就是认为，在评价发明创造是否具有创造性时，需要考虑“技术问题的提出”（或者说“意识到技术问题的存在”），否则，本领域技术人员不会有对现有技术加以改进的动机。

而二审判决认为，只要区别技术特征属于《专利审查指南》中规定的三种情况[①]，就认为具有技术启示，而无需要求本领域技术人员意识到存在相关的技术问题。参照《专利审查指南》中“三步法”的规定，在认定技术启示时，也确实是这样的。

单独阅读一、二审法院的两份判决，二者的相关说理都有道理。但如果将二者对照解读，二者的相关判决似乎又存在直接的冲突，尤其是二审判决中直接指出一审法院的错误之处，即原审法院认为还需要本领域技术人员认识到排种

---

① 根据《专利审查指南》的规定，该三种情况包括：所述区别特征为公知常识；所述区别特征为与最接近的现有技术相关的技术手段，例如，同一份对比文件其他部分披露的技术手段，该技术手段在该其他部分所起的作用与该区别特征在要求保护的发明中为解决该重新确定的技术问题所起到的作用相同；所述区别特征为另一份对比文件中披露的相关技术手段，该技术手段在该对比文件中所起到的作用与该区别特征在要求保护的发明中为解决该重新确定的技术问题所起的作用相同。

盒挡帘存在拆卸不便、不能重复使用等技术问题方能想到将排种盒挡帘设置为可拆卸才能认为存在技术启示，这是错误地理解“技术启示”的判断原则，实际上在是否存在“技术启示”的判断中增加了一个判断要素。

那么，怎样理解一、二审判决存在的“分歧”？还得回到对《专利审查指南》“三步法”的理解。具体到本案，至少有两个层面的问题，首先，技术问题的提出对于创造性的判断究竟有无影响？其次，如果有影响，在适用“三步法”进行创造性判断的过程中，又该怎样考虑“技术问题的提出”这一因素？

根据《专利审查指南》的规定，“三步法”具体是指：第一步，确定最接近的现有技术；第二步，确定发明创造与最接近的现有技术之间的区别技术特征，根据区别技术特征所能达到的技术效果确定发明创造实际解决的技术问题；第三步，从最接近的现有技术和发明创造实际解决的技术问题出发，判断要求保护的发明创造对本领域的技术人员来说是否显而易见。

那么，在上述三步中，哪一步会涉及“技术问题的提出”呢？

“三步法”的提出是为了让审查员作为技术方案的审查者能够跨越时空，返回到专利申请日以前，以本领域普通技术人员的眼光尽量客观判断所述专利申请的创造性，即站在本领域技术人员的角度，重塑发明过程，分析最接近现有技术中存在的缺陷，并据此提出发明要解决的技术问题，再进一步看现有技术整体上是否给出了采用与发明一样的手段解决该技术问题的技术启示。[①] 在重塑发明创造的过程中，第一步确定最接近的现有技术是确立发明创造的起点，这个时候还未涉及“技术问题的提出”。第三步中，对于技术启示的判断，《专利审查指南》明确规定了现有技术中存在技术启示的三种情况，在这三种情况中均未提到需要考虑“技术问题的提出”。所以，假定技术问题的提出对于创造性的判断有影响，这种影响只会有可能体现在第二步的适用过程中，即确定发明创造与最接近的现有技术之间的区别技术特征，根据区别技术特征所能达到的技术效果确定发明创造实际解决的技术问题。

重新回到“精量穴播器种盒可更换挡帘”专利无效行政案件，具体看看在适用“三步法”进行创造性判断的过程中，有无考虑“技术问题的提出”这一因素的可能性。该案中，假定还是以专利复审委员会认定的三个区别技术特征为基础，基于区别技术特征①所能达到的技术效果，涉案专利权利要求 1 实际要解决的技术问题是防止排种时多排漏排，以及与排种盒不可分割的密封隔腔

---

① 陈晓华：《重塑发明过程，整体把握“三步法”》，载《中国发明与专利》2014 年第 11 期。

装置损坏后维修困难。但这里面有疑难的是，基于区别技术特征②所能达到的技术效果，涉案专利权利要求1实际要解决的技术问题是什么呢？其实还是与排种盒不可分割的密封隔腔装置损坏后维修困难。

这也就是说，基于区别技术特征①、②所能达到的技术效果，重新确定的涉案专利权利要求1实际要解决的技术问题是存在重合的。这在最高人民法院的判决中也有体现。最高人民法院在评述区别技术特征②时指出，区别技术特征②中的“胶皮挡帘的侧部盖在排种盒的排种窗口上”技术手段实际上在区别技术特征①中已有体现，区别技术特征②中的压板和胶皮挡帘一端插接、一端用螺钉固定的技术手段实际上是与区别技术特征①相互配合，共同起到方便更换胶皮挡帘的作用。[①]

追寻最高人民法院的思路，如果将区别技术特征①、②结合在一起，组成一个新的区别技术特征“可更换胶皮挡帘”，然后结合说明书的记载，就可以确定该新的区别技术特征实际解决的技术问题就是排种时多排漏排，以及与排种盒不可分割的密封隔腔装置损坏后维修困难。

这时，当我们重新回到一审判决，再去评述区别技术特征②时，就能更好地理解为什么一审法院要提出“技术问题的提出”这一问题。虽然一审法院是在评述区别技术特征②的时候提出这一问题的，但实际上一审法院关于“技术问题的提出”的论述更像是针对区别技术特征①作出的评述，因为区别技术特征②（即“胶皮挡帘的连接方式”）的适用场景是区别技术特征①。如果我们将区别技术特征①、②结合在一起，组成一个新的区别技术特征“可更换胶皮挡帘”，就根本不会存在一、二审法院关于“技术问题的提起”的分歧。

因为在立足最接近的现有技术做出发明创造改进时，必然是要先分析最接近的现有技术存在的技术问题。只有在意识到相关的技术问题的前提下，发明创造才可继续推进。所以，当我们正确划分区别技术特征时，一、二审判决中的“分歧”也就不复存在。

四、结论

本文涉及的“精量穴播器种盒可更换挡帘”专利无效行政案是笔者2012年参与审理过的一起案件，笔者也一直追踪着这个案子在2013年二审改判、2015

① 见最高人民法院（2015）行提字第12号行政判决书。

年再审推翻的过程。而且，基本上每年都会把这个案子中三级法院的判决书拿出来好好读几遍，思考这里面的问题。笔者也一直觉得这个案子特别好。因为它涉及的技术方案本身并不是特别复杂，不管有无相关领域的技术背景，基本上都能看得懂、理解到位。这样就更加便于大家集中精力讨论其中涉及到的法律问题，即本文提到的，技术问题的提出在“三步法”适用中的考量。

虽然根据《专利审查指南》的规定，在“三步法”中确实不能清晰地找到“技术问题的提出”这一因素的位置，但是，在适用“三步法”的过程中，站在重塑发明创造的角度，本领域技术人员必然是会考虑“技术问题的提出”。那么，剩下的问题就是，究竟能够在“三步法”中的哪一步考虑？根据笔者的一些粗浅思考和分析，在第二步中考虑是比较合适的。

问题也就转换为，第二步中，在确定“区别技术特征”和“实际要解决的技术问题”时，哪一个需要考虑“技术问题的提出”，还是说两个都需要考虑？

相对来讲，“区别技术特征的确定”是比较客观的过程。两个技术方案摆在那儿，有哪些区别技术特征，是可以客观比较出来的，而“实际解决的技术问题”需要本领域技术人员立足于对最接近的现有技术的认知。此时，本领域技术人员需要分析最接近的现有技术存在的缺陷（或者说问题），以及加以改进的方向和思路，进而提出新的技术方案。所以，在确定“实际解决的技术问题”时，必然需要考虑“技术问题的提出”。

当然，根据“三步法”的适用方法，实际解决的技术问题系“根据区别技术特征所能达到的技术效果确定”。因此，实际解决的技术问题需要立足于区别技术特征，以及该区别技术特征所能达到的技术效果。正是在这个意义上，本文认为，区别技术特征的划分也很重要，如果像“精量穴播器种盒可更换挡帘”案一样划分的太细，就有可能导致对实际解决的技术问题的确定有重叠，进而出现该案中一、二审法院产生分歧的情形。

诉讼证据在法庭出示
是否构成专利法意义上的公开

专利法意义上的公开指的是相关技术或设计内容“为公众所知”。司法实务中，对于期刊杂志等出版物公开、销售等使用公开的判断较为常规，难度也不大，争议点也就是证据链条的确定。但是，对于QQ空间、微信朋友圈、诉讼活动等不太常见的公开类型，究竟能否认定为专利法意义上的公开，在实务中还是存有争议。

“吊灯（BP1056）”专利无效行政纠纷案[①]就涉及“诉讼证据在法庭出示是否构成专利法意义上的公开”这一较为少见的问题。

案情

专利号为200630040308.5、产品名称为“吊灯（BP1056）”的外观设计专利（简称本专利）的申请日是2006年9月4日，授权公告日为2007年7月25日，专利权人是永莹辉公司。

针对本专利，张长顺于2009年11月12日向专利复审委员会提出无效宣告请求，其理由是本专利不符合《专利法》第二十三条的规定，同时，提交了5份附件。其中包括附件4，即（2005）郑民三初字第117号案卷材料（内含侵犯专利权案件审理时所提交的证据清单列表、产品画册、代理词）复印件共10页。

2010年10月9日，专利复审委员会作出第15460号决定：虽然通过法院审理侵权诉讼的相关文件能够认定在本专利申请日前附件4中所示画册在法庭出示的事实，但并不等同于该证据向社会公众的公开展示，因此附件4不足以支持张长顺的主张，故维持本专利权有效。

张长顺不服第15460号决定，诉至法院。

① 见北京市高级人民法院（2012）高行（知）终字第348号。

裁判

一审法院认为，附件 4 产品画册中含有张长顺主张的与本专利进行比对的图片 MX0447A-9，但是该产品画册本身并非公开出版物，其作为诉讼证据在法庭上出示和进行证据交换并不构成专利法意义上的出版公开或使用公开。据此，一审法院判决维持第 15460 号决定。

张长顺不服一审判决，提起上诉。二审法院另查明，河南省郑州市中级人民法院于 2005 年 7 月 26 日作出（2005）郑民三初字第 117 号民事判决，该判决书载明该案为公开开庭审理。二审法院认为，除因特殊情况，人民法院应当公开审理民事案件，任何人均可以旁听，即庭审过程是公开的，庭审内容属于任何人想得知即可得知的状态。并且，人民法院对案件审理结果进行公开宣判，每一份民事裁判均是公开的。附件 4 可以证明，在本专利申请日前该证据已经以民事案件公开开庭审理的方式所公开，该产品画册作为诉讼证据在法庭上出示和进行证据交换已构成专利法意义上的出版公开或使用公开。据此，二审法院判决撤销一审判决、第 15460 号决定。

评析

《专利法》（2000 年修订）第二十三条规定，授予专利权的外观设计，应当同申请日以前在国内外出版物上公开发表过或者国内公开使用过的外观设计不相同和不相近似，并不得与他人在先取得的合法权利相冲突。本案中，争议焦点在于，法庭上出示证据的行为能否认定为该条款规范的专利公开。

一、“为公众所知”的理解

与《专利法》（2000 年修订）相比，现行《专利法》直接使用“现有设计”的概念，即授予专利权的外观设计，应当不属于现有设计，并且规定现有设计是指申请日以前在国内外为公众所知的设计。也就是说，不再区分国内在先公开和国外在先公开的情形。尽管这样，在专利法意义上，“专利公开”的内涵仍旧未变，即“为公众所知”。

就“为公众所知”而言，它指的是公众想要知道就能够知道的状态，而非相关的技术内容已经为公众中具体的人实际得知。只要有关的设计内容已经处于向公众公开的状态，有关设计内容就被认为已经公开，至于说有没有人了解或者有多少人实际上已经了解该设计内容无需考虑。参照《审查指南》(2006年版）的规定，现有设计的公开方式包括出版物公开、使用公开和以其他方式公开三种方式。

在上述三种方式中，最为典型的形式就是出版物公开。专利法意义上的出版物是指记载有技术或设计内容的独立存在的传播载体，并且应当表明或者有其他证据证明其公开发表或出版的时间。此处的出版物可以是各种印刷的、打字的纸件，例如专利文献、科技杂志、产品目录、广告宣传册等，也可以是用磁、照相等方法制成的视听资料，例如缩微胶片、影片等，还可以是以其他形式存在的资料，例如存在于互联网或其他在线数据库中的资料等。

出版物的出版发行量多少、是否有人阅读过、专利权人是否知道是无关紧要的。如载有相关设计内容的刊物，一旦其已印刷出版、公开发行，则相关设计内容就已经公开，而无需考虑是否实际有人购买该刊物、有多少人购买过该刊物、购买人是否已经阅读该刊物内容等。

使用公开的方式包括能够使公众得知其技术内容的制造、使用、销售、进口、交换、馈赠、演示、展出等方式。只要通过上述方式使有关设计内容处于公众想得知就能够得知的状态，就构成使用公开，而不取决于是否有公众得知。

尤其值得注意的是，此处“为公众所知”中的“公众”并不具有诸如人群、人数等方面的限制。

二、诉讼证据在法庭出示是否形成为公众所知的状态

在目前的司法实务中，对于现有设计的常见公开形式，如出版物公开、销售公开等，均能认定为专利法意义上的公开。但是，对于诉讼中的证据提交、交换及其质证行为定性，在本案中却出现了争议。

一种观点认为，在我国现行法律、法规中，对于诉讼证据是否构成专利法意义上的公开均无明确规定，且诉讼证据在法庭上的出示，其公开程度明显低于出版等方式，无法达到专利法意义上为公众知晓的标准。专利复审委员会和一审法院即持该种观点。另一种观点则认为，诉讼证据在法庭上出示和进行证据交换已构成专利法意义上的出版公开或使用公开，其根据在于庭审过程的公开，进

而庭审内容属于任何人想得知即可得知的状态。二审法院则主张这第二种观点。

本案中，（2005）郑民三初字第 117 号民事判决书已经载明，该案系公开开庭审理，且附件 4 中所示画册在法庭上已出示。对于公开开庭，《民事诉讼法》（1991 年）第一百二十条第一款规定，人民法院审理民事案件，除涉及国家秘密、个人隐私或者法律另有规定的以外，应当公开进行。也就是说，除非特殊情况，人民法院应当公开审理民事案件，任何人均可以旁听，即庭审过程是公开的。对于这一点，专利复审委员会和一、二审法院之间是不存在任何分歧的。

那么，附件 4 中，载有图片 MX0447A-9 的产品画册，能否认定为专利法意义上的出版物呢？一审法院对此持否定观点。对照上述出版物的界定，该产品图册中载明的 MX0447A-9 图片显示出相应设计的内容，应属专利法意义上出版物。在公开开庭审理的事实基础上，庭审过程中附件 4 的提交、交换及相应的质证行为是否形成相关设计内容为公众所知的状态？

和常规形式的出版物公开不同，公开开庭审理比较特殊，如诉讼参与人、旁听人员数量有限，过程相对短暂，且不具有可重复性，等等。也就是第一种观点主张的，公开开庭审理的公开程度明显低于出版物公开等。不过，就“为公众所知”的状态而言，公开开庭审理确实会产生“公众想要知道就能够知道”的状态，尽管可能事实上公开开庭审理当天在法庭里仅有合议庭成员、诉讼参与人，而无其他更多的旁听人员。此外，就庭审过程而言，其性质上与典型的出版物公开、使用公开等是相同的，区别也仅是体现在公开的持续程度。然而，这些区别点不应该否定在本案中在先设计内容“为公众所知”的状态已经形成。

仅由附图“概括得到”的技术特征不应作为已公开内容

不论是评价新颖性还是创造性，都会用到一个参照系，即现有技术。根据《专利法》的规定，现有技术，是指申请日以前在国内外为公众所知的技术。当然，这种为公众所知，既包括因直接公开而为公众所知，也包括隐含公开而为公众所知。但是，认定隐含公开时需达到“直接地、毫无疑义地确定”的程度，否则，“概括得到”的技术特征不能视为公开。

在此，通过“散热风扇”专利无效行政纠纷案件[①]予以说明。

案情

名称为“散热风扇”、专利号为200410068778.2的发明专利（简称本专利），其申请日为2004年9月6日，授权公告日为2009年1月21日，专利权人为台达电子公司。

本专利授权公告的权利要求书共28项权利要求，其中，权利要求1为：一种散热风扇，其包括：……一基座，设置于所述外框中，用以承置所述叶轮于其上，其中所述扇叶的顶端缘与垂直于所述散热风扇轴线的水平线呈一上扬的第一倾斜夹角，所述扇叶的底端缘与垂直于所述散热风扇轴线的水平线呈一上扬的第二倾斜夹角，所述第一倾斜夹角和所述第二倾斜夹角不相等。

针对本专利，庄国贤向专利复审委员会提出无效宣告请求，其理由包括本专利权利要求1-28不符合《专利法》第二十二条第三款的规定。庄国贤提交的证据7为公开日为2000年12月12日、公开号为US6158985的美国专利说明书及其相关部分中文译文。

专利复审委员会认定：证据7公开了一种具有防水结构的风扇1，如图3所示，

---

① 见北京市高级人民法院（2014）高行终字第1140号行政判决书。

叶片85的入风侧侧缘具有向入风侧上扬的夹角（对应于本专利“垂直于所述散热风扇轴线的水平线呈一上扬的倾斜夹角”的技术特征），叶片85的出风侧侧缘也具有整体上向入风侧上扬的夹角，上述两夹角不等。权利要求1相对于证据7不具备创造性。专利复审委员会作出第19142号决定，宣告本专利权全部无效。

台达电子公司不服第19142号决定，诉至法院。

裁判

一审法院经审理查明，证据7中文译文中并未记载“叶片85的入风侧侧缘具有向入风侧上扬的夹角，叶片85的出风侧侧缘也具有整体上向入风侧上扬的夹角，上述两夹角不等”的内容。对此，专利复审委员会当庭表示，上述内容来自其对证据7附图3所公开信息的总结概括。一审法院认为：在没有文字说明的情况下，专利复审委员会仅凭证据7之附图3的示意，即得出“叶片85的入风侧侧缘具有向入风侧上扬的夹角，叶片85的出风侧侧缘也具有整体上向入风侧上扬的夹角，上述两夹角不等”的内容，缺乏事实依据。据此，一审法院判决撤销第19142号决定，并由专利复审委员会重新作出无效宣告请求审查决定。

庄国贤不服一审判决，提起上诉。其主要上诉理由为：本领域技术人员根据证据7的记载，不用付出创造性劳动就能够得到“叶片85的入风侧侧缘具有向入风侧上扬的夹角，叶片85的出风侧侧缘也具有整体上向入风侧上扬的夹角，上述两夹角不等”的内容。二审法院判决驳回庄国贤的上诉，维持一审判决。

评析

《专利法》第二十二条第三款规定，创造性，是指与现有技术相比，该发明具有突出的实质性特点和显著的进步，该实用新型具有实质性特点和进步。本案焦点问题在于，通过“总结概括”对比文件附图的方式得出“技术特征”的做法是否具有法律依据。

一、“能够从附图中直接地、毫无疑义地确定”的理解

为判断发明或者实用新型是否具备创造性所引用的相关文件，包括专利文件和非专利文件，统称为对比文件。若区别技术特征被对比文件公开，则该权

利要求不具备创造性。

对比文件是客观存在的技术资料。引用对比文件判断发明或者实用新型的创造性时，应当以对比文件公开的技术内容为准。该技术内容不仅包括明确记载在对比文件中的内容，而且还包括对于所属技术领域的技术人员来说，隐含的且可直接地、毫无疑义地确定的技术内容。但是，不得随意将对比文件的内容扩大或缩小。另外，对比文件中包括附图的，也可以引用附图。但是，审查员在引用附图时必须注意，只有能够从附图中直接地、毫无疑义地确定的技术特征才属于公开的内容，由附图中推测的内容，或者无文字说明、仅仅是从附图中测量得出的尺寸及其关系，不应当作为已公开的内容。

根据上述规则，判断技术特征是否在先公开是客观的过程。但是，专利授权确权司法审查实务中，由于对对比文件中相关技术特征的理解不够透彻，或者对《专利审查指南》中“直接地、毫无疑义地确定”理解有误，导致专利复审委员会作出的复审或者无效宣告决定被撤销。例如，在“翻转式壁凳”实用新型无效行政纠纷案[①]中，专利复审委员会引用的附件2系一份外观设计专利公报（公开了一种壁凳包括主视图在内的五幅视图），其在第15148号决定中认定“附件2具体公开了具有能固定在墙壁上的承重壁座，壁座上开有凹槽，在两根支杆上装有凳面，支杆的一端嵌入凹槽与壁座连接，凹槽的上端面对支杆产生支撑作用”的内容。对此，法院认为，从附件2公开的五幅视图中无法唯一确定该壁凳的内部结构特征，其除了可能为第15148号决定中认定的结构外，还可能为一体注塑成型的结构，被告认定附件2中显示为凹槽的线条可能系一体注塑成型后的装饰线条，而并非表示结构的线条。因此。仅从附件2的视图中并不能直接地、毫无疑义地确定其公开了“壁座上开有凹槽”“支杆的一端嵌入凹槽与壁座连接，凹槽的上端面对支杆产生支撑作用”的内容。

可见，专利授权确权及后续司法审查程序中，可以使用对比文件附图中“直接地、毫无疑义地确定”的技术特征，但是，在判定是否确实“直接地、毫无疑义地确定”时，仍需做到客观、真实。

二、“总结概括”不能等同“直接地、毫无疑义地确定”

那么，通过对对比文件中的附图进行“总结概括”得出的“技术特征”能

---

① 见北京市高级人民法院（2011）高行终字第1483号行政判决书。

否认定为“直接地、毫无疑义地确定”呢?

首先，根据法院查明的事实，证据 7 中文译文中并未记载“叶片 85 的入风侧侧缘具有向入风侧上扬的夹角，叶片 85 的出风侧侧缘也具有整体上向入风侧上扬的夹角，上述两夹角不等”的内容。而且，专利复审委员会也当庭表示，上述内容系来自其对证据 7 附图 3 所公开信息的“总结概括”。

其次，再看证据 7 附图 3 具体公开的内容。附图 3 绘制了风扇的局部剖视图。结合该图对风扇扇叶的绘制方式，其一，对于风扇扇叶这样一个曲面较多、立体构造较为复杂的装置来说，绘图者从不同的截面位置对其进行精确“剖面”而形成的平面图形很可能存在较大差异；其二，鉴于风扇扇叶属于立体的曲面结构，在平面绘图时，绘图者客观上也难以将该风扇扇叶的相关特征精确的转换到平面视图上。因此，在无其它证据佐证的情况下，应当推定证据 7 附图 3 所绘制的风扇局部剖视图属于“示意图”、而非“加工图”。也就是说，附图 3 绘制的部件、特别是绘制的风扇扇叶与实际风扇扇叶的立体结构并不存在精确的对应关系。在附图 3 局部剖视图仅属于“示意图”的情况下，从这种局部视图的“绘图细节”中难以准确概括出实际风扇扇叶的立体结构。因此，从本领域技术人员的角度看，在没有文字说明的情况下，专利复审委员会仅凭证据 7 附图 3 的示意，即得出“叶片 85 的入风侧侧缘具有向入风侧上扬的夹角，叶片 85 的出风侧侧缘也具有整体上向入风侧上扬的夹角，上述两夹角不等”的内容，显然缺乏事实依据，也违反了《专利审查指南》的相关规定。

在创造性判断过程中，既有对技术方案的把握，也有对法律规则的理解，二者缺一不可。本案虽然涉及对证据 7 附图 3 公开技术内容的理解，但实际上还是个法律问题，即通过“总结概括”对比文件附图的方式得出“技术特征”的做法是否具有法律依据。因此，专利授权确权司法审查实践中，在搞清楚技术问题的基础上，关键还在于法律规则的正确适用。

第三方窃取研发成果引发的职务发明权属纠纷

对于职务发明权属纠纷，实务中的争议焦点主要在于“职务发明创造”的判定[①]，纠纷主要存在于单位和职员之间。但是，对于那些试图将单位研发成果据为己有的职员而言，其可能并不一定会以自己的名义申请专利，而是以“第三方”的名义进行申请，进而强化其行为的迷惑性，增加单位的维权难度。

在最高人民法院公布的“2017年中国法院50件典型知识产权案”中，南京麦澜德医疗科技有限公司（简称麦澜德公司）、史志怀、杨瑞嘉、周干、杨东与南京伟思医疗科技股份有限公司（简称伟思公司）专利权权属纠纷案[②]就是这样，表现出第三方窃取研发成果的特点。此外，该案在证据规则上还体现出法院对当事人举证责任的分配以及对在案证据的综合判断。

这个案子的基本情况可大致归纳如下：

伟思公司系一家专业从事医疗器械等产品的研发、生产、代理销售的企业。史志怀、杨瑞嘉、周干均为伟思公司的前员工，分别为伟思公司研发部、产品部、质量部负责人。自2010年起，伟思公司先后申请了十多项专利，这些专利发明人包括史志怀、杨瑞嘉以及周干。2013年1月16日，麦澜德公司登记成立，经营范围与伟思公司基本相同，杨东为公司股东之一，其他股东均是史志怀、杨瑞嘉以及周干的亲友。麦澜德公司成立后，史志怀、杨瑞嘉先后从伟思公司离职，并入职麦澜德公司工作至今，分别担任副总经理、总经理。2014年8月，伟思公司发现周干以其配偶名义入股麦澜德公司并将伟思公司技术泄露给麦澜德公司后，遂将周干开除。2012年11月5日，杨东申请了名称为“一种阴道电极”、专利号为201210435831.2的发明专利，即涉案专利。2013年9月13日，涉案专利申请人变更为麦澜德公司，2014年4月16日，该专利获得授权并公告，专

① 具体地说，主要是围绕《专利法》第六条和《专利法实施细则》第十二条的规定而展开的。例如，何为“执行本单位的任务”，什么是“主要是利用本单位的物质技术条件”，以及“退休、调离原单位后或者劳动、人事关系终止后1年内”的具体判定。

② 见江苏省高级人民法院（2016）苏民终988号民事判决书。

利权利证书上记载发明人为杨东，权利人为麦澜德公司。

伟思公司认为，杨东本身没有医疗器械行业从业以及相关研究的经历，涉案专利的实际发明人应为史志怀、杨瑞嘉、周干。该三人在伟思公司任职期间，受伟思公司的工作任务指派，长期利用公司的资金、场地、设备、原材料及不对外公开的技术资料进行与涉案专利有关的科研开发，因此涉案专利对应的技术成果属于以上三人在伟思公司工作期间的本职工作范围，也是伟思公司分配给其研究项目下的工作内容，涉案专利属于职务发明，其专利权归伟思公司所有。

对于这个案件，法院主要有两个角度的论述：

其一，现有证据不足以证明杨东是涉案专利的发明人。

法院得出这一结论主要基于如下事实：

1. 杨东在庭审中口述了涉案专利的发明动机和发明过程，但当法院根据其陈述要求其提交保存在电脑中的相关资料时，其却以搬家过程中电脑丢失为由未予提交。

2. 杨东在庭审中先称其可以熟练操作 ProE 软件，且是通过该软件进行涉案专利的绘制，但当法院要求其当庭演示使用该专业软件时，其体现的对该软件的操作技能无法达到绘制涉案专利附图的能力。

3. 杨东对涉案专利所属领域的国内外厂家生产的与专利同类产品基本无法辨识区分。

4. 杨东对涉案专利所涉及的导电硅胶的电阻大小、电极的检测方法、生物相容性要求和国家标准、专利产品的尺寸参数、市场同类产品的价格等问题均无法做出回答。

5. 在做出涉案专利的发明之前，杨东没有涉案专利技术领域相关的学习、从业经历。

其二，涉案专利属于杨瑞嘉、史志怀、周干等的职务发明，专利权应属伟思公司。

首先，杨瑞嘉、史志怀、周干应认定为涉案专利的实际发明人。根据史志怀、杨瑞嘉、周干等人在伟思公司的工作经历，三人均完全具备研发涉案专利的专业知识和研发能力，掌握了涉案专利核心技术，亦有利用伟思公司技术成果为己谋利的动机和故意，而以杨东为发明人名义申请涉案专利系规避法律。

其次，涉案专利属于杨瑞嘉、史志怀、周干执行伟思公司任务所完成的发明创造，为职务发明，专利权权属应归伟思公司。伟思公司提交了大量的证据，证明涉案专利与杨瑞嘉、史志怀、周干等人在伟思公司所从事的工作有关。

该案之所以被列入 2017 年中国法院 50 件典型知识产权案件，很重要的一个原因就是它区别于一般的职务发明权属纠纷案件，即它表面上并不涉及单位与职员之间的纠纷，而是“第三方”窃取单位的研发成果并申请为专利。

基于这个特殊性，我们看法院的裁判逻辑。

为证明涉案技术为职务发明，原告需要证明什么？这和其他的职务发明权属纠纷案件是一样的，原告需要证明涉案技术是其职员在履行职务过程中产生的发明创造，是原告多年来立足研发取得的成果。这个案件中原告也确实提交了这方面的证据，证明原告自 2010 年以来就进行了涉案技术方案的研发，包括有很多数据和文件的记载，以及原告自己也申请了相关的专利。对于普通的职务发明权属纠纷，原告的证明责任就到此为止了，另外再加上涉案技术的专利申请人是其职员，法院就能够认定涉案技术为职务发明创造。

但是，本案有一个特点，即“第三方”窃取单位研发成果。也就是说，理论上还存在这个“第三人”独立研发的可能。所以在本案中，这个被告（即所谓的“第三方”）如果坚持主张其为发明人，就需要提供相关的证据，进一步证明是他自己做出了涉案技术的研发。这个“事实”举证责任落实在被告的身上，而非原告。也就是说，在这个问题上，存在一个举证责任分配的问题。因为原告作为单位已经提交了充分的证据证明涉案技术属于职务发明，如果被告还坚持主张涉案技术的发明人是他，就应该提交相关的证据。

可以预见的是，随着员工跳槽带走研发成果等现象日渐多发，实务中这类员工的行为必定会越来越隐蔽，因此，类似本案这种“第三方”窃取研发成果的案件也将更加多见，需要用人单位提前布局，搜集整理好相关的研发证据。

非新产品方法专利权纠纷案中的举证责任转移

在我国民事诉讼活动中，“谁主张，谁举证”是一项基本规则，即《民事诉讼法》第六十四条第一款规定的，当事人对自己提出的主张，有责任提供证据。当然如果当事人存在举证困难，可以向法院申请调查取证，但即使是这样，举证不能的风险仍是由该当事人承担。

不过，在特定情形下，当事人可能确实存在举证困难，如新产品方法专利的侵权判定。为此，《专利法》第六十一条第一款规定，专利侵权纠纷涉及新产品制造方法的发明专利的，制造同样产品的单位或者个人应当提供其产品制造方法不同于专利方法的证明。也就是所谓的“举证责任倒置”。需要注意的是，该条款中的“倒置”是有条件的，即原告至少需要证明“新产品”和“同样产品”。

但是，对于非新产品的方法专利侵权判定，该怎样适用证据规则呢？因为只要是方法专利，不论是否涉及新产品，都会存在举证困难。在北京市高级人民法院公布的2017年度北京市法院知识产权“十大创新性”案例中，“古建彩绘的制作方法”发明专利案[①]就涉及非新产品方法专利权纠纷案中的举证责任转移问题。

在这个案件中，涉案专利名称为“古建彩绘的制作方法”，专利号为201010156763.7，申请日为2010年4月27日，公开日为2010年8月18日，授权公告日为2013年9月25日，申请人及专利权人为赵良新。赵良新诉称：其于2013年12月到河北省承德市安远庙游玩时，发现其中由文化遗产研究院负责制作的所有天花均系采用涉案专利方法制作。文化遗产研究院未经许可，擅自使用该专利方法生产产品，构成侵害专利权的行为。故请求判令文化遗产研究院停止侵权、赔偿损失50万元。为证明文化遗产研究院的侵权行为，赵良新向法院申请司法鉴定，要求法院鉴定涉案的“天花”是手绘还是丝网印版制作而成的。

法院认为，虽然赵良新未提供证据证明文化遗产研究院制作安远庙天花的步骤与涉案专利权利要求1的步骤相同，但已经尽力举证，且可以证明文化遗

① 见北京市高级人民法院（2017）京民终402号民事判决书。

产研究院制作安远庙天花存在使用与涉案专利相同方法步骤的较大可能性。文化遗产研究院在坚持主张其使用的是手绘方法的同时，还主张存在多种印制天花的方法，但既未能举证证明其使用的确系手绘方法，也未就其所称的多种天花印制方法进行举证并足以排除存在使用涉案专利方法的较大可能性。依据现有事实，综合考虑双方当事人的举证能力、举证情况等因素，可以推定文化遗产研究院使用了涉案专利权利要求 1 所保护的方法。

这个案子有个事实上的细节值得注意，即赵良新在诉讼过程中向法院申请司法鉴定，要求法院鉴定涉案的“天花”是手绘还是丝网印版制作而成的。被告主张是手绘的，与涉案专利的丝网印版不一样，但司法鉴定的结论是，“检材与样本为同一种印刷方式形成”。基于这个事实，赵良新的逻辑是，其作为权利人已经基本完成了举证义务，即发现了侵权产品、对侵权产品的制作方法也进行了鉴定，其举证义务就完成了。或者说，在已有工作的基础上，其即使想再进一步做些工作，但可能也做不到，所以其认为举证义务已经完成。

法院基本认可赵良新的逻辑。法院认为，方法步骤由被告自己控制，专利权人无法完成举证任务，被控侵权行为也已经停止，“天花”已经呈现在上面，所以原告的举证任务已经完成，举证责任转移到了被告。这就是法院提到的，权利人没有任何其他的途径可以直接证明被控侵权行为使用的完整方法。而经过司法鉴定，也认为是由同一种方法制作而成，这时应该进行举证责任的转移。也就是法院在判决中说的，结合已知事实和生活经验，考虑侵权的可能性，应该由被诉侵权人提供其制造方法不同于专利方法的证据。

结合这个案例，我们或许可以进一步思考，对于这种涉及非新产品的侵犯方法专利权纠纷案件，不适用举证责任转移的情形会是怎样的？我们可以对比着看另外两起最高人民法院的案件。

在再审申请人潍坊恒联公司与被申请人宜宾长毅公司等侵害发明专利权纠纷案[①]中，涉及产品制造方法专利。最高人民法院认为，宜宾长毅公司已经完成了涉案产品与涉案专利方法生产的产品相同的举证责任，在涉案产品制造方法证据由潍坊恒联公司掌握的情况下，宜宾长毅公司积极提供生产现场视频资料，并申请法院进行证据保全，为证明涉案产品制造方法落入涉案方法专利权保护范围尽了合理努力。潍坊恒联公司虽然否认其生产销售了涉案产品，同时主张涉案产品为粘胶棉浆粕，却没有提供有力的证据予以反驳。在一审法院对其掌

---

① 见最高人民法院（2013）民申字第 309 号民事裁定书。

握的制造方法证据进行保全时，亦不予配合，致使法院未能调取到涉案产品制造方法证据。根据上述事实和日常生活经验，可以推断潍坊恒联公司侵权的可能性较大，因此，原一、二审法院综合考虑双方当事人已经完成的举证情况、距离证据的远近等因素，将证明涉案产品制造方法的举证责任分配给潍坊恒联公司承担，并无不当。

而在刘保昌与安徽省东泰纺织有限公司侵犯专利权纠纷案①中，我们就没能看到这种举证责任转移的情况出现。这也是方法专利的案件，不过是使用方法专利，专利权人也是自然人。专利权人提交了多份证据，但这个“多份证据”中仅仅是证据五涉及被告使用的换梭调整方法。证据五是一审法院组织当事人谈话的笔录。根据证据五中谈话笔录记载的有关内容，东泰公司系使用三用定规进行换梭调整。而且，在最高人民法院组织的听证程序中，专利权人刘保昌也明确认可如果东泰公司使用三用定规进行换梭调整，则不同于专利方法。所以，该案中举证责任并没有转移，因为专利权人没有提交初步的证据证明举证责任应该转移到被告。

对于不同案件中出现的不同结果，可能有两方面的原因。一方面，不同案件中专利权人的举证力度不一样，就像刘保昌案件中，他没有完成基本的举证，事实上等同于没有任何证据。另一方面，刘保昌之所以没有完成基本的举证，可能也是因为这个案件中涉及的是使用方法专利，和制造方法专利相比，举证难度可能更大。但是，值得思考的是，是不是在使用方法专利的案件中就没法做初步举证的工作呢？也不是，至少可以通过鉴定来完成初步举证。

因此，即使是在非新产品方法专利权纠纷案中会有举证责任的转移，专利权人也应该通过自身的相关举证行为，向法院证明其尽了合理努力。

---

① 见最高人民法院（2007）民三监字第46-1号民事裁定书。

禁止反悔原则适用的限制

侵犯专利权民事诉讼程序中，专利权人总是想最大限度地扩大专利权的保护范围，如主张技术特征的等同，被控侵权行为人则是想方设法限缩专利权的保护范围，如辩称专利权人对相关技术方案的放弃。这里提到的对技术方案的放弃，说的就是禁止反悔原则。随着司法实践经验的积累，适用标准的统一，禁止反悔原则在最高人民法院制定的相关司法解释中逐渐得到确认。

《侵犯专利权司法解释（一）》第六条规定，专利申请人、专利权人在专利授权或者无效宣告程序中，通过对权利要求、说明书的修改或者意见陈述而放弃的技术方案，权利人在侵犯专利权纠纷案件中又将其纳入专利权保护范围的，人民法院不予支持。《侵犯专利权司法解释（二）》第十三条规定，权利人证明专利申请人、专利权人在专利授权确权程序中对权利要求书、说明书及附图的限缩性修改或者陈述被明确否定的，人民法院应当认定该修改或者陈述未导致技术方案的放弃。

对照上述司法解释的规定，相当于《侵犯专利权司法解释（二）》第十三条对《侵犯专利权司法解释（一）》第六条的适用做出了部分修正，其实是对《侵犯专利权司法解释（一）》第六条规定的禁止反悔原则适用的限制。但是，对于《侵犯专利权司法解释（二）》第十三条中的“明确否定”该如何理解，实务中还是存在分歧。

《最高人民法院知识产权案件年度报告（2017）》中记载的再审申请人曹桂兰、胡美玲、蒋莉、蒋浩天与被申请人重庆力帆汽车销售有限公司等侵害发明专利权纠纷案[①]中，最高人民法院认为，人民法院在侵犯专利权案件中适用禁止反悔原则时，判断权利人作出的意见陈述是否符合《侵犯专利权司法解释（二）》第十三条规定的“明确否定”，应当对专利授权和确权阶段技术特征的审查进行客观全面的判断，着重考察权利人对技术方案作出的限缩性陈述是否最终被裁判者认可，是否由此导致专利申请得以授权或者专利权得以维持。

① 见最高人民法院（2017）最高法民申1826号民事裁定书。

涉案专利为“鲨鱼鳍式天线”，权利要求 1 记载内容如下：

“一种鲨鱼鳍式天线，其特征在于具有天线外壳，天线外壳内侧上部设置有无线电接收天线，无线电接收天线一端设有天线信号输出端，天线信号输出端通过天线连接元件与天线放大器信号输入端相连接，或直接与同轴电缆匹配相连，天线外壳底部装有安装底板；

所述无线电接收天线通过注塑嵌装或固定卡装在天线外壳内侧上部；

在天线外壳内侧上部设置有无线电接收天线，所述无线电接收天线采用螺旋状弹簧天线，或金属天线，增加了天线接收无线电信号的有效长度，实现 360 度全向性信号接收；

所述无线电接收天线为 AM/FM 共用天线。”

上述技术方案中，与本案有关的主要是，“天线信号输出端通过天线连接元件与天线放大器信号输入端相连接，或直接与同轴电缆匹配相连”“所述无线电接收天线通过注塑嵌装或固定卡装在天线外壳内侧上部”“所述无线电接收天线为 AM/FM 共用天线”。

该案的争议焦点在于，专利权人在行政授权确权程序中的限缩性陈述，是否导致对相关技术方案的放弃，进而导致禁止反悔原则适用的限制。

该案中，专利权人在行政授权确权程序中的限缩性陈述是，涉案专利权利要求 1 与证据 1 存在的区别特征在于：a. 天线信号输出端通过天线连接元件与天线放大器信号输入端相连，或者直接与同轴电缆匹配相连；b. 所述无线电接收天线通过注塑嵌装或固定卡装在天线外壳内侧上部；c. 所述无线电接收天线为 AM/FM 共用天线。

对于专利权人提到的上述三个区别特征，国家知识产权局实审部门认为，通过连接元件来进行阻抗匹配是本领域惯用技术手段，“注塑嵌装”及“固定卡装”也都是本领域常用的锁固方式，属于本领域公知常识。也就是说，对于专利权人主张涉案专利的信号输出连接方式与对比文件不同（即区别特征 a），以及在天线外壳内侧上部的安装方式为非公知（即区别特征 b）的陈述意见，国家知识产权局实审部门已经做出明确否定。当然，国家知识产权局实审部门还是认可专利权人指出的区别特征 c，并最终授权。

在无效宣告程序中，专利权人仍然主张涉案专利权利要求 1 与证据 1 存在的三个区别特征。对此，专利复审委员会并没有对区别特征 a 和 b 是否使得涉案专利具有创造性做出具体评价，仅就 c 特征使得涉案专利具备创造性做出了认定，并在此基础上维持专利权有效。

现在的问题是，对于专利权人同样的陈述，在专利授权阶段，国家知识产权局实审部门对区别特征 a 和 b 做出明确否定，而在专利确权阶段，专利复审委员会对区别特征 a 和 b 并没有做出明确的评述。那么，在这种情况下，能否适用禁止反悔原则的限制？

江苏省高级人民法院认为,《侵犯专利权司法解释（二）》第十三条规定的“明确否定”应当是指以明示的方式作出否定性意思表示，而不能是推定具有否定性意思表示。本案中，专利权人在专利无效程序中对权利要求进行了限缩性的意见陈述，且该意见陈述并未被专利复审委员会明确否定，故被告依据禁止反悔原则，主张被诉产品的“天线引线”不能等同于涉案专利的“连接元件”、被诉产品的“胶粘接”不能等同于涉案专利的“固定嵌装或卡装”，以及被诉产品没有落入专利权利要求保护范围成立。因此，江苏省高级人民法院判决驳回了专利权人的诉讼请求。

专利权人不服江苏省高级人民法院的认定，上诉到最高人民法院。

最高人民法院认为，专利授权和确权虽是两个程序，但二者具有连续性。权利人作出的陈述是否被“明确否定”，应当对专利授权和确权阶段技术特征的审查进行客观全面的判断，着重考察权利人对技术方案作出的限缩性陈述是否最终被裁判者认可，是否由此导致专利申请得以授权或者专利权得以维持。本案中，国家知识产权局专利审查部门对专利权人关于技术特征 a、b 的陈述意见不予认可，持明确否定意见。涉案专利获得授权并非基于对特征 a、b 作出的限缩性陈述。专利复审委员会并未推翻实质审查阶段所持的否定意见。因此，最高人民法院认为，由于专利权人作出的限缩性陈述在实质审查中已被明确否定，而无效审查程序并未推翻该认定得出相反的结论，故应当认定存在专利权人的限缩性陈述已被明确否定的事实。

什么是技术方案的放弃？《侵犯专利权司法解释（一）》第六条中规定，通过对权利要求、说明书的修改或者意见陈述而放弃的技术方案，权利人在侵犯专利权纠纷案件中又将其纳入专利权保护范围的，人民法院不予支持。也就是禁止反悔的原则。但是司法实务中，对于什么是放弃、放弃的认定需要实质上产生放弃的效果还是说仅仅作出放弃的意思表示就行，意见不太统一。因此，《侵犯专利权司法解释（二）》又做出了补充。即权利人证明专利申请人、专利权人在专利授权确权程序中对权利要求书、说明书及附图的限缩性修改或者陈述被明确否定的，人民法院应当认定该修改或者陈述未导致技术方案的放弃。

对于什么样的陈述会导致技术方案的放弃，北京市高级人民法院《专利侵权判定指南》第六十二条进一步规定，专利申请人或专利权人限制或者部分放弃的保护范围，应当是基于克服缺乏新颖性或创造性、缺少必要技术特征和权利要求得不到说明书的支持以及说明书未充分公开等不能获得授权的实质性缺陷的需要。权利人不能说明专利申请人或专利权人修改专利文件原因的，可以推定其修改是为克服不能获得授权的实质性缺陷。

这个案子有意思的地方就在于，专利权人在授权阶段做出了限缩性的陈述，国家知识产权局实审部门也是做出了明确否定。但是，在专利无效宣告程序中，专利权人还一再坚持其已经被明确否定过的陈述，而专利复审委员会对此未予评述。那么，这个时候应该怎样看待专利权人的限缩性陈述呢？笔者的理解是，还是需要尊重专利权人的意见，因为专利权人已经明确表示，涉案专利的相应技术特征不是公知常识，不能用其他的技术方案替代。

恶意诉讼“明知”要件的判断

据《中国知识产权保护白皮书》中的统计，中国法院受理一审专利民事案件的数量逐年递增，2013年为9195件，2017年为16010件，大致有个翻番的规模。有意思的是，在这些案件中，恶意诉讼也逐渐进入人们的视野。对于恶意诉讼，在2015年度北京法院知识产权十大创新性案例——北京远东水泥制品有限公司诉北京四方如钢混凝土制品有限公司因恶意提起知识产权诉讼损害责任纠纷案[①]（简称“远东水泥案”）中，北京知识产权法院做出的判决认为，所谓恶意诉讼，通常是指当事人以获取非法或不正当利益为目的而故意提起一个在事实上和法律上无根据之诉，并致使相对人在诉讼中遭受损失的行为。

根据2011年2月18日修正的《民事案件案由规定》，恶意诉讼的案由为“因恶意提起知识产权诉讼损害责任纠纷”。《最高人民法院关于充分发挥知识产权审判职能作用推动社会主义文化大发展大繁荣和促进经济自主协调发展若干问题的意见》（法发〔2011〕18号）第十六条规定，对于明知其专利权属于现有技术或者现有设计，仍然恶意向正当实施者及其交易对象滥发侵权警告或者滥用诉权，构成侵权的，可以视情支持受害人的损害赔偿请求。

在“远东水泥案”中，北京知识产权法院认为：某种具体的诉讼行为属于恶意提起知识产权诉讼，至少应当满足以下构成要件：一方当事人以提起知识产权诉讼的方式提出了某项请求，或者以提出某项请求相威胁；提出请求的一方当事人具有主观上的恶意；具有实际的损害后果；提出请求的一方当事人提起知识产权诉讼的行为与损害后果之间具有因果关系。

对于“主观上的恶意”的认定，关键的基础事实就是需要查明提出请求的一方当事人是否“明知其专利权属于现有技术或者现有设计”。山东法院公布的2017年十大知识产权案例中，青岛中兴达橡塑有限公司（简称“中兴达公司”）与胶州市金富元橡塑制品厂（简称“金富元厂”）因恶意提起知识产权诉讼损害

---

① 见北京知识产权法院（2015）京知民初字第1446号民事判决书。

责任纠纷二审案件①中，就涉及“明知”要件的判断问题。

实务中，涉及“因恶意提起知识产权诉讼损害责任纠纷”案由的案件之所以会存在，是因为有专利权人提起侵犯专利权纠纷之诉的在先诉讼，之后才会有被告提出因恶意提起知识产权诉讼损害责任纠纷之诉的在后诉讼。

2014年，专利权人中兴达公司向青岛市中级人民法院起诉，被告是金富元厂，开庭时专利权人中兴达公司没有到庭，法院作出视为撤诉的裁定。2015年，中兴达公司又向郑州市中级人民法院起诉，被告是自然人李长焕。在后面这个案子中，被告主张现有设计抗辩，郑州市中级人民法院经审理认为被告的现有设计抗辩成立，涉案被控侵权产品不构成侵权，故判决驳回中兴达公司的诉讼请求。随后，中兴达公司又去青岛市中级人民法院起诉金富元厂，诉讼过程中又主动撤诉，法院最终也裁定准许其撤诉。

之后，金富元厂将中兴达公司诉至青岛市中级人民法院，案由为“因恶意提起知识产权诉讼损害责任纠纷”。经审理，青岛市中级人民法院对金富元厂的诉讼请求予以支持，其理由如下：根据郑州市中级人民法院第308号判决认定的“李长焕的行为属于销售使用在先设计的产品的行为”等事实，足以推定中兴达公司主张的涉案外观设计专利属于现有设计。中兴达公司在第308号案件诉讼过程中，已知晓涉案侵权产品系现有设计、不侵犯其专利权的事实。中兴达公司又于2015年11月25日对金富元厂提起侵权诉讼，其行为已不具有正当性，而是滥用诉权的恶意诉讼行为，违背了诚实信用原则，干扰了金富元厂的正常经营，损害了国家专利制度激励创新的核心价值、浪费了司法资源，依法构成侵权，应承担相应的侵权责任。

但是，青岛市中级人民法院的上述认定被山东省高级人民法院推翻。

山东省高级人民法院首先分析了什么是恶意诉讼。山东省高级人民法院认为，对于明知其专利权属于现有技术或者现有设计，仍然恶意向正当实施者及其交易对象滥发侵权警告或者滥用诉权，构成侵权的，可以视情支持受害人的损害赔偿请求。判断专利权人的某一具体诉讼行为是否属于恶意诉讼，关键在于专利权人是否明知其专利权属于现有技术或者现有设计。

根据山东省高级人民法院的上述判理，如果前案的被告主张专利权人恶意诉讼的，应该提交证据证明专利权人明知专利权属于现有技术或者现有设计的前提要件。具体到本案，金富元厂主张中兴达公司恶意诉讼并主张损害赔偿，应

① 见山东省高级人民法院（2017）鲁民终1192号民事判决书。

提交证据证明中兴达公司明知其专利权属于现有设计，仍然提起诉讼，意图谋取非法利益并对金富元厂造成了实际损害。

山东省高级人民法院进一步分析指出，郑州市中级人民法院审查的是被控侵权产品与现有设计之间的关系，对中兴达公司外观设计专利与被控侵权产品以及现有设计是否构成相同近似设计并未作出评判。即便当事人提出的现有设计抗辩成立，也不能当然得出外观设计专利即属于现有设计的结论，专利权的效力仍应当由有关国家机关依法作出确认。虽然事后专利复审委员会作出无效审查决定，宣告中兴达公司第201430007210.4号外观设计专利与现有设计实质相同，不具有新颖性，宣告其全部无效。但此前并无证据显示，中兴达公司明知其专利权为现有设计，不应获得专利授权。金富元厂亦未提交证据证明中兴达公司存在借青岛市中级人民法院案件获取超出诉讼之外的非法利益、从而造成金富元厂损害的其他不正当行为。

山东省高级人民法院最后撤销一审判决，驳回金富元厂的诉讼请求。

通过上述分析可知，这个案件关键涉及明知的判断。什么是明知？相较于山东省高级人民法院，青岛市中级人民法院的标准稍微宽松一点，它有一个推定的过程。对此，也可以类推比较一下以前的案件。比如，南京市中级人民法院审理的“全国首例知识产权恶意诉讼案”①。这个案件案情比较简单，专利权人李中把一项纳入国家标准的技术申请了专利，然后去起诉被告侵权。法院经审理认为，专利权人是一个专业人士，应该熟知相关的标准，但他明知这个专利不符合《专利法》关于授予专利权的实质要件，还利用实用新型和外观设计专利不做实质审查的制度设计，取得专利权，并且去起诉他人，法院认为专利权人是明知的，具有恶意，是恶意诉讼。

还可以看另外一起案件，约翰迪尔中国公司诉赵国辉、约翰迪尔丹东公司因恶意提起知识产权诉讼损害责任纠纷案②。也是涉及恶意诉讼“明知”的认定，涉及到一个外观设计专利。北京知识产权法院的判理主要基于两个方面的事实：第一，2014年12月15日，行政处罚决定书认定涉案润滑油外包装使用“跳跃的鹿”商标，因而侵犯迪尔公司注册商标专用权；第二，2015年7月2日，约翰迪尔中国公司向专利复审委员会提出专利无效宣告请求，并提交其在2010年第12期公开出版发行的《现代化农业》期刊广告中的圆筒形外包装作为对比设

---

① 见江苏省南京市中级人民法院（2003）宁民三初字第188号民事判决书。

② 见北京知识产权法院（2017）京73民初121号民事判决书。

计。据此，北京知识产权法院认为，结合行政处罚决定书、涉案专利授权公告文本与无效决定书可知，赵国辉与约翰迪尔丹东公司的法定代表人赵国利在已经明知约翰迪尔中国公司在先销售的润滑油外包装造型的情况下，仍将与其造型基本一致的外包装申请为自己的外观设计专利，且在外观设计专利的图样上使用约翰迪尔中国公司的关联公司享有注册商标专用权的标识，其申请行为违背了诚实信用原则，属于恶意申请专利的行为。而在明知涉案专利与约翰迪尔中国公司的现有设计基本一致，缺乏权利基础的情况下，赵国辉与约翰迪尔丹东公司仍主张约翰迪尔中国公司的现有设计侵害其涉案专利权，并意图使约翰迪尔中国公司受到财产或信誉上的损害，该行为已经构成滥用诉讼权利，属于恶意诉讼。

但是，北京知识产权法院的这个案子中，有个细节值得注意，就是2015年的无效决定是在民事诉讼程序之后作出的，有了民事诉讼之后才提出无效的。所以，北京知识产权法院是以事后的无效决定来认定在先民事诉讼过程当中明知的恶意。

重新回到山东省高级人民法院审理的恶意诉讼的案件。山东省高级人民法院在二审判决中指出，虽然事后有无效决定，并不能证明在先是明知的。显然，山东省高级人民法院对明知的认定标准还是比较严格的，这种情况下认定恶意诉讼限制得比较严格。

当然，对照南京中级人民法院和北京知识产权法院的判决，笔者觉得对于想要提起“因恶意提起知识产权诉讼损害责任纠纷”之诉的当事人来讲，在实务中也是可以做一些工作，以便坐实权利人的“明知”，比如说在先发函告知或者提起行政投诉等，具体就得看实务中怎么操作。

适用《专利法》第十一条主张不侵权抗辩

在现代诉讼模式下，请求权和抗辩权是针锋相对、相伴存在的，有请求权必然就会有抗辩权。侵犯专利权诉讼中，站在被告的角度，抗辩是非常重要的武器。甚至有些律师特别喜欢代理被告的案件，因为仅仅提出抗辩即可，只要抗辩成功，原告的相关诉讼请求自然也就会被驳回。

梳理《专利法》及其司法解释的规定，侵犯专利权抗辩事由至少包括下述各种：不侵权抗辩（《专利法》第十一条、第六十二条）、不视为侵权抗辩（《专利法》第六十九条）、不赔偿抗辩（《专利法》第七十条）、自有专利抗辩（《侵犯专利权司法解释（二）》第二十三条）、标准必要专利抗辩（《侵犯专利权司法解释（二）》第二十四条），以及不停止侵权抗辩（《侵犯专利权司法解释（二）》第二十六条），等等。

司法实践中，适用《专利法》第十一条主张不侵权抗辩的情形不是很常见，因为大家通常都是将《专利法》第十一条当作专利权的定义条款来理解，而很少考虑其可能作为不侵权抗辩的事由。但实际的情况是，如果适用得当，《专利法》第十一条作为不侵权抗辩事由的作用不容忽视。

《专利法》第十一条共两个条款，其中第一款是关于发明和实用新型专利权的规定，“发明和实用新型专利权被授予后，除本法另有规定的以外，任何单位或者个人未经专利权人许可，都不得实施其专利，即不得为生产经营目的制造、使用、许诺销售、销售、进口其专利产品，或者使用其专利方法以及使用、许诺销售、销售、进口依照该专利方法直接获得的产品。”第二款是关于外观设计专利权的规定，“外观设计专利权被授予后，任何单位或者个人未经专利权人许可，都不得实施其专利，即不得为生产经营目的制造、许诺销售、销售、进口其外观设计专利产品。”本文主要讨论第一款作为不侵权抗辩事由的适用。

对照《专利法》第十一条第一款的规定，其关于发明和实用新型专利权效力的规定，至少涉及三个方面的要件：未经专利权人许可；为生产经营目的；制造、使用、许诺销售、销售、进口。当不符合这些要件时，侵权行为就不能成立，即被告可以主张不侵权抗辩。

关于生产经营目的，实务中的情况大多数是被告主张其为非营利性机构。例如，机关、学校、医院等机关事业单位。那么，对于这种不侵权的抗辩，能否得到法院支持呢？在弥勒市审计局与昆明万变窗墙公司侵害专利权纠纷案[①]中，被告弥勒市审计局即提出其属于国家机关，而非以营利为目的的经营机构，故其不属于侵权主体的抗辩。但是，弥勒市审计局提出的该项不侵权抗辩事由并没有得到法院的支持。法院认为，《专利法》的立法目的之一就是为了保护专利权人的合法权益，鼓励发明创造。如果一种行为因具有公共服务、公益事业、慈善事业性质就可以随意实施他人专利的话，将严重损害专利权人的合理权益，降低专利制度的作用。可见，不能仅仅是因为主体具有非营利性而主张非生产经营目的。

关于实施行为，最直接的解读就是，如果某些行为不属于"制造、使用、许诺销售、销售、进口"中的任何一种类型，则不属于侵权行为。

例如，在伊莱利利公司与甘李药业公司侵害发明专利权纠纷案[②]中，涉案被控侵权行为是甘李药业公司在其官网对其研制的药物"速秀霖"进行宣传，称"该药物的活性成分为赖脯胰岛素……是新一代胰岛素制剂……"。那么，这种"官网宣传"行为有没有侵害涉案专利权呢？对照《专利法》第十一条第一款的规定，在未经许可构成专利侵权的"制造、使用、许诺销售、销售、进口"五种行为中，如果甘李药业公司的涉案被控侵权行为可能构成侵犯专利权，其行为定性最大的可能是"许诺销售"。所谓许诺销售，是以做广告、在商店橱窗中陈列或者在展销会上展出等方式作出的销售商品的意思表示。可见，要认定被控侵权行为构成许诺销售行为，必须举证证明该行为主体具有销售商品的意思表示。

法院经审理认为，尽管甘李药业公司在其网站上对其"速秀霖"产品进行宣传，但现有证据不能证明甘李药业公司所进行的宣传系欲达到销售该产品的目的。因此，甘李药业公司在网站上进行宣传的行为不构成许诺销售。

对于"制造、使用、许诺销售、销售、进口"五种行为的认定，在某些案件中还涉及行为主体的抗辩。例如，被告往往会抗辩其不是制造、销售行为的主体，或者抗辩其仅仅是销售行为主体，而不是制造行为主体。因为不同的行为主体，其要承担的民事侵权责任是不同的。

---

① 见云南省高级人民法院（2014）云高民三终字第94号民事判决书。

② 见北京市第二中级人民法院（2007）二中民初字第13419号民事判决书。

在美泰利装饰公司诉钦州港务局等侵害外观设计专利权纠纷案[①]中，涉及两个被告，广西国营丽光华侨建筑工程公司（简称“丽光公司”）和钦州港务局（简称“港务局”）。涉案被控侵权行为是制造、销售被控侵权产品铸铁栏杆。港务局抗辩认为，其与丽光公司签订施工合同，由丽光公司承揽全部工程的建设，其未实施过任何铸铁栏杆的制作安装工作，也不是铸铁栏杆的销售者，故其没有实施侵权行为，不是侵权主体，不应该作为本案被告。

港务局的抗辩主张并没有得到法院的支持。法院经审理认为，相关专利的直接实施者是丽光公司，但是港务局将被控侵权产品外观设计制作成图纸，并在图纸上标示自己为设计人，并指令他人生产该产品。由此可见，被控侵权产品的生产是体现港务局的意志，而丽光公司只是按照其指示和图纸进行侵权活动，因此应认定钦州港务局为涉案专利的侵权人。

当然，对于实施主体的抗辩，实务中经常也会有被告主张其系销售商而非制造商，某种程度上有点类似于合法来源抗辩。即《专利法》第七十条规定的，为生产经营目的使用、许诺销售或者销售不知道是未经专利权人许可而制造并售出的专利侵权产品，能证明该产品合法来源的，不承担赔偿责任。这种情况就涉及实施主体性质的查明，需要相关的证据支撑。

例如，在广州蒙娜丽莎洁具公司等与苏雪珍等侵害商标权纠纷上诉案[②]中，对于被告苏雪珍的涉案行为究竟是制造商主体还是销售商主体，法院即综合考虑下述因素：涉案店铺系个人经营、销售页面无任何指向店铺系侵权产品直接生产者的宣传性描述、侵权产品上又无任何制造商信息、并无证据表明苏雪珍在销售时向社会公众彰显其生产者身份、享受生产者利益，最终支持了苏雪珍的合法来源抗辩主张，认定苏雪珍为销售商。虽然这是一个商标案件，但基本规则是相同的。

---

① 见广西壮族自治区南宁市中级人民法院（2003）南市民三初字第21号民事判决书。

② 见浙江省杭州市中级人民法院（2017）浙01民终5348号民事判决书。

标准必要专利抗辩的性质

侵犯标准必要专利权案件中，作为标准必要专利实施人的被告基本上都会提出标准必要专利抗辩。该抗辩的核心主张是，涉案被控侵权行为系实施标准的行为，故不构成侵权①，或者即使构成侵权但也不应承担停止侵权责任②，或者即使构成侵权但也不应承担赔偿责任③。对照现行《专利法》，其中关于抗辩的规定主要体现为第六十二条"不构成侵犯专利权"、第六十九条"不视为侵犯专利权"和第七十条"不承担赔偿责任"，但均不涉及标准必要专利抗辩。2016年，《侵犯专利权司法解释（二）》第二十四条首次针对推荐性国家、行业或者地方标准必要专利抗辩作出规定。2017年，北京市高级人民法院《专利侵权判定指南》（2017年）第一百四十九至一百五十三条针对推荐性国家、行业或者地方标准必要专利抗辩规则进一步细化。2018年，《广东省高级人民法院关于审理标准必要专利纠纷案件的工作指引（试行）》也对通信领域标准必要专利侵权判定的相关问题作出规定。

根据《侵犯专利权司法解释（二）》和《专利侵权判定指南》相关条款的规定，标准必要专利抗辩的性质为"不停止侵权抗辩"，但是其仅针对推荐性国家、行业或者地方标准。司法实务中，对于标准必要专利抗辩性质的认识仍有分歧。

一、司法实务中的标准必要专利抗辩情形

在河南省天工药业有限公司（简称河南天工公司）与广西南宁邕江药业有限公司（简称邕江药业公司）等侵害专利权纠纷上诉案④中，河南天工公司辩称，邕江药业公司自愿、主动将专利提供给国家，使专利配方成为国家标准向社会

---

① 简称"不侵权抗辩"。

② 简称"不停止侵权抗辩"。

③ 简称"不赔偿抗辩"。

④ 见广西壮族自治区高级人民法院（2007）桂民三终字第46号民事判决书。

公布，视为允许他人使用其专利，其使用邕江药业公司的专利是执行国家药品标准的合法行为，不构成侵犯专利权的行为。

在张晶廷与衡水子牙河建筑工程有限公司（简称子牙河公司）等侵害专利权纠纷案[①]中，子牙河公司辩称，涉案专利的技术方案是建筑行业普遍使用且是河北省建设厅推广的现有技术，子牙河公司的被诉侵权施工行为不构成侵权。

在西安西电捷通无线网络通信股份有限公司（简称西电捷通公司）诉索尼移动通信产品（中国）有限公司（简称索尼中国公司）侵害专利权纠纷案[②]中，被告索尼中国公司主张，由于获得工信部规定的无线局域网的入网许可必须通过WAPI 功能的检验，因此涉案专利事实上是强制实施的，其实施标准必要专利不构成侵犯专利权的行为。

在北京四环制药有限公司（简称四环公司）诉齐鲁制药有限公司（简称齐鲁公司）侵害专利权纠纷案[③]中，齐鲁公司主张四环公司在参与修订马来酸桂哌齐特的国家药品标准过程中，主动将涉案专利的相关技术方案纳入该标准，且涉案专利不属于“依法必须以标准的形式才能实施的”专利，故本案应当适用《侵犯专利权司法解释（二）》第二十四条之规定，在四环公司未尽到“披露义务”和“公平、合理、无歧视”的许可义务的情况下，其诉求不应得到支持。

在上述为数不多的、涉及侵犯标准必要专利权的案件中，作为标准必要专利实施人的被告均主张标准必要专利抗辩，且均是主张“不侵权抗辩”。该现象在某种程度上说明，对于标准必要专利实施人来讲，其认为实施标准必要专利的行为系合法行为，并不侵犯专利权。

二、实施标准必要专利是否侵犯专利权的判断标准

说起标准必要专利，就离不开“FRAND”义务。对此，有判决指出，“FRAND”义务的含义是“公平、合理、无歧视”许可义务，对于愿意支付合理使用费的善意的标准使用者，标准必要专利权人不得径直拒绝许可，既要保证专利权人能够从技术创新中获得足够的回报，同时也避免标准必要专利权利人借助标准所形成的强势地位索取高额许可费率或附加不合理条件。“FRAND”义

---

① 见河北省石家庄市中级人民法院（2009）石民五初字第 163 号民事判决书。

② 见北京知识产权法院（2015）京知民初字第 1194 号民事判决书。

③ 见内蒙古自治区呼和浩特市中级人民法院（2015）呼民知初字第 130 号民事判决书。

务的核心在于合理、无歧视的许可费或者许可费率的确定。[①]

正是由于上述“FRAND”义务的存在，标准必要专利实施人认为，其实施标准必要专利的行为并不存在侵犯专利权的问题，至多也仅涉及专利许可费，故标准必要专利实施人基本上都主张不侵权抗辩。

对于标准必要专利实施人的上述观点，最高人民法院在《关于朝阳兴诺公司按照建设部颁发的行业标准〈复合载体夯扩桩设计规程〉设计、施工而实施标准中专利的行为是否构成侵犯专利权问题的函》(〔2008〕民三他字第4号）中有答复。最高人民法院指出，鉴于目前我国标准制定机关尚未建立有关标准中专利信息的公开披露及使用制度的实际情况，专利权人参与了标准的制定或者经其同意，将专利纳入国家、行业或者地方标准的，视为专利权人许可他人在实施标准的同时实施该专利，他人的有关实施行为不属于《专利法》第十一条所规定的侵犯专利权的行为。专利权人可以要求实施人支付一定的使用费，但支付的数额应明显低于正常的许可使用费；专利权人承诺放弃专利使用费的，依其承诺处理。

认真阅读最高人民法院的上述复函会发现，其中提到“鉴于目前我国标准制定机关尚未建立有关标准中专利信息的公开披露及使用制度的实际情况”这个前提。那么，在正常披露制度已经建立的情况下，上述复函的精神又该怎样理解呢？在前述张晶廷与子牙河公司等侵害专利权纠纷案中，张晶廷申请再审主张，二审法院适用（2008）民三他字第4号复函存在错误。对此，最高人民法院认为，涉案2006年规程为推荐性标准，张晶廷履行了专利披露义务，在被诉侵权施工方法所依据的2006年规程前言部分，明确记载有识别的专利技术和专利权人的联系方式。该规程的实施者不能从中推断出，2006年规程不包含专利技术或者专利权人向公众开放了免费的专利使用许可的意图。实施该标准，应当取得专利权人的许可，根据公平合理无歧视的原则支付许可费。在未经专利权人许可使用，拒绝支付许可费的情况下，原则上，专利侵权救济不应当受到限制。[②]

也就是说，实施标准必要专利的行为并不是绝对豁免构成侵犯专利权。

在前述河南天工公司与邕江药业公司等侵害专利权纠纷上诉案[③]中，二审法院认为，按照国家药品标准生产药品和是否侵犯他人专利权是两个不同的法律关系，一个是药品生产行政监督管理关系，另一个是民事法律关系，按照国家

---

① 见广东省深圳市中级人民法院（2011）深中法知民初字第857号民事判决书。

② 见最高人民法院（2012）民提字第125号民事判决书。

③ 见广西壮族自治区高级人民法院（2007）桂民三终字第46号民事判决书。

药品标准生产药品并不妨碍在民事上可能构成对他人的侵权。河南天工公司虽然是按照国家药品标准生产药品，但这种实施专利的行为没有经得专利权人邕江药业公司许可，已经构成侵犯专利权。河南天工公司上诉称执行国家药品标准使用他人专利不构成侵权的理由不能成立，本院不予支持。

在前述西电捷通公司诉索尼中国公司侵害专利权纠纷案[①]中，针对涉案专利是否为标准必要专利对侵权判定有无影响的问题，法院认为，在现行法律框架下，判断专利侵权与否的法律依据为专利法第十一条的规定，具体的判断规则为《侵犯专利权司法解释（一）》第七条规定的“全面覆盖原则”。值得注意的是，上述相关法律条款和司法解释判断规则中并未区分相关专利是普通专利还是标准必要专利，即侵犯专利权的构成要件并不会因为涉案专利是否为标准必要专利而改变。也就是说，即使未经许可实施的是标准必要专利，也同样存在侵犯专利权的问题。

《广东省高级人民法院关于审理标准必要专利纠纷案件的工作指引（试行）》第九条规定，标准必要专利纠纷的侵权判断可遵循以下路径：（1）确定标准的具体内容并判断涉案专利是否为标准必要专利；（2）有证据证明被诉侵权产品符合标准必要专利所对应的标准的，可推定被诉侵权产品落入标准必要专利权利保护范围；（3）被诉侵权人否认被诉侵权产品落入标准必要专利权利保护范围的，须就未实施标准必要专利进行举证。可见，根据该“工作指引”，在涉及侵犯标准必要专利权纠纷时，侵权判定仍然是坚持“全面覆盖原则”。

三、标准必要专利抗辩是不停止侵权抗辩

在张晶廷与子牙河公司等侵害专利权纠纷案中，最高人民法院通过个案裁判的方式对（2008）民三他字第4号复函中的规则有所修正，明确在特定情形下专利权人寻求侵权救济不应当受到限制。这也就是说，实施标准必要专利也同样可以构成侵权，而不再是之前复函中规定的那样，不构成侵权。该规则最终写进《侵犯专利权司法解释（二）》。[②]

---

① 见北京知识产权法院（2015）京知民初字第1194号民事判决书。

② 《侵犯专利权司法解释（二）》第二十四条第一款：推荐性国家、行业或者地方标准明示所涉必要专利的信息，被诉侵权人以实施该标准无需专利权人许可为由抗辩不侵犯该专利权的，人民法院一般不予支持。

既然实施标准必要专利也可以构成侵权，而非必然不构成侵权，那么，对于标准必要专利实施人来讲，其主张的标准必要专利抗辩究竟能达到什么样的效果？《侵犯专利权司法解释（二）》进一步规定，推荐性国家、行业或者地方标准明示所涉必要专利的信息，专利权人、被诉侵权人协商该专利的实施许可条件时，专利权人故意违反其在标准制定中承诺的公平、合理、无歧视的许可义务，导致无法达成专利实施许可合同，且被诉侵权人在协商中无明显过错的，对于权利人请求停止标准实施行为的主张，人民法院一般不予支持。

可见，这种抗辩的性质为“不停止侵权抗辩”。

对此，北京市高级人民法院《专利侵权判定指南》中的规定更加清楚。该指南第六部分的大标题为“专利侵权抗辩”，其中的第（七）部分的小标题为“不停止侵权抗辩”。在该“不停止侵权抗辩”部分即包括第一百四十九至一百五十三条关于标准必要专利抗辩的规定。

根据《专利侵权判定指南》第一百四十九条的规定，推荐性国家、行业或者地方标准明示所涉标准必要专利案件中，被诉侵权人经与专利权人协商该专利的实施许可事项，但由于专利权人故意违反其在标准制定中承诺的公平、合理、无歧视的许可义务，导致无法达成专利实施许可合同，且被诉侵权人在协商中无明显过错的，对于专利权人请求停止标准实施行为的主张一般不予支持。

显然，标准必要专利抗辩在上述“指南”中的定性是“不停止侵权抗辩”。

当然，这种“不停止侵权抗辩”的定性是有前提的，例如，仅适用于推荐性国家、行业或者地方标准[①]；标准需明示所涉必要专利的信息，即标准必要专利权人有披露义务；标准必要专利权人违反“FRAND”义务，标准必要专利实施人无明显过错等。

四、对“不停止侵权抗辩”定性的追问

值得思考的是，如不能满足上述前提，“不停止侵权抗辩”的定性是否还站得住脚？

对比（2008）民三他字第4号复函和《侵犯专利权司法解释（二）》第

① 《专利侵权判定指南》第一百四十九条第一款后半段进一步规定，虽非推荐性国家、行业或者地方标准，但属于国际标准组织或其他标准制定组织制定的标准，且专利权人按照该标准组织章程明示且做出了公平、合理、无歧视的许可义务承诺的标准必要专利，亦做同样处理。

二十四条第一款，二者非常重要的区别之一就是标准的披露这一前提，即《侵犯专利权司法解释（二）》第二十四条第一款中“推荐性国家、行业或者地方标准明示所涉必要专利的信息”的规定。那么，当某一标准不能满足“明示”这一前提要件时，被诉侵权人“以实施该标准无需专利权人许可为由抗辩不侵犯该专利权”的主张还能否成立，即是否就重返（2008）民三他字第 4 号复函的裁判规则？

理论上来说，似乎是这样的。但是根据国家标准化管理委员会、国家知识产权局于 2013 年 12 月 19 日联合颁布的《国家标准涉及专利的管理规定（暂行）》（简称《标准暂行规定》）的规定，标准制定、修订过程中的专利信息披露是法定义务。[①] 也即正常来讲“明示”的前提会得到满足。在此前提下，标准必要专利抗辩的定性仍为“不停止侵权抗辩”。

根据文本的解读，《侵犯专利权司法解释（二）》和《专利侵权判定指南》关于标准必要专利抗辩的规定仅适用于“推荐性国家、行业或者地方标准”。对于强制性标准实施人而言，其可否适用《侵犯专利权司法解释（二）》第二十四条的规定，主张标准必要专利抗辩？在前述四环公司诉齐鲁公司侵害专利权纠纷案中，法院认为，涉案被控侵权马来酸桂哌齐特注射液产品执行药品强制性标准，现有法律并未要求专利权人在参与制定国家强制性标准时明示、披露其专利及作出“公平、合理、无歧视”承诺的义务，故一审判决认定本案不适用《侵犯专利权司法解释（二）》第二十四条正确。[②] 也就是说，法院认为，强制性标准不涉及标准必要专利抗辩的问题。

对于《侵犯专利权司法解释（二）》未规定强制性标准的原因，其起草者认为，《标准暂行规定》未明确规定强制性标准的处理规则，仅规定“强制性标准一般不涉及标准必要专利”，为保持与《标准暂行规定》的一致性，《侵犯专利权司法解释（二）》亦未涉及强制性标准的问题。[③]

不过，根据标准必要专利的基本原理，在推荐性标准实施人有权主张标准必要专利抗辩的情况下，强制性标准的实施人似乎也理所当然地能够享有这权利。

但是，这有待法律或者司法解释的进一步明确。

---

① 《国家标准涉及专利的管理规定（暂行）》第五条：在国家标准制修订的任何阶段，参与标准制修订的组织或者个人应当尽早向相关全国专业标准化技术委员会或者归口单位披露其拥有和知悉的必要专利，同时提供有关专利信息及相应证明材料，并对所提供证明材料的真实性负责。参与标准制定的组织或者个人未按要求披露其拥有的专利，违反诚实信用原则的，应当承担相应的法律责任。

② 见内蒙古自治区高级人民法院（2017）内民终 125 号民事判决书。

③ 李剑：《专利法司法解释（二）第二十四条之解读》，载《竞争政策研究》2016 年 3 月。

标准必要专利的禁令救济

说到标准必要专利诉讼，虽然实务中的案例不是太多，但归纳起来无非就是两大核心问题，即禁令和费率。《侵犯专利权司法解释（二）》第二十四条对禁令的问题做出了部分规定。

该条第一款规定，推荐性国家、行业或者地方标准明示所涉必要专利的信息，被诉侵权人以实施该标准无需专利权人许可为由抗辩不侵犯该专利权的，人民法院一般不予支持。根据该款的规定，在侵权判定的问题上，标准必要专利与其他普通专利是一样的，都存在侵权的可能性，而并不会因为其系标准必要专利就能绝对豁免。该条规定的精神在西电捷通公司诉索尼（中国）公司涉WPAI标准必要专利权纠纷案件[①]中也有充分的体现。

针对涉案专利是否为标准必要专利对侵权判定有无影响的问题，北京知识产权法院认为，在现行法律框架下，判断是否侵犯专利权的法律依据为《专利法》第十一条的规定，即发明和实用新型专利权被授予之后，除了该法另有规定的以外，任何单位或者个人未经专利权人许可，都不得实施其专利，否则构成侵犯专利权。具体的判断规则为《侵犯专利权司法解释（一）》第七条规定的“全面覆盖原则”。值得注意的是，上述相关法律条款和司法解释判断规则中并未区分相关专利是普通专利还是标准必要专利，即侵犯专利权的构成要件并不会因为涉案专利为标准必要专利而改变。也就是说，即使未经许可实施的是标准必要专利，也同样存在侵犯专利权的问题。

在对侵权判定做出认定的基础上，下一步就涉及侵权责任的承担问题。

《侵犯专利权司法解释（二）》第二十四条第二款规定，推荐性国家、行业或者地方标准明示所涉必要专利的信息，专利权人、被诉侵权人协商该专利的实施许可条件时，专利权人故意违反其在标准制定中承诺的公平、合理、无歧视的许可义务，导致无法达成专利实施许可合同，且被诉侵权人在协商中无明显过错的，对于权利人请求停止标准实施行为的主张，人民法院一般不予支持。

---

① 见北京知识产权法院（2015）京知民初字第1194号民事判决书。

该款实际上是针对专利权人“劫持”的情形下，其能否请求禁令救济的适用规则。根据该条的规定，此时标准必要专利权人是不能获准禁令救济的。

对于《侵犯专利权司法解释（二）》第二十四条的规定，在《最高人民法院民三庭负责人就专利法司法解释（二）答记者问》中，该负责人指出，侵犯专利权诉讼中，被诉侵权人以实施标准为由主张不停止实施行为的法律问题较为典型。上述抗辩是否成立，取决于标准实施人的主观状态，即其对标准所涉专利的知悉程度，而该知悉程度则是由标准对专利信息的披露决定的。因此，第二十四条在专利信息披露背景下探究当事人的主观过错，进而确定是否判令停止标准实施行为以及民事责任的承担，这仍属于专利法和侵权责任法的视角，并不涉及竞争法的问题。

可见，禁令适用与否，主要在于对标准必要专利权人与专利实施人在标准必要专利实施许可协商过程中的主观过错的判定。该项规则在广东省高级人民法院发布的《关于审理标准必要专利纠纷案件的工作指引（试行）》中也有体现。其第十条规定，标准必要专利权人提出停止实施标准必要专利请求的，依照公平、合理、无歧视原则和相关商业惯例，对标准必要专利权人和实施者的主观过错作出判断，以此决定是否支持停止实施标准必要专利的请求。

对于主观过错的判断，该指引第十一条进一步指出，按照商业惯例评判各方当事人主观过错时，审查内容包括：（1）当事人之间谈判的整体过程；（2）各方当事人谈判的时间、方式和内容；（3）谈判中断或陷入僵局的原因；（4）其他情节。

在考虑上述过错的基础上，具体到怎样适用禁令救济的问题，该指引第十二条规定，综合考虑标准必要专利权人是否符合公平、合理、无歧视声明的要求，实施者是否有过错，按照以下情形分别决定是否支持停止实施标准必要专利的请求：（1）标准必要专利权人的行为不符合公平、合理、无歧视声明的要求，而实施者无明显过错的，不支持停止实施标准必要专利的请求；（2）标准必要专利权人的行为符合公平、合理、无歧视声明的要求，实施者存在明显过错的，可以支持停止实施标准必要专利的请求；（3）标准必要专利权人的行为符合公平、合理、无歧视声明的要求，实施者也无明显过错的，如果实施者及时提交合理担保，可以不支持停止实施标准必要专利的请求；（4）标准必要专利权人与实施者在谈判中均有过错的，综合考虑各方过错程度、有无采取补救措施、过错对谈判进程的影响、过错与谈判破裂的关系等因素，决定是否支持停止实施标准必要专利的请求。

上述禁令的基本规则，在开篇提到的西电捷通公司诉索尼（中国）公司涉WPAI标准必要专利权纠纷案件中也有论述。法院在判决中指出，在双方协商未果的情形下，被告实施涉案专利能否绝对排除原告寻求停止侵害救济的权利，仍需要考虑双方在专利许可协商过程中的过错。具体来讲，在双方均无过错，或者专利权人有过错，实施人无过错的情况下，对于专利权人有关停止侵权的诉讼请求不应支持，否则可能造成专利权人滥用其标准必要专利权，不利于标准必要专利的推广实施；在专利权人无过错，实施人有过错的情况下，对于专利权人有关停止侵权的诉讼请求应予支持，否则可能造成实施人对专利权人的“反向劫持”，不利于标准必要专利权的保护；在双方均有过错的情况下，则应基于专利权人和实施人的过错大小平衡双方的利益，决定是否支持专利权人有关停止侵权的诉讼请求。

可见，对于标准必要专利禁令救济的问题，司法实务中至少在下述问题上已经达成共识：第一，不能绝对排除标准必要专利权人寻求禁令救济的权利；第二，禁令适用与否取决于标准必要专利权人与实施人的主观过错的认定；第三，在双方均无过错，或者专利权人有过错，实施人无过错的情况下，专利权人不能获得禁令救济；第四，在专利权人无过错，实施人有过错的情况下，专利权人可以获得禁令救济；第五，在双方均有过错的情况下，是否给予专利权人禁令救济，需考虑双方过错大小，平衡双方的利益。

当然，有人会说，《侵犯专利权司法解释（二）》第二十四条第一款是针对推荐性国家、行业或者地方标准做出的规定，而没有规定强制性标准的侵权判定规则。这种说法在《侵犯专利权司法解释（二）》起草专家李剑法官的讲座中也得到部分确认，“但强制性标准怎么解决，专利信息没有明示的情况怎么解决，包括国际标准问题，实际上是留白了，也只能留白。因为现在各方都不能达成一致，而且实践中又很复杂，写上一个就有可能出现挂一漏万的情况。所以大家看条款的时候，一定不能举一反三，要严格对号入座，对不上的时候，也不能简单地做反向的推理。我们仍需要在个案里面不断进行摸索，根据《侵权责任法》或者《专利法》规定的侵权的基本判定规则来。”①

不过，笔者的理解是，按照李剑法官的上述观点，根据《侵权责任法》或者《专利法》规定的侵权基本判定规则进行侵权判定和禁令救济认定的时候，本文得出的前述共识性规则也是能够成立的。

---

① 《最高院李剑审判长对《专利法》司法解释二的重点解读》，“西南知识产权”微信公众号，2016年4月11日。

第三章

商标权

诚实信用原则在商标行政案件中的适用

说到诚实信用原则，有个比较有意思的现象，就是现行《商标法》和《反不正当竞争法》均将诚实信用原则作为原则性条款进行规定[①]，但在司法实务中，诚实信用原则在不正当竞争案件中的适用比例远远高于侵犯商标权民事案件或者商标授权确权行政案件中的适用比例。在侵犯商标权民事案件中，诚实信用原则主要是作为被告抗辩的事由，主张原告系以恶意抢注的方式取得权利，进而以“权利人”的身份提起诉讼系滥用商标权。在商标授权确权行政案件中，虽然行政程序中的一方当事人都主张对方的“抢注”行为违反诚实信用原则，但法院基本上不会仅仅基于诚实信用原则条款，而认定诉争商标不予核准注册或者应予无效宣告。相反，在不正当竞争案件中，法院适用诚实信用原则的案件非常常见，比如近期引起热议的“金庸诉江南案”[②]“拜耳诉李某案”[③]等。

那么，为什么诚实信用原则在商标授权确权行政案件中的适用会是这样？北京知识产权法院的芮松艳法官在《与商标法修改相关的问题》一文中认为：《商标法》中规定有明确的异议条款和无效条款，第三十三条为异议条款，第四十四条和第四十五条为无效条款。如果说《商标法》中某一个规定没有在这三个条款中，任何人都不能以此为由来提无效和异议。《商标法》第七条有没有在这三个法条中规定？很显然是没有的。因此，《商标法》第七条不能作为无效条款和异议条款。[④]对于芮松艳法官的这一论述，笔者基本上是赞同的，实务中诚实信用原则在商标授权确权行政案件中基本上都是这么适用的。不过，在个别案件

---

① 《商标法》第七条第一款规定，“申请注册和使用商标，应当遵循诚实信用原则。”《反不正当竞争法》第二条第一款规定：“经营者在生产经营活动中，应当遵循自愿、平等、公平、诚信的原则，遵守法律和商业道德。”

② 见广东省广州市天河区人民法院（2016）粤0106民初12068号民事判决书。

③ 见浙江省杭州市余杭区人民法院（2017）浙0110民初18624号民事判决书。

④ 芮松艳：《与商标法修改相关的问题》，载“中国知识产权杂志”微信公众号，2018年4月28日。

中，也出现一些新的动向。因此，本文将以“锦兰春”案[①]和“AmCham”案[②]为例，探讨诚实信用原则在商标授权确权行政案件中的适用规则及未来可能的走向。

在“锦兰春”案中，广州中唯公司获准在第33类“黄酒，酒精饮料（啤酒除外）”等商品上注册“锦兰春”商标。剑南春酒厂针对该商标提起无效宣告请求。其无效理由包括《商标法》第七条第一款、第十条第一款第（七）、（八）项、第十九条第四款、第三十条、第四十四条第一款。商标评审委员会经审理维持了“锦兰春”商标的注册。剑南春酒厂起诉到法院，其关于诚信信用原则的起诉理由为，广州中唯公司明知剑南春酒厂及引证商标具有较高知名度和影响力，理应合理避让，却刻意摹仿引证商标，同时存在摹仿其他知名商标的情况，具有主观恶意，违反了诚实信用原则。北京知识产权法院经审理认为，诚实信用原则是民商事活动的基本原则，商标法的各项具体制度设计都应当以此为基础，体现并维护诚实信用原则。但是，依照2014年《商标法》的规定，此款不是提出商标异议、请求宣告注册商标无效或者撤销注册商标的具体依据，因此实践中只能作为适用各项具体制度处理商标事宜的指导性原则。2014年《商标法》第四十四条第一款、第四十五条第一款已穷尽列举了商标宣告无效可援引的全部法律条款，但上述条款并不包含2014年《商标法》第七条第一款。因此，2014年《商标法》第七条第一款并非具体的无效宣告理由，对于原告关于诉争商标违反该款规定的主张不予支持。

在“AmCham”案中，美国俱乐部在第32类“啤酒，苏打水”等商品上申请注册“AmCham”商标，中国美国商会对此提出异议。在异议复审程序中，中国美国商会主张适用的法律条款包括2001年《商标法》第九条、第十三条、第二十八条、第三十一条和2014年《商标法》第七条。商标评审委员会经审理认为，依照2014年《商标法》第三十二条、第三十五条的规定，诉争商标不予核准注册。美国俱乐部不服，诉至法院。北京知识产权法院经审理认为，中国美国商会提交的证据中并未显示其曾将“AmCham”作为商号在先使用在第32类“啤酒、苏打水”等商品上，并在诉争商标申请日前已具有一定知名度，诉争商标的注册使用不会导致消费者在该类商品上将诉争商标与中国美国商会商号混淆误认。因此诉争商标的注册申请未损害其在先商号权，并未违反2014年《商

① 见北京知识产权法院（2016）京73行初3446号行政判决书。

② 见北京市高级人民法院（2016）京行终2802号行政判决书。

标法》第三十二条的规定。商标评审委员会和中国美国商会均不服，提起上诉。商标评审委员会的上诉理由为，美国俱乐部对中国美国商会具有较高知名度的“AmCham”理应知晓，其在第9类、第14类、第18类、第25类、第36类等众多类别申请注册了诉争商标等20多件系列商标，恶意明显。中国美国商会的上诉理由为，美国俱乐部具有明显的恶意，诉争商标的申请注册违反了2014年《商标法》第七条、第十三条、第十五条及第四十四条的规定。

北京市高级人民法院经审理补充查明：美国俱乐部的法定代表人爱德华·雷门先生于1996—1997年间曾任中国美国商会的董事，并曾建议中国美国商会将“AmCham”进行注册；美国俱乐部还在第9类、第14类、第18类、第24类、第25类、第36类、第39类、第37类等类别上申请注册20余件“AmCham”商标。北京市高级人民法院认为，美国俱乐部在明知中国美国商会在先使用“AmCham”这一标志的前提下，仍然在多类别商品或者服务上，大量申请注册“AmCham”商标，其行为难谓正当，有违商标法诚实信用的基本原则，扰乱了正常的商标注册管理秩序，有损于公平竞争的市场秩序。依据2014年《商标法》第四十四条第一款关于禁止以欺骗手段或者其他不正当手段取得商标注册的规定，美国俱乐部申请注册诉争商标的行为应当予以禁止，诉争商标的申请注册不应予以核准。

对比“锦兰春”案和“AmCham”案，并结合司法实务中的现行做法，《商标法》第七条第一款规定的诚实信用原则确实并非独立的适用条款。而且，基于《商标法》各条款的文本解读，《商标法》第三十三条（异议程序）、第四十四条、第四十五条（无效程序）均不直接涉及诚实信用原则。但是，进一步研读“AmCham”案的二审判决可知，北京市高级人民法院系将《商标法》第七条第一款与第四十四条第一款“以其他不正当手段取得注册”结合在一起适用。而且，某种程度上看，是将“有违诚实信用原则”的情形解释为“扰乱商标注册管理秩序，有损于公平竞争的市场秩序”的一种适用要件。

对于“AmCham”案二审判决对诚实信用原则的适用，笔者基本上是赞同的。在该二审判决的基础上，值得进一步思考的是，如果诚实信用原则能够结合《商标法》第四十四条适用，那么，可否结合《商标法》的其他条款适用？例如，当认定商标注册申请人存在违反诚实信用原则的情形时，能否对《商标法》第十五条、第三十条要求的类似商品的认定予以放宽，适当进行“跨类”性质的保护？类比“AmCham”案二审判决的思路，似乎是没有太大障碍的。

实务中，商标局抢先迈出了探索性的步伐。

在“JOHN LOBB”案[①]中，约翰洛布（JOHN LOBB）针对嘉滕公司在第8类“磨刀器、修指甲成套工具”等商品、第9类“护目镜、眼镜”等商品、第16类“纸、纸巾”等商品和第34类“香烟、电子香烟”等商品上申请并初步审定公告的四枚“JOHN LOBB”商标分别提出异议。约翰洛布（JOHN LOBB）异议的主要理由包括：被异议商标构成对异议人在第25类“鞋、靴”等商品上的注册商标“JOHN LOBB JL”的抄袭和摹仿。商标局经审理认为：异议人“JOHNLOBB JL”商标具有一定知名度，被异议商标与异议人引证商标显著识别部分“JOHN LOBB”完全相同。被异议人除上述四件商标外还申请注册了多个与他人知名商标文字相同的商标，其中部分商标已被提起异议并被商标局决定不予核准注册，对此，被异议人未作出合理解释。据此可以认定被异议人申请注册被异议商标的行为具有明显的复制、抄袭他人商标的故意，该类行为不仅会导致相关消费者对商品或服务的来源产生误认，更有损于公平竞争的市场秩序，违反了诚实信用原则。因此，商标局依据《商标法》第七条和第三十条的规定，决定上述四个商标不予注册。

客观来讲，在恶意抢注愈发泛滥的情形下，商标局在“JOHN LOBB”案中的探索具有现实意义，如果后续能够得到商标评审委员会和人民法院的认可，将会有力地遏制商标恶意抢注的态势。不过，需要提醒的是，即使诚实信用原则能够得以放开适用，也将主要针对恶意抢注现象。否则，不加限制地适用诚实信用原则可能会冲击到商标注册制度和《商标法》各条款之间的内在统一关系。

---

① 黄静苛：《商标局经由第30条在异议案件中适用第7条的诚实信用原则》，载“万慧达知识产权”微信公众号，2018年4月26日。

注册商标之间“权利冲突”的可诉性及侵权判定

我国自1982年制定《商标法》以来，即采取商标注册取得制度。和其他制度设计一样，商标注册取得制度也是利弊共存的。实务中，某些独创品牌在其他商品或者服务类别上遭遇“抢注”的情形并不鲜见。且基于各种原因，这些“抢注”下来的商标历经异议、无效等程序还“屹立不倒”，得以与在先的独创品牌共存，让那些真正的独创品牌权利人很是无奈。

不过，近年来，随着知识产权保护环境的整体好转，真正的权利人开始尝试着通过民事诉讼的方式对那些已经核准注册的商标开展维权行动。这其中既有以普通注册商标起诉普通注册商标的案件，也有以驰名商标起诉普通注册商标的案件。司法实务中也涌现出不少这方面的典型案例。本文即试图在这一背景下对相关的裁判规则做一简单梳理。

一、普通注册商标起诉普通注册商标的案件

对于普通注册商标之间的“权利冲突”问题，最高人民法院早在2008年就已颁发《关于审理注册商标、企业名称与在先权利冲突的民事纠纷案件若干问题的规定》（法释〔2008〕3号）。该司法解释第一条提到，原告以他人使用在核定商品上的注册商标与其在先的注册商标相同或者近似为由提起诉讼的，人民法院应当根据《民事诉讼法》第一百一十一条第（三）项[①]的规定，告知原告向有关行政主管机关申请解决。但原告以他人超出核定商品的范围或者以改变显著特征、拆分、组合等方式使用的注册商标，与其注册商标相同或者近似为由提起诉讼的，人民法院应当受理。根据该司法解释的规定，正常情况下，普通注册商标之间的侵权纠纷须首先向行政机关申请解决，法院不得直接受理此类案件，只有当在后注册商标存在所谓“不规范使用”的情况下，法院才能行使司法管辖权。

---

① 现行《民事诉讼法》第一百二十四条第（三）项。

但是，实务中，上述司法解释的适用也可能会有疑难，即所谓“不规范使用”的判断主体问题。如果判断主体是法院，那么，相关案件是不是得首先由法院予以受理，才可能进一步判断是否存在“不规范使用”的问题？

对此，北京知识产权法院在“爱国者”商标案①中指出：对于两个注册商标之间产生的民事侵权诉讼，如果被诉侵权行为中对于注册商标的使用已超出该注册商标核定使用范围，则不属于不应受理的情形。由于对案件是否应予受理，法院通常仅进行程序性审查，因此，只要无法当然确认被诉侵权行为对注册商标的使用系在核定使用范围内的，对于基于对注册商标的使用产生的侵权诉讼，法院均应可以受理。至于其是否实际属于核定使用范围内的使用行为，则需要在案件受理后对该问题进一步进行实体审理做出最终判断。

不过，北京市高级人民法院则持不同意见，其在二审裁定②中认为：飞毛腿公司第1084577号“爱国者”商标在移动电源商品上的使用并非超出其核定使用的商品范围，亦未超出其注册商标专用权的保护范围，被诉侵权商品上的商标标志亦与第1084577号“爱国者”商标相同，不存在改变显著特征、拆分、组合等方式使用的情形。本案属于《最高人民法院关于审理注册商标、企业名称与在先权利冲突的民事纠纷案件若干问题的规定》第一条第二款所指两个注册商标之间的纠纷，不属于法院民事诉讼的受案范围，可以由爱国者数码公司和爱国者电子公司向有关行政主管机关申请解决。一审法院有关其应予受理本案民事诉讼的认定错误，本院予以纠正。

二、驰名商标起诉普通注册商标的案件

当然，普通注册商标毕竟存在保护范围的局限性，司法实务中更多的是通过主张驰名商标的方式进行“跨类保护”，即所谓的驰名商标起诉普通注册商标的案件。《最高人民法院关于审理涉及驰名商标保护的民事纠纷案件应用法律若干问题的解释》（法释〔2009〕3号）第十一条规定，被告使用的注册商标违反《商标法》第十三条的规定，复制、摹仿或者翻译原告驰名商标，构成侵犯商标权的，人民法院应当根据原告的请求，依法判决禁止被告使用该商标，但被告的注册商标有下列情形之一的，人民法院对原告的请求不予支持：（一）已经超过《商

---

① 见北京知识产权法院（2015）京知民初字第709号民事判决书。

② 见北京市高级人民法院（2018）京民终23号民事裁定书。

标法》第四十一条第二款[①]规定的请求撤销期限的；（二）被告提出注册申请时，原告的商标并不驰名的。

根据上述司法解释的规定，对于驰名商标起诉普通注册商标的案件，法院肯定是可以受理的，而且如果在后普通注册商标存在违反《商标法》第十三条的情形，"人民法院应当根据原告的请求，依法判决禁止被告使用该商标"。

不过，上述司法解释也限定了两种例外的情形，即（一）已经超过《商标法》第四十一条第二款规定的请求撤销期限的；（二）被告提出注册申请时，原告的商标并不驰名的。

（一）第一种例外情形的理解与适用

对于上述第一种例外情形，司法实务中可能还存在的疑难是，该种例外情形是否要与现行《商标法》第四十五条第一款中规定的"对恶意注册的，驰名商标所有人不受五年的时间限制"相协调？至少基于对上述司法解释的文本解读，其规定的第一种例外情形并没有考虑恶意注册的情形下，驰名商标所有人是否也应受到五年的时间限制问题。可以说，这里存在一个司法解释上的"漏洞"。

对此，江苏省高级人民法院在"洋河"商标案[②]中明确了裁判规则。

江苏省高级人民法院在该案判决中指出：因汤新民系恶意注册"洋河 Yanghe"商标，根据《最高人民法院关于审理涉及驰名商标保护的民事纠纷案件应用法律若干问题的解释》第十一条之规定，洋河酒厂除可请求法院判决汤新民禁止使用其于 2014 年注册的第 12356049 号"洋河 Yanghe"商标，还可不受五年期间限制，请求法院判决禁止汤新民使用其于 2009 年注册的第 5540137 号"洋河 Yanghe"商标。

而且，江苏省高级人民法院在其判理部分引用法律时专门提到下述内容："《商标法》第四十一条第二款（2001 年修正）规定，已经注册的商标，违反本法第十三条等规定的，自商标注册之日起五年内，商标所有人或者利害关系人可以请求商标评审委员会裁定撤销该注册商标。对恶意注册的，驰名商标所有人不受五年的时间限制。"

可见，在该案判决中，江苏省高级人民法院已经明确，"对恶意注册的，驰名商标所有人不受五年的时间限制"应当作为《最高人民法院关于审理涉及驰

---

① 即现行《商标法》第四十五条第一款。

② 见江苏省高级人民法院（2017）苏民终 1781 号民事判决书。

名商标保护的民事纠纷案件应用法律若干问题的解释》（法释〔2009〕3号）第十一条规定第一种例外情形的一个例外，即对恶意注册的，驰名商标所有人提起民事侵权之诉不受五年的时间限制，在被诉普通注册商标违反《商标法》第十三条的情形下，法院应当判决禁止被告使用该商标。

（二）第二种例外情形的理解与适用

第二种例外情形主要针对驰名商标和普通注册商标何者在先的问题。

对此，最高人民法院在"蒙娜丽莎"商标案[①]中明确了裁判规则。

最高人民法院在该案判决中指出：蒙娜丽莎集团提交的证据虽然能够证明其涉案注册商标在第19类商品上享有较高的知名度，但其涉案注册商标最早被认定为驰名商标的时间为2006年，迟于第1558842号商标申请注册的1999年及核准注册的2001年。故蒙娜丽团关于其在后驰名的商标应扩张保护以对抗在先核准注册的第1558842号注册商标专用权的主张，本院不予支持。

根据最高人民法院的裁判规则，主张权利的驰名商标需在先驰名。

---

① 见最高人民法院（2017）最高法民再80号民事判决书。

最高法院判例告诉你诚实信用原则怎样适用

2014 年《商标法》新增第七条第一款之前，诚实信用原则就不断地被提及，似乎诚实信用原则可以“包治百病”，化解商标领域的任何纠纷。在最近的一起商标权无效宣告行政纠纷案件中，原告（无效宣告请求人）也提出“诉争商标的注册违反诚实信用原则”的起诉理由。

在参与该案审理的过程中，笔者对最高人民法院做出的涉及诚实信用原则的裁判文书进行了学习，对诚实信用原则的适用规则做了初步梳理和总结。总体来看，诚实信用原则的“威力”可能并不像某些权利主体所预想的那么大。

在“乔丹”商标争议行政案件[①]中，涉及 2001 年《商标法》第三十一条的法律适用，具体来说是争议商标的注册是否损害了乔丹就“乔丹”主张的姓名权。对此，最高人民法院支持了乔丹的姓名权主张。在论及第（七）个问题“关于乔丹公司的经营状况，以及乔丹公司对其企业名称、有关商标的宣传、使用、获奖、被保护等情况，对本案具有何种影响”时，最高人民法院指出，《民法通则》第四条规定：“民事活动应当遵循……诚实信用的原则。”乔丹公司恶意申请注册争议商标，损害再审申请人的在先姓名权，明显有悖于诚实信用原则。商标评审委员会、乔丹公司主张的市场秩序或者商业成功并不完全是乔丹公司诚信经营的合法成果，而是一定程度上建立于相关公众误认的基础之上。维护此种市场秩序或者商业成功，不仅不利于保护姓名权人的合法权益，而且不利于保障消费者的利益。更不利于净化商标注册和使用环境。综上，最高人民法院认为，乔丹公司的经营状况，以及乔丹公司对其企业名称、有关商标的宣传、使用、获奖、被保护等情况，均不足以使得争议商标的注册具有合法性。

与之相比，在“QIAODAN”商标争议行政案件[②]中，最高人民法院认为乔丹对“QIAODAN”不享有姓名权，“QIAODAN”争议商标的注册未损害其在先姓名权，未违反 2001 年《商标法》第三十一条的规定。在此基础上，通篇判决

---

① 见最高人民法院（2016）最高法行再 27 号行政判决书。

② 见最高人民法院（2016）最高法行再 31 号行政判决书。

中没有再论及诚实信用原则的问题。

对照“乔丹”案和“QIAODAN”案可知，诚实信用原则并非可独立适用的、对诉争商标撤销或者无效的理由，它必须附着在具体的撤销或者无效理由的基础之上。在具体的撤销或者无效理由能够认定诉争商标应予撤销或者无效的基础上，诚实信用原则才能被引用对诉争商标的注册作进一步的否定性评价或者对诉争商标注册人的抗辩理由进行评述。

为了验证该规则，可以再看另一起案件中最高人民法院的裁判及法律适用。

在“福联升 FULIANSHENG 及图”商标异议复审行政纠纷案件[①]中，涉及2001年《商标法》第二十八条的法律适用。最高人民法院认定被异议商标与引证商标近似，不符合2001年《商标法》第二十八条的规定。在第四点理由中，最高人民法院提到,《民法通则》第四条第二款规定：“民事活动应当遵循……诚实信用的原则。”在再审申请人作为同业竞争者明知或者应知引证商标具有较高知名度和显著性，仍然恶意申请注册、使用与之近似的被异议商标的情形下，如果仍然承认再审申请人此种行为所形成的所谓市场秩序或知名度，无异于鼓励同业竞争者违背诚实信用原则，罔顾他人合法在先权利，强行将其恶意申请的商标做大、做强。这样既不利于有效区分市场，亦不利于净化商标注册、使用环境，并终将严重损害在先商标权人的合法权益以及广大消费者的利益，违背诚实信用原则以及《商标法》“保护商标专用权”“维护商标信誉”“保障消费者和生产、经营者的利益”等立法宗旨。因此，再审申请人有关被异议商标经过使用，已经形成一定的市场知名度，不会导致相关公众混淆的主张，缺乏事实和法律依据，最高人民法院不予支持。

可以看出，在该起案件中，最高人民法院也是在回应被异议商标申请人的抗辩理由时，适用诚实信用原则对被异议商标的注册行为进行否定性评价。这和前述案例中总结出的规则一致。

当然，还可以再看看侵犯商标权案件中的适用规则。

在“赛克思 SAIKESI”商标案[②]中，争议焦点为广天赛克思公司的被诉行为是否侵害邵文军涉案商标的商标专用权。最高人民法院认为，广天赛克思公司的使用行为不会导致相关公众的混淆和误认，其被诉行为具有正当性，即便邵文军对涉案商标享有商标专用权，但其商标专用权的排斥力因该商标不具知名

---

① 见最高人民法院（2015）知行字第116号行政裁定书。

② 见最高人民法院（2014）民提字第168号民事判决书。

度而应受到一定的限制，其亦无权禁止广天赛克思公司在原有的范围内继续使用。为进一步论证该结论，最高人民法院专门就“邵文军注册涉案商标是否具有正当性的问题”进行论述。最高人民法院指出，邵文军原系宁波市工商行政管理局江北分局的工作人员，于2003年辞去公职。其于辞职后在与广天赛克思公司经营范围同类的商品上，注册与广天赛克思公司企业字号主要部分中文及拼音相同的商标，直至本案二审结束时仍未使用，却针对在先权利人提起侵权之诉，其行为有违诚实信用，不具有正当性，不应受法律保护。因此，邵文军以非善意取得的商标权对广天赛克思公司的正当使用行为提起侵权之诉，属于对其注册商标专用权的滥用，其诉讼请求不应得到支持。

在该案中，涉及的具体法律条款是2001年《商标法》第五十二条第（一）、（二）项，即侵权判定。在论述该问题时，最高人民法院基于诚实信用原则的精神，对原告主张权利保护的涉案商标权的合法性进行了评述，判决本身能够读出“毒树不能结出善果”的意思。

在涉“七色花及图”商标及不正当竞争案件①中，在对被告是否构成侵权及不正当竞争作出否定性认定的基础上，对于“原审判决确定的损失赔偿额是否有事实和法律依据”的问题，最高人民法院认为，综合本案的事实来看，应该认定哎呀呀公司没有将涉案注册商标进行真实商业使用的意图，涉嫌利用了涉案注册商标谋取不正当利益。虽然哎呀呀公司获得这些商标的独占使用许可本身并不违法，但是该公司利用涉案注册商标设计侵权诉讼索取巨额赔偿、打击竞争对手的行为，属于滥用商标权的行为，违背了诚实信用原则和权利不得滥用原则，其提出的巨额索赔诉讼请求不应得到支持。

在该案中，最高人民法院也是从权利不得滥用的角度适用诚实信用原则。

综合上述案例，不论是行政还是民事案件中，适用诚实信用原则规制的都是商标申请注册及行使过程中的恶意申请注册及权利滥用行为，但是，其适用必须依附于具体的法律条款。

回到开篇提到的商标权无效宣告行政纠纷案件②，关于诚实信用原则的适用，北京知识产权法院在两个层面进行了论述：一方面，该款是对申请注册和使用商标的总体要求，《商标法》的各项具体制度设计都应当以此为基础，体现并维护诚实信用原则，但是依照2014年《商标法》的规定，此款不是提出商标异议、

---

① 见最高人民法院（2014）民三终字第5号民事判决书。

② 见北京知识产权法院（2016）京73行初3811号行政判决书。

请求宣告注册商标无效或者撤销注册商标的具体依据。另一方面，2014年《商标法》第四十四条第一款、第四十五条第一款已穷尽列举了商标宣告无效可援引的全部法律条款，但并不包含2014年《商标法》第七条第一款。因此，2014年《商标法》第七条第一款并非具体的无效宣告理由，原告关于诉争商标违反该款规定的主张不能成立。

最高法院“福联升”案告诉你：“市场格局”不是大箩筐

当事人到法院打官司，最关心的是什么？毫无疑问应该是案件结果的输赢。那么，当事人怎么能够知道“法院究竟能不能判他赢”呢？在裁判结果出来之前，基本上只有两个渠道，一是翻看现行法律是怎么规定的，二是看看在先类似的案件是怎么判的。但是，实务中，当事人经常是看着看着就迷糊了，因为不断地有个案裁判结果的差异性对他造成冲击。为什么会这样？

思来想去，笔者觉得可能还是实务中在先案例的个案性太强，绝大多数裁判都仅是在解决纠纷，而没有形成规则，甚至有些案例还可能对已有的法律规则造成冲击。另外，在我国现行法律体系下，案例本身对在后的裁判没有强制约束力，这也影响到案例魅力的挖掘。

说到在先案例对法律规则的冲击，可以看看实务中《商标法》第三十条（即2001年《商标法》第二十八条）适用的一些案例。2015年年底，最高人民法院在“福联升 FULIANSHENG 及图”商标异议复审行政纠纷案件[①]中，认定“福联升 FULIANSHENG 及图”商标（即被异议商标）与“内联升”商标（即引证商标）近似，裁定驳回福联升公司的再审申请。这个案子的争议焦点仅是被异议商标与引证商标是否构成近似商标，实务中属于常规案件，但历经商标评审委员会、一审法院、二审法院却一波三折，一审法院撤销商标评审委员会的裁定，二审法院又撤销一审判决，维持商标评审委员会的裁定。最后福联升公司向最高人民法院申请再审。

那么，我们看看最高人民法院的观点：

最高人民法院认为，被异议商标的主要识别部分“福联升”与引证商标相比，二者仅首字不同，其余的“联升”两字完全相同，相关公众对两商标的称呼近似，而且商标中的“联升”并非固定的词语组合。“内联升”系中国驰名商标，先后被认定为中华老字号、国家非物质文化遗产，荣获“中国布鞋第一家”等荣誉

① 见最高人民法院（2015）知行字第116号行政裁定书。

称号，其销售的布鞋产品在相关公众中具有极高的美誉。在引证商标具有如此高的显著性和知名度的情况下，与其构成近似商标的范围较普通商标也应更宽，同业竞争者亦相应地应具有更高的注意和避让义务。在引证商标具有较高的知名度和显著性，并且被异议商标与引证商标标识近似的情况下，福联升公司提交的证据不足以证明被异议商标与引证商标形成了有效的市场区分。相关公众施以一般注意力，客观上仍然容易对引证商标和被异议商标的商品来源产生混淆误认，或者误认为被异议商标与引证商标所指代的商品存在特定联系。

此外，最高人民法院在本案中还指出，虽然被异议商标经过一定时间和范围的使用，客观上形成了一定的市场规模，但是，有关被异议商标的使用行为大多是在被异议商标申请日之后，尚未核准注册的情况下发生的。福联升公司在其大规模使用被异议商标之前，理应认识到由于被异议商标与引证商标近似，并且引证商标具有较高的知名度和显著性，故存在被异议商标不被核准注册，乃至因使用被异议商标导致侵犯引证商标注册商标权的法律风险。福联升公司未能尽到合理的注意和避让义务，仍然申请注册并大规模使用被异议商标，由此带来的不利后果理应自行承担。相反，在福联升公司作为同业竞争者明知或者应知引证商标具有较高知名度和显著性，仍然恶意申请注册、使用与之近似的被异议商标的情形下，如果仍然承认福联升公司此种行为所形成的所谓市场秩序或知名度，无异于鼓励同业竞争者违背诚实信用原则，罔顾他人合法在先权利，强行将其恶意申请的商标做大、做强。这样既不利于有效区分市场，亦不利于净化商标注册、使用环境，并终将严重损害在先商标权人的合法权益以及广大消费者的利益，违背诚实信用原则以及商标法“保护商标专用权”“维护商标信誉”“保障消费者和生产、经营者的利益”等立法宗旨。

为什么说最高人民法院的这个案子判得好？好就好在最高人民法院在这个案件中对于盲目诉诸“市场格局论”的当事人、商标代理人、律师以及法官敲响了警钟，告诉大家“市场格局”不是一个大箩筐，不是说形成就能形成的，还得考虑所谓“市场格局”的形成时间、当事人的主观意图，等等。

自2010年以来，在审理商标授权确权行政案件的过程中，有一个很奇怪的现象，就是当事人、商标代理人和律师特别喜欢提交证据，而且证据越交越多，胶钉本越钉越厚，甚至是在仅涉及商标近似判断案件中也是这样。当然，还有一小部分当事人、商标代理人和律师在没有任何证据的情况下，还坚持主张申请商标与引证商标已经形成各自的市场格局，消费者不会混淆误认。

为什么会出现这个现象？都是因为对“市场格局论”的片面理解。

最高人民法院于 2010 年 4 月 20 日颁布的《关于审理商标授权确权行政案件若干问题的意见》（法发〔2010〕12 号）第一条曾明确其政策导向，即“……对于使用时间较长、已建立较高市场声誉和形成相关公众群体的诉争商标，应当准确把握商标法有关保护在先商业标志权益与维护市场秩序相协调的立法精神，充分尊重相关公众已在客观上将相关商业标志区别开来的市场实际，注重维护已经形成和稳定的市场秩序。”

于是，后续很多案件中都出现了“已经形成各自市场格局”的诉讼主张。

但是，必须注意的是，“市场格局论”仍然应该在《商标法》第三十条以及我国商标注册制度的整体框架范围内发挥作用。而且，“市场格局论”的立论基础在于，对于不同的商标行政案件“诉争商标可能处于不同的状态，有些诉争商标尚未投入使用，有些大量投入商业使用，已经建立较高市场声誉和形成自身的相关公众群体，而当前商标注册和评审时间相对较长，又使得这种差异更为明显。对于这些差异，人民法院在审查判断诉争商标能否注册或是否撤销时，显然不能不予考虑，因为商标的真正价值源于使用，保护通过实际使用建立的商标市场声誉是商标法的基本立法精神”。也就是说，“市场格局论”也是在司法实践中抽象出的一个相对上位的裁判规则，是有其特殊考量的。但是，对于该裁判规则的适用，必须符合《商标法》的基本法律制度和法律规范。

当然，举这个例子只是要说明，有的时候，通过案例抽象出的裁判规则会有一定的个案性。只有更好地理解相关法律的基本原则和规则，才能在遵循先例的过程中作出符合法律规则的正确裁判，也让当事人在裁判结果做出之前就能够初步预见到他究竟是会赢还是输。

输“IPHONE”，赢“facebook”，法律条款选择很关键

网络上流行一句话，说是新闻得对比着看。如果把2016年3、4月宣判的“IPHONE”案[①]和“facebook”案[②]放在一起研究，确实有点意思。两案案情基本类似，但裁判结果却是一输一赢。为此，有观点就开始质疑法院裁判标准的统一性，认为苹果公司与FACEBOOK遭遇了双重标准。

仔细阅读过两案判决书后，笔者认为，这一质疑是不能成立的。两案案情虽然基本类似，但在具体适用的法律条款上还是存在差异，而正是这一差异导致两案截然不同的结果。为更好地对这两起案件做对比分析，笔者在此还是先简要介绍一下这两起案件。

“IPHONE”案

苹果公司早在2003年、2006年就在第9类“计算机硬件、电话机、手提电话”等商品上获准注册“IPHONE”商标、“i-phone及图”商标（即涉案引证商标）。新通天地科技（北京）有限公司（简称新通天地公司）于2007年9月29日向商标局申请注册第6304198号“IPHONE”商标（即涉案被异议商标），指定使用商品为第18类“钱包、小皮夹”等。苹果公司对新通天地公司申请注册的被异议商标提出异议，请求适用的法律条款为2001年《商标法》第十条第一款第（八）项、第十三条第二款。商标局、商标评审委员会均未支持其异议理由，裁定被异议商标予以核准注册。苹果公司不服，诉至法院，两审法院也均未支持苹果公司的诉讼请求。一审诉讼过程中，苹果公司明确表示认可本案涉及的实体法律依据仅限于2001年《商标法》第十条第一款第（八）项、第十三条第二款。法院判决认为，被异议商标的申请日期为2007年9月29日，而苹果公司针对其

① 见北京市高级人民法院（2016）京行终1630号行政判决书。

② 见北京市高级人民法院（2016）京行终475号行政判决书。

“IPHONE”商标提交的使用证据绝大多数形成于被异议商标申请日之后，且数量很少，不足以证明其“IPHONE”商标于被异议商标申请前达到驰名程度。二审判决还指出，由于苹果公司在行政程序中及原审诉讼中均未提出被异议商标的申请注册违反2001年《商标法》第四十一条第一款的规定，故该主张并非原审判决及被诉裁定作出的依据，本院对此不予评述。

“facebook”案

菲丝博克公司于2009年在第35类“提供与校园生活、广告张贴的分类安排、虚拟社区、社区网络、照片分享、时尚追踪有关的在线名录商业信息”服务、第38类“为注册的用户传送与校园生活、广告张贴的分类安排、虚拟社区、社区网络、照片分享、时尚追踪有关信息的在线聊天室”服务上核准注册“FACEBOOK”商标（即涉案引证商标）。刘红群于2011年1月24日向商标局申请注册第9081730号“facebook”商标（即涉案被异议商标），指定使用商品为第32类“果汁饮料（饮料）、冰（饮料）”等。菲丝博克公司对刘红群申请注册的被异议商标提出异议，请求适用的法律条款为2001年《商标法》第十条第一款第（八）项、第十三条第二款、第三十一条、第四十一条第一款。商标局、商标评审委员会均未支持其异议理由，裁定被异议商标予以核准注册。菲丝博克公司不服，诉至法院，两审法院最终均支持了菲丝博克公司关于2001年《商标法》第四十一条第一款的诉讼理由，并判决撤销商标评审委员会作出的裁定。法院判决认为，刘红群在多个商品类别上申请注册了“facebook”商标，还在第29类商品上注册过“黑人”“壹加壹”等商标，该系列商标注册行为具有明显的复制、抄袭他人高知名度商标的故意，扰乱了正常的商标注册管理秩序，有损于公平竞争的市场秩序，违反了公序良俗原则。该案中，两审法院对于菲丝博克公司关于2001年《商标法》第十条第一款第（八）项、第十三条第二款、第三十一条的诉讼理由也均未支持。

通过上述案情介绍可知，基于大致相同的案情，两案在适用2001年《商标法》第十条第一款第（八）项、第十三条第二款时的裁判标准和裁判结果也基本相同，不存在所谓的“双重标准”问题。唯一的差异在于，“facebook”案中还涉及2001年《商标法》第三十一条、第四十一条第一款的适用，而该案中也正是通过第四十一条第一款的适用认定被异议商标不应予以核准注册。那么，为什么会出现这一不同结果呢？原因在于当事人的异议请求不同。“IPHONE”案中，苹果公司请求适用的法律条款只有 2001 年《商标法》第十条第一款第（八）项、第十三条第二款。正是基于此，二审判决中才指出，由于苹果公司在行政程序中及原审诉讼中均未提出被异议商标的申请注册违反 2001 年《商标法》第四十一条第一款的规定，故该主张并非原审判决及被诉裁定作出的依据，本院对此不予评述。

因此，笔者认为，苹果公司虽然输了“IPHONE”案，但是输的并不冤枉。至少对照“facebook”案来讲，苹果公司的维权行动并没有特别做到位。

在得出上述结论的基础上，笔者还想对“IPHONE”案做进一步的探讨。

首先，在目前的诉讼理由框架下，苹果公司寻求 2001 年《商标法》第十三条第二款保护有无胜诉的可能性。根据网络检索得到的资料，第一代 iphone 于 2007 年 1 月 9 日由苹果公司前首席执行官史蒂夫 · 乔布斯发布，并在 2007 年 6 月 29 日正式发售。被异议商标申请注册的日期为 2007 年 9 月 29 日。也就是说，即使是从苹果公司第一代 iphone 正式发售起算，其时间也早于被异议商标申请注册日期三个月。在互联网时代，三个月的时间对于一款产品知名度的形成很足够，甚至能够达到驰名程度。那么，这三个月期间的知名度证据呢？根据判决书的记载，没有。这恐怕也再次反映出苹果公司的维权行动不到位。

其次，假设 2001 年《商标法》第四十一条第一款的适用也是“IPHONE”案中的苹果公司的一项诉讼理由，苹果公司有无胜诉的可能性。参照“facebook”案中 2001 年《商标法》第四十一条第一款的适用规则，笔者特地检索了一下新通天地公司的商标申请注册状况，其中不乏“IPAD”“IPHONE SHOP”“爱风”“GOLDENSHIELD”“ULTRASHIELD”等商标。那么，这种情况下，能否适用 2001 年《商标法》第四十一条第一款予以规制，笔者认为还是具有可行性的。但是，目前来看，这条道路已经被堵死。责任在谁？恐怕还是得落在苹果公司身上。当然，针对“facebook”商标，后续还可以提无效宣告。

诉讼活动有其相应的规则。虽然法官裁判“以事实为根据，以法律为准绳”，但事实的来源、法律条款的选择均来源于当事人的诉辩主张，法官只是居中裁判者。因此，当事人（代理律师）诉讼参与还是有着非常重要的作用，需要认真对待，也值得认真对待。

为什么“微信”和“莫言”的“不良影响”不一样

相对于其他知识产权类型，商标权的理论基础不及著作权，也没有专利权的技术事实认定难题，而且还时不时地会有名人、名企涉诉。因此，商标权案件更能引起热议。但是，这种“热议”在某种程度上也增加了商标权案件的审理难度，因为每个人茶余饭后都可以针对案件裁判结果说出个一二三，进而会出现“众口难调”的局面。当然，问题的另一方面还在于，商标权案件中确实存在不少需要法官自由裁量的问题，如近似与否、显著性强弱等，另外还有一些法律上的疑难问题，如“不良影响”条款的适用等。

关于“不良影响”条款的适用，在《商标法》、最高人民法院的指导意见之外，三级法院的司法裁判、商标理论和实务界的人士已经说得太多，甚至有点滥，但遗憾的是，还是存在不一致的情形。借“微信”案[①]二审宣判之际，笔者试着对照2015年度北京市法院知识产权“十大创新性案例”之一的“莫言”案[②]再做一点点思考。

由于篇幅的限制，笔者在此不做案情介绍，仅引述相关裁判中涉“不良影响”条款适用的判理。

“微信”案

由于具有“其他不良影响”属于商标注册的绝对禁止事项，一旦认定某一标志具有“其他不良影响”，即意味着不仅该标志在所有的商品和服务类别上都不得作为商标使用，更不得作为商标注册。而且在《商标法》第十条第一款第（八）项未作例外规定的情况下，任何主体均不得将具有“其他不良影响”的标志作为商标使用和注册。因此，对于某一标志是否具有“其他不良影响”，在认定时必须持相当慎重的态度。本案中，被异议商标由中文“微信”二字构成，现有

① 见北京市高级人民法院（2015）高行（知）终字第1538号行政判决书。

② 见北京市高级人民法院（2015）高行（知）终字第3061号行政判决书。

证据不足以证明该商标标志或者其构成要素有可能会对我国政治、经济、文化、宗教、民族等社会公共利益和公共秩序产生消极、负面影响。因此，就标志本身或者其构成要素而言，不能认定被异议商标具有“其他不良影响”。

“莫言”案

莫言获得诺贝尔文学奖后，其“莫言”两字就与诺贝尔文学奖建立直接联系。诺贝尔文学奖是举世公认的世界文坛最重要、最权威、最受人瞩目的一个奖项，莫言获得诺贝尔文学奖意味着莫言的艺术成就得到国际文学界的普遍认可，当然也对我国文化领域产生重大影响。在未经莫言本人同意或经其许可的情况下，他人以“莫言”作为商标注册，必然会对我国文化领域的社会公共利益和公共秩序产生消极、负面影响。本院注意到，申请商标的申请日为莫言获得诺贝尔文学奖之后一个月。这种抢注知名人士姓名、笔名、艺名，借助知名人士效应获得利益的行为不但有违诚实信用原则，损害了该知名人士的特定利益，而且也在一定程度上损害了社会公共秩序和善良风俗。如果允许这种商标抢注行为发生，不但会出现大量人名商标的注册申请，严重地冲击我国正常的商标注册秩序，而且会助长不劳而获、坐享他人之利的不良风气，有违社会主义善良风俗。因此，这种行为不应得到支持。当然，莫言本人或经其许可申请的商标除外。综上，申请商标的注册申请不符合《商标法》第十条第一款第（八）项的规定。

上述“微信”案和“莫言”案的裁判均由北京市高级人民法院作出，二者的裁判日期相差五个多月，但考虑到“莫言”案于 2016 年 4 月 13 日被列入 2015 年度北京市法院知识产权“十大创新性案例”向社会公布，我们有理由相信，在这五个多月的时间内，北京市高级人民法院关于“不良影响”条款的适用标准是一致的，没有进行调整。

但是，我们再看上述两案的判决，可能有两个问题值得思考。

问题一：具有“不良影响”的标识是不是任何主体均不能注册？

“莫言”案中，法院认定王东海在第 34 类的烟斗等商品上申请注册“莫言”商标具有不良影响之后，明确指出“莫言本人或经其许可申请的商标除外”。但是，在“微信”案中，法院则认为“在《商标法》第十条第一款第（八）项未作例外规定的情况下，任何主体均不得将具有‘其他不良影响’的标志作为商标使用和注册”。可以设想一下，如果按照“微信”案中法院明确的“不良影响”条款适用标准，诺贝尔奖获得者莫言本人也不能申请注册“莫言”商标。要真是这个结论，恐怕和老百姓的朴素情感差得有点远。

问题二：商标“抢注”行为可否适用“不良影响”条款？

根据法院的裁判，“微信”案和“莫言”案一个很重要的区别还在于申请主体是否具有“抢注”的恶意。“微信”案中，创博亚太公司并不具有“抢注”商标的恶意，而“莫言”案中则通过“申请商标的申请日为莫言获得诺贝尔文学奖之后一个月”这一事实，认定“这种抢注知名人士姓名、笔名、艺名，借助知名人士效应获得利益的行为不但有违诚实信用原则，损害了该知名人士的特定利益，而且也在一定程度上损害了社会公共秩序和善良风俗”。那么，值得思考的是，商标“抢注”行为如何界定？又如何认定这种“抢注”行为对“我国正常的商标注册秩序”“社会公共秩序和善良风俗”等造成损害？

正如笔者在文章开篇提到的，关于“不良影响”条款的适用在三级法院的司法裁判中仍有不一致的情形。那么，是不是说，“微信”案二审裁判明确的“不良影响”条款适用规则能够终结这种混乱的局面呢？笔者虽然乐见其成，但也并不抱乐观态度。

在最高人民法院于2010年公布的《关于审理商标授权确权行政案件若干问题的意见》中已经明确“不良影响”条款的适用规则的情况下，三级法院的法官们仍然在个案中寻求突破，乐此不彼。为什么？因为实务中有这方面的需要。

比如说“莫言”案，通过适用“不良影响”条款，能够在商标申请阶段就阻止对“莫言”的商标抢注行为。当然，也有观点会认为，可以等到异议阶段由莫言本人寻求姓名权保护，或者，认定“莫言”二字不具有固有的显著性。这又让人想到“微信”二审裁判的思路，通过“全面审查”的方式引入显著性条款。但是，实际上，商标授权确权司法审查实务中“全面审查”的做法是非常少见的。另外，可以设想一下，如果“微信”案自异议阶段始，没有任何一方在任何程序中提到显著性条款，那么，这个案子最终的裁判结果又会怎样？“不良影响”条款会不会引入？恐怕也难说绝对不会引入。

解读“基础商标延伸理论”：例外不能当原则

在“徽皖酒王”商标异议复审行政纠纷案[①]中，最高人民法院就“基础商标延伸理论”的适用问题做了精彩的阐述。该判决一经公开，立即获得很多的称赞，甚至让人产生一种“商标界苦‘基础商标延伸理论’久矣”的感觉。

首先，我们来看看最高人民法院的精彩论述：

关于蚌皖酒公司主张的被异议商标属于对基础商标的延伸问题，首先，现行《商标法》的法条及理论均没有“基础商标”的概念。所谓的“基础商标延伸理论”不能取代“整体判断商标标识、审查混淆可能性”这一近似性判断的基本原则。其次，退一步说，假使按照二审判决提出的“基础注册商标的商业信誉可以在后申请注册的商标上延续”的思路，北京市高级人民法院（2012）高行终字第1731号行政判决认定“徽皖及图”与皖标志不近似，但本案的被异议商标“徽皖酒王”与其基础商标“徽皖及图”差别很大，故不能基于北京市高级人民法院在另案中认定商标不近似就推导出本案的两商标也不近似。

该段论述最大的亮点在于，重审了“整体判断商标标识、审查混淆可能性”作为商标近似性判断的基本原则。至于说所谓的“基础商标延伸理论”，仔细推敲上述后半段的论述，似乎也并没有被一棍子打死，但是必须得在一定的条件下适用。当然，前提是坚持“整体判断商标标识、审查混淆可能性”作为商标近似性判断的基本原则。

其实说到“基础商标延伸理论”，实务中并不少见，很多当事人在诉辩理由中都会主张，就像是主张“市场格局论”一样。而且，在极少数案件中，当事人关于“基础商标延伸注册”的主张还得到法院的支持。

关于“基础商标延伸理论”的适用，除最高人民法院的上述判决外，我们还可以看看另外两案判决的论述。

在“鳢鱼國際”商标驳回复审行政纠纷案[②]中，法院认为：

---

① 见最高人民法院（2016）最高法行再38号行政判决书。

② 见北京市高级人民法院（2015）高行（知）终字第1072号行政判决书。

在先商标的申请注册并不必然导致在后商标当然获准注册，若在后申请注册的商标与他人在先注册商标形成《商标法》第二十八条所规定的情形，应当不予核准。商标的延伸注册应当从该标识所蕴含的商誉进行考量，若在先注册商标的使用及宣传所形成相关标识能够与商品来源的提供者确定一一对应关系，并且该商誉能够延展至在后申请注册商标标识的，则应当从在后申请注册商标是否会与他人在先申请注册商标造成相关公众混淆、误认的角度进行分析，若不构成对商品来源的混淆时，可以予以核准在后商标的申请注册。然而，本案中鳄鱼恤有限公司并未提交其在先商标的使用证据，故不能证明其在先商标所形成的商誉，足以使申请商标与鳄鱼恤有限公司形成稳定的对应关系，从而与引证商标二相区分，不会造成相关公众的混淆、误认，故鳄鱼恤有限公司此部分上诉理由缺乏事实及法律依据，本院不予支持。

在“三品王”商标驳回复审行政纠纷案[①]中，法院认为：

一般而言，商标注册人对其注册的不同商标享有各自独立的商标专用权，先后注册的商标之间不当然具有延续关系。但是，在先商标经过使用获得一定知名度后，会导致相关公众将商标注册人在同一种或者类似商品上在后申请的相同或者基本相同的商标与在先商标联系在一起，并认为使用两商标的商品均来自该商标注册人或与其存在特定的联系，在先商标承载的商誉对在后申请商标的可注册性是具有影响的。判断在后申请商标相对于引证商标是否符合我国现行《商标法》第三十条或第三十一条规定时，应考虑在先商标对在后申请商标的影响，是否足以避免相关公众对商品的来源产生混淆误认。具体包括以下因素：在后申请商标与在先商标、引证商标在标志上的相同或近似程度；在后申请商标与在先商标、引证商标在所使用的商品的类似程度；在先商标的使用时间（含是否持续使用）、知名度和影响范围；在先商标与在后申请商标的使用人或注册人的相互关系；在先商标是否被注销或撤销，如系被注销或撤销，被注销或撤销的原因是否影响在后申请商标的合法性；引证商标的使用情况和知名度。

最终，法院经过综合分析三品王餐饮公司申请注册“三品王”商标的具体情况，支持了其关于“延续注册”的诉讼理由。

对比考察“鱷鱼國際”案和“三品王”案，针对当事人关于“基础商标延伸注册”的诉讼主张，北京市高级人民法院分别给出了不同的结论。但是，需要注意的是，尽管结论不同，两份判决关于“基础商标延伸理论”的适用规则

① 见北京市高级人民法院（2015）高行（知）终字第2546号行政判决书。

却是一致的。其基本前提也是强调需符合 2001 年《商标法》第二十八条或者现行《商标法》第三十条的规定，这和最高人民法院的观点是一致的。在此基础上，然后再考察在先商标蕴含的商誉能否延展至在后申请注册的商标标识，并以是否足以避免相关公众对商品的来源产生混淆误认作为判断标准。

可见，北京市高级人民法院在“鳢鱼國際”案和“三品王”案中关于“基础商标延伸理论”的具体适用规则与最高人民法院在“徽皖酒王”商标异议复审行政纠纷案中的论述并不冲突。

值得思考的是，最高人民法院为什么在“徽皖酒王”商标异议复审行政纠纷再审判决书中就“基础商标延伸理论”的适用问题专门进行阐述呢？笔者觉得可能是因为实务中部分当事人提出“基础商标延伸注册”的主张太滥、太随意，有点快赶上“市场格局论”的节奏。而相关判决在结合具体的案情适用“基础商标延伸理论”时又出现了一些片面性，没有综合案件的整体情况进行考虑，导致裁判出现偏差。

针对“市场格局论”，笔者也曾经写过一篇小文章，基本的结论是，“市场格局论”是在司法实践中抽象出的一项裁判规则，对于该裁判规则的适用，必须符合《商标法》的基本法律制度和法律规范。[①] 这个结论笔者觉得也适合本文探讨的“基础商标延伸理论”。

如果说“整体判断商标标识、审查混淆可能性”是近似性判断的基本原则，那么，“基础商标延伸理论”至多也只能是一种例外。而众所周知的是，例外不能当作原则。

---

① 见本书《最高法院“福联升”案告诉你：“市场格局”不是大箩筐》一文。

"YKK"商标案对于驰名商标跨类保护的启示

在"YKK"商标异议复审行政纠纷再审判决[1]中，法律适用标准一致性原则无疑是亮点。最高人民法院指出，商标审查的具体情形虽有诸多差异，商标的个案审查有其合理性，但不能在类案裁判时以此为由得出明显相反的裁判结果。否则，商标法律适用规则的明晰化和预见性，将难以保证。在先两案与本案案情基本相同，有关商标驰名的在案证据亦基本相同，在坚持法律适用标准一致性原则的前提下，本案二审判决理应基于"YKK"商标的驰名程度给予其相应的跨类保护。基于此，最高人民法院给予"YKK"商标在"车辆内装饰品"商品上跨类保护。

对于最高人民法院关于"法律适用标准一致性原则"的要求，笔者当然非常赞同。不过，站在裁判者的角度，笔者认为，"法律适用标准一致性原则"或许只是表象，最高人民法院"YKK"商标案判决还有更值得挖掘的要点和细节。

关于驰名商标保护条款的适用要件，我们可以看看同样是最高人民法院在此之前作出的另一份判决。在"巨化"商标异议复审行政纠纷案[2]中，最高人民法院认为，异议申请人的商标为已经在中国注册的驰名商标、被异议商标构成对该驰名商标的复制、摹仿或者翻译，以及被异议商标的申请注册将容易导致消费者混淆或者误导公众，进而损害异议申请人的利益是在商标异议复审行政案件中适用《商标法》第十三条第二款规定的三个基本条件。在案件审理过程中，固然要对异议申请人请求予以保护的引证商标所具有的知名度予以考量，但并不意味着必须将其作为适用《商标法》第十三条第二款的前提条件，即首先对引证商标是否构成驰名商标的问题进行审查和认定。我国商标法律框架之下所规定的驰名商标法律保护制度的立法本义在于给予具有较高知名度的商标与其显著性和知名度相适应的保护范围和保护强度，并非授予一项荣誉称号。在商标授权确权行政案件的审理过程中，亦应遵循驰名商标的按需认定原则。换言

① 见最高人民法院（2016）最高法行再67号行政判决书。

② 见最高人民法院（2015）知行字第112号行政裁定书。

之，如果被异议商标并没有构成对引证商标的复制、摹仿或者翻译，或者被异议商标获准注册的结果并不会导致误导公众并可能损害引证商标权利人利益的结果，即无需对引证商标是否构成驰名的问题作出审查和认定。

可以只看最后半句话，即如果被异议商标获准注册的结果并不会导致误导公众并可能损害引证商标权利人利益的结果，即无需对引证商标是否构成驰名的问题作出审查和认定。实务中，可能会有一种情况，就是所谓的二者“商品差距甚远”，进而不会误导公众并损害引证商标权利人的利益。例如，假定引证商标注册使用在“殡葬”服务上，而被异议商标指定使用在“新鲜蔬菜”商品上，二者商品、服务领域差距较大，即使引证商标为驰名商标，一般也不会产生误导公众、损害引证商标权利人利益的后果。在“HONGDA”商标异议复审行政纠纷案①中，最高人民法院也认为，被异议商标指定使用的钢材等商品与本田株式会社的引证商标指定的汽车、摩托车等商品在功能、用途、消费对象、销售渠道上存在较大区别。本田株式会社提交的证据材料虽然能够证明引证商标在汽车、摩托车等商品上已经在相关公众中具有一定知名度，但是在被异议商标申请之前，引证商标的影响力尚不足以导致公众将这两类产品混淆误认或者建立关联。

回到“YKK”商标案，一、二审法院其实就是这种法律适用逻辑。一审法院认为，被异议商标指定使用的“气泵（车辆附件）、车辆减震器、车辆内装饰品、汽车”等商品与YKK株式会社“YKK”商标所使用的“拉链”商品在功能、用途、生产部门、销售渠道、消费对象等方面差距甚远，相关公众看到被异议商标，一般不会认为其与YKK株式会社使用在拉链商品上的“YKK”商标存在关联，故而不会产生误导公众并使YKK株式会社利益受到损害的后果。②二审法院认为，对于已经在中国注册的驰名商标，在不相类似商品上确定其保护范围时应与其驰名程度相适应。如果驰名商标使用的商品与被异议商标使用的商品距离过于遥远，可不将该驰名商标的保护范围扩展到被异议商标使用的商品。YKK株式会社在商标评审阶段及一、二审阶段提交的证据能够证明，其注册、使用在拉链商品上的“YKK”商标在被异议商标申请注册之前在中国境内已具有较高知名度。但是，被异议商标指定使用的“气泵（车辆附件）、车辆减震器、车辆内装饰品、汽车”等商品与YKK株式会社“YKK”商标所使用的“拉链”等

---

① 见最高人民法院（2015）知行字第254号行政裁定书。

② 见北京市第一中级人民法院（2012）一中知行初字第1382号行政判决书。

商品在功能、用途、生产部门、销售渠道、消费群体等方面差距甚远，相关公众看到被异议商标一般不会认为其与YKK株式会社使用在拉链商品上的"YKK"商标存在关联，通常也不会产生误导公众并使YKK株式会社利益受到损害的后果。[①]

"YKK"商标案一、二审判决作出日期分别为2012年12月18日、2013年10月17日。"巨化"商标案最高人民法院再审裁定的作出时间为2015年8月7日。说明直到2015年8月7日作出"巨化"商标案再审裁定，最高人民法院仍未否定"YKK"商标案一、二审判决的裁判思路。那么，为何2016年9月29日最高人民法院作出的"YKK"商标案再审判决结论会有反转？

还得回到案件本身。

"YKK"商标案再审阶段有一些值得关注的细节[②]：1.YKK株式会社不再坚持有关被异议商标不能在"气泵（车辆附件）、陆地车辆曲柄轴箱（非引擎用）、车辆减震器、车辆车轴、陆地车辆发动机、陆地车辆传动轴、风挡刮水器、机动车减震器"类别上注册的诉讼主张。2.YKK株式会社认为，被异议商标在"车辆内装饰品"和"汽车"商品上的注册和使用，会造成误导公众，致使驰名商标所有人YKK株式会社的利益可能受到损害，被异议商标在"汽车"和"车辆内装饰品"商品上都应当不予注册，至少在"车辆内装饰品"上不能予以注册。3.YKK株式会社向最高人民法院提交了26份新的证据，其中第二组用以证明YKK核定使用的拉链与汽车、车辆内装饰品的商品关联度。4.对于第二组证据，商标评审委员会认为：（1）《类似商品和服务区分表》所称"汽车"系指汽车整车，不包括汽车零部件。（2）YKK株式会社的在案证据可以证明，拉链可以使用于车辆内装饰品，两者属于上下游产品关系。5.YKK株式会社在最高人民法院再审庭审中认可，其未提交有关YKK用于汽车整车的证据。

基于上述再审阶段新出现的案件事实，我们可以看看最高人民法院是怎么判的。最高人民法院认为，鉴于YKK株式会社不再坚持有关被异议商标不能在"气泵（车辆附件）、陆地车辆曲柄轴箱（非引擎用）、车辆减震器、车辆车轴、陆地车辆发动机、陆地车辆传动轴、风挡刮水器、机动车减震器"类别上注册的诉讼主张，本案的争议焦点是，被异议商标在"汽车、车辆内装饰品"上申请注册是否属于《商标法》第十三条第二款规定的情形。也就是说，涉及"气泵

---

① 见北京市高级人民法院（2013）高行终字第1275号行政判决书。

② 见最高人民法院（2016）最高法行再67号行政判决书。

（车辆附件）、陆地车辆曲柄轴箱（非引擎用）、车辆减震器”等与“拉链”商品“差距甚远”的商品，YKK株式会社统统都放弃主张权利，关键在于被异议商标在“汽车、车辆内装饰品”两项商品上的注册是否违反驰名商标保护条款的规定。对于这个问题，最高人民法院又做了进一步的区分。一方面，因YKK株式会社和商标评审委员会均认可，本案所涉“汽车”类别系指汽车整车，但YKK株式会社并未提交有关“YKK”商标使用于汽车整车的证据，故对其提出的被异议商标在“汽车”商品上不应被核准注册的主张，最高人民法院不予支持。另一方面，YKK株式会社的在案证据可以证明，拉链可以用于车辆内装饰品，两者属于上下游产品关系。另外，“YKK”属臆造词，本身显著性较强，在“YKK”商标于拉链商品上已经具有很高知名度的情况下，基于“车辆内装饰品”与“拉链”具有上下游产品关系，故可以认定两者具有较强的商品关联性。因此，最高人民法院认为，“YKK”商标可以基于在“拉链”商品上驰名的事实获得在“车辆内装饰品”上的保护。

基于文本分析的视角，笔者认为，“YKK”商标案再审反转的关键在于，YKK株式会社放弃了针对部分确实“差距甚远”的商品寻求驰名商标保护的主张，并且对“拉链”与“车辆内装饰品”二者的关联关系进行了举证。正是考虑到这些基础事实的改变，最高人民法院才能作出驰名商标保护的判决。只有具备了这些基础性条件，才存在谈法律适用标准一致性原则的可能。

当然，也不是说所有的商品都需要对关联关系进行举证，有的时候也可以借用“日常生活经验”进行说理。例如，在“海天”商标争议行政纠纷案[①]中，最高人民法院认为，引证商标核定使用的酱油、醋、调味品等商品与争议商标核定使用的果汁、汽水等分属不同的类别，但均属于食品，与广大普通消费者的日常生活联系紧密。海纳百川公司注册使用争议商标，不正当利用“海天”商标的市场声誉，误导公众，致使海天公司的利益可能受到损害。在“七匹狼”商标争议行政纠纷案[②]中，最高人民法院认为，争议商标核定使用的水龙头等商品与引证商标核定使用的服装等商品都是日常生活用品，相关公众有一定的重叠性或关联性，在引证商标已经成为相关公众所熟知的商标的情况下，争议商标与引证商标共存，可能发生误导相关公众、致使驰名商标权利人的利益受到损害的后果。

---

① 见最高人民法院（2015）知行字第24号行政裁定书。

② 见最高人民法院（2013）知行字第59号行政裁定书。

商标代理机构有无
“申请注册其他商标”的现实需求

曾经看一篇文章，说的是电视剧《九州天空城》只在九个商品类别上进行了注册，没有进行“全类注册”，导致商标被“抢注”。该文作者认为，“（对影视剧名称保护）最好的办法就是全类别注册，这样的保护更全面，也免除了之后对簿公堂的可能”。

商标“抢注”早已深受诟病，《商标法》在修法过程中，也在尽力解决这个问题。但是，不可否认的是，商标“抢注”现象仍然很严重。基于现实的无奈，对于优质知识产权资源的商标保护，很多专家就建议“全类注册”，而且也确实有不少企业、知名人物已经做过全类注册。例如，自称非著名相声演员的郭德纲先生，就在全部的45类商品（服务）类别上均做了商标申请，而且也已注册成功。虽然“全类注册”会有一定的费用支出，而且可能部分商标还面临着“撤三”的风险，但和遭遇“抢注”而产生的付出相比，可能还是更加经济一些。

因此，考虑到目前的商标“抢注”现状，对于那些防御性注册的“全类注册”或者“多类注册”，笔者还是持赞同态度。但是，并不是所有的市场主体都能够采取防御性注册的措施。

现行《商标法》第十九条第四款规定，商标代理机构除对其代理服务申请商标注册外，不得申请注册其他商标。由于是新增条款，对于该条款的适用存在一定的争议。根据北京知识产权法院针对“上专”商标案作出的判决[①]，无论商标代理机构是基于何种目的进行的注册申请，只要是在代理服务之外的商品或服务上进行的注册申请，均属于该条款禁止的情形。对于该法律适用，该判决还强调指出，司法机关的职责在于适用法律，而非制定法律，在法律条文规定明确且清晰的情况下，司法机关必需严格遵照执行。至于相关法律规定是否妥当，应否修改，则属于立法机关的权限范围，并非司法机关的职责。

对于该判决的法律适用，站在商标代理机构的立场，可能至少存在两点质

---

① 见北京知识产权法院（2015）京知行初字第96号行政判决书。

疑：一、《商标法》第十九条第四款立法的本意在于禁止代理机构利用专业知识抢注或囤积商标，牟取非法利益，而非限制代理机构注册“自己使用”的商标的权利。代理机构提供的服务完全有可能超出第45类法律服务的范围，将该款规定解释为商标代理机构不能在第45类法律服务以外注册自己使用的商标，不符合《商标法》的立法本意。二、不允许商标代理机构对自己使用的商标进行必要的注册，至少会对代理机构造成两方面的损害：一是商标代理机构的商标被他人注册，致使代理机构无法使用自己的商标开展业务；二是商标代理机构无法在相关领域制止他人盗用其商标从事非法经营活动。

这其实也是“上专”商标案中原告方提出的两项起诉理由。对于“商标代理机构无法在相关领域制止他人盗用其商标从事非法经营活动”的质疑，上述判决也给出了救济途径：如果商标代理机构使用商标的时间早于他人注册商标的申请日，则其可以依据《商标法》第五十九条第三款获得在原有范围内的先用保护，该规定在一定程度上解决了商标代理机构在先商标的自用问题。如果商标代理机构所使用的商标具有一定知名度，则其既可以依据《反不正当竞争法》（1993年）第五条第（二）项的规定禁止他人对该商标的恶意使用行为，亦可以依据《商标法》第十五条、第三十二条等条款的规定禁止他人对该商标的恶意注册行为，上述规定亦在一定程度上为商标代理机构解决了禁止他人盗用其商标的问题。

对于北京知识产权法院的上述判决，不论是对《商标法》第十九条第四款的理解与适用，还是关于司法机关的职责定位，笔者都没有异议。不过，可能有一个值得探讨的问题，那就是商标代理机构有无“申请注册其他商标”的现实需求？

在笔者看来，答案应该是肯定的。一方面，商标代理机构的经营范围可能并不仅仅在于“代理服务”。比如，有些商标代理机构的经营范围可能还包括“技术咨询、技术服务、技术培训”等，那么，对于这些经营范围，如果不能允许相关的商标代理机构申请注册商标，可能也会影响其正常营业的开展。另一方面，在我国目前的商标注册制度下，各类市场主体都可能面临商标遭“抢注”的风险，尽管我国《商标法》也设置了相应的禁止恶意注册条款，如第十五条、第三十二条等条款。但是，必须承认的是，这些条款的设置毕竟是事后救济，而且与在先的防御性注册相比，维权成本也更高。

考察《商标法》第十九条第四款的修订背景，全国人民代表大会法律委员会于2013年6月26日所作的《关于〈中华人民共和国商标法修正案（草案）〉修改情况的汇报》中记载如下内容：三、一些地方、部门、企业提出，实践中一些商标代理组织违反诚实信用原则，利用其业务上的优势帮助委托人进行恶意商标注册，甚至自己恶意抢注他人的商标牟利，建议进一步对商标代理活动予以规范。法律委员会经研究，建议增加以下规定：……三是明确商标代理组织不得自行申请注册商标牟利。对照该修法背景，《商标法》第十九条第四款很显然并没有顾及商标代理机构“申请注册其他商标”的现实需求，而是采取了“一刀切”的方式，也没有区分商标代理机构的主观意图，直接禁止商标代理机构在“代理服务”之外“申请注册其他商标”。

这种“一刀切”的立法方式确实能够起到禁止商标代理机构“抢注”的作用，但笔者觉得这种“抢注”行为完全可以通过加大监督和处罚力度等方式予以事后规范，而并非直接限制其作为平等市场主体的正当权利。《商标法》第十九条第四款的规定还是有点机械，甚至存在“庸政懒政”的嫌疑。

更有意思的是，面对《商标法》第十九条第四款的立法现状，如果商标代理机构想进行商标“抢注”，自然不会再以商标代理机构的名义进行，而如果其想“申请注册其他商标”，当然也完全可以以职员的名义进行。那么，一个很快就会出现的局面就是，在现行《商标法》实施的过渡期结束后，第十九条第四款或许将只是以预防或者警示作用的形式出现，商标审查实践中将很难得到适用。

如何理解《商标法》第十九条第四款中的“商标代理机构”

身边很多同事，不管资深的还是资浅的，或多或少都有某种知识产权审判的情结。即使是在案件压力令其身心疲惫的情况下，依然觉得只要能让他审案子就行。为什么会有这种现象？这让笔者想起多年前一位大学老师的话。这位老师说，他之所以特别享受在高校教书，是因为每年开学都有新生加入，给校园带来新鲜的血液，不断活跃着校园的氛围，让他觉得自己也有颗年轻的心。相同的道理，法官在案件裁判的过程中不断地接触到具体的个案，而这些具体的个案其实就是一个个活生生的新鲜故事。正是这些个案中的故事，逐渐地丰富了法官的阅历和思维。随着审判经历的日渐积累，会越来越觉得有意思。

这让笔者想到一起涉及《商标法》第十九条第四款“商标代理机构”认定的案子。我们都知道，2014 年 5 月 1 日施行的新《商标法》增加了“商标代理机构除对其代理服务申请商标注册外，不得申请注册其他商标”的规定。对于该条款，实务中争议最大的是“代理服务”的理解和适用，这在北京知识产权法院审理的“上专”商标案[①]中体现得淋漓尽致。但是，有一起案件，却将争议焦点定位在了没怎么引起大家注意的“商标代理机构”的认定。

为了更好地讨论，还是简单地介绍下案情。

“中林”案[②]

2013 年 7 月 24 日，江苏省紫葳建筑技术研究所有限公司（简称紫葳建筑公司）申请注册“中林”文字商标（简称诉争商标），指定使用在第 6 类金属阀门（非机器零件）等商品上。商标局以商标代理机构不得在代理服务外申请注册其他商标为由驳回其注册申请。紫葳建筑公司不服，向商标评审委员会申请复审，

① 见北京知识产权法院（2015）京知行初字第 96 号行政判决书。

② 见北京知识产权法院（2015）京知行初字 6022 号行政判决书。

商标评审委员会认为，紫葳建筑公司作为已在商标局备案的从事商标代理业务的机构，在金属阀门（非机器零件）等商品上申请注册诉争商标应予驳回。紫葳建筑公司不服，诉至北京知识产权法院，称其并非专业的商标代理机构，申请注册诉争商标并不违反《商标法》第十九条第四款的规定。北京知识产权法院在审理过程中查明，紫葳建筑公司的营业执照载明其经营范围包括：建筑及建材技术研发、设计、技术咨询、技术转让、技术推广、技术服务、技术标准管理服务、建筑管道工程施工、建筑管道制作、经济信息咨询、商标代理、知识产权代理。北京知识产权法院最终认定紫葳建筑公司属于《商标法》第十九条第四款规范的“商标代理机构”，并判决驳回其诉讼请求。

这个案子有意思的地方在于，一家名叫“紫葳建筑公司”的建筑公司，其经营范围中竟然还有“商标代理”和“知识产权代理”的业务。在案件审理过程中，紫葳建筑公司自始至终一直在强调，他们是一家建筑公司，而不是商标代理机构。而且，他们还向法院提交了全国建设行业科技成果推广项目证书等证据，以证明他们从事的经营范围是建筑行业，而非商标代理。

那么，《商标法》第十九条第四款中的“商标代理机构”应该怎样理解？具体到本案，紫葳建筑公司究竟算不算该款应予规范的“商标代理机构”？

《商标法实施条例》第八十三条规定，商标法所称商标代理，是指接受委托人的委托，以委托人的名义办理商标注册申请、商标评审或者其他商标事宜。第八十四条规定，商标法所称商标代理机构，包括经工商行政管理部门登记从事商标代理业务的服务机构和从事商标代理业务的律师事务所。可见，根据《商标法实施条例》的规定，认定商标代理机构包括两方面的规则，实体上来讲，系“以委托人的名义办理商标注册申请、商标评审或者其他商标事宜”，程序上来讲，需“经工商行政管理部门登记”。

具体到本案，紫葳建筑公司的营业执照记载其经营范围包括“商标代理”和“知识产权代理”，而这两项经营范围均属于商标代理机构的业务范畴。在庭审过程中，紫葳建筑公司一直主张他们并不对外承接代理业务，当初他们在经营范围中加入“商标代理”和“知识产权代理”两项业务只是为了便于自身网上申请商标。对于紫葳建筑公司的这个观点，一方面，“商标代理”和“知识产权代理”确实属于他们的经营范围；另一方面，紫葳建筑公司虽提交证据证明建筑行业是其经营范围，但并没有充分的证据否定“商标代理”和“知识产权代理”也属于他们的经营范围，而且即使他们目前未对外承接代理业务，也并不代表他们未来不会实施商标代理的行为。最终，法院还是认定紫葳建筑公司属于《商标法》第十九条第四款规定的商标代理机构。而很显然诉争商标指定使用的“金属阀门（非机器零件）”等商品并非属于“代理服务”。因此，诉争商标违反《商标法》第十九条第四款的规定，北京知识产权法院判决驳回紫葳建筑公司的诉讼请求。判决作出后，紫葳建筑公司没有提起上诉。

当然，这个案子的裁判结果并不是说没有争议。比如，有观点可能会认为，对于是否属于商标代理机构，还是应该进行实质判断，具体来说，就是考察紫葳建筑公司的业务范围。至于说考察方式，可能是得通过营业额的大小、占比来确定。这种观点当然也有一定的道理，而且某种程度上看起来更加“实质正义”一些。但是，它有一个很大的弊端就是规则的不确定性，比如说，无法明确商标代理业务的营业额达到多少比例才能认定构成商标代理机构，另外，营业额也可能是会变动的，这样也就意味着，某公司今年是商标代理机构，但随着商标代理业务营业额的变动，明年可能就不再是商标代理机构。很显然，这种不确定性的后果是司法裁判所无法承受之重。

尽管该案事实简单，法律适用也并不复杂，但却很有意思。而恰恰是日常审判实践中这些看似微小但又比较有意思的案子，让法官参与裁判的活动变得更加有意义，值得不断回味，久而久之演变成法官的审判情结。

将无所指的“宗教元素”注册为商标是否具有不良影响

作为普通消费者，当见到“海会寺”品牌的豆腐乳时，不一定会觉得有什么不妥。但如果将语境放在商标审查实践，这“海会寺”商标未必就能注册下来，因为有“不良影响”条款在候着。

笔者就恰好参与审理过这么一起案件。合议庭合议后的阶段性结论是，还得查一下是不是确实有“海会寺”这个寺庙，如果确实有这么个寺庙，那就认定具有不良影响，不应准予注册；如果实际上并没有这个寺庙，则考虑到当事人已经实际使用，还是应该准予注册。查询的结果是，确实存在叫作“海会寺”的寺庙，而且还不止一家。最终，合议庭认定将“海会寺”注册在第30类“豆腐乳”等商品上具有不良影响，应该予以驳回。

案子审结后，笔者一直在想，如果“海会寺”是一个虚拟的寺庙，不论是历史还是现实世界中都不存在这么一个寺庙，那么，将“海会寺”三个字作为商标注册和使用是否具有不良影响？

对此，或许可以看看最高人民法院在“泰山大帝”商标案[①]中的认定。

在“泰山大帝”商标案中，双方当事人的争议最终锁定于“泰山大帝”是否确有所指。对此，最高人民法院在判决中也进行了归纳：万佳公司提交的《泰安市志》、《泰安地区志》、《中国神怪大辞典》等书籍及中国道家协会网站等网站中记载：东岳泰山大帝为道家众神之一，又有“东岳大帝”“泰山神”“东岳仁圣天齐王”“泰山府君”等称谓，是道教的山神、阴间的统治者，其不但被历代帝王封禅，同时在民间百姓和道家信众中长期受到供奉和膜拜，具有极高的宗教地位。在有关“东岳大帝”或“泰山神”的介绍中，均未提及“泰山大帝”。泰山石膏公司提交的《泰山文化谱新篇》、《道教常识问答》等较少书籍以及新闻报道和论文中，提及了“泰山大帝”是道教神灵的称谓。

也就是说，一方认为“泰山大帝”无所指，另一方认为有所指。

---

① 见最高人民法院（2016）最高法行再21号行政判决书。

那么，“泰山大帝”究竟是不是有所指呢？最高人民法院认为，这不仅需考量当事人提交的相关证据，也需考量相关宗教机构人士的认知以及道教在中国民间信众广泛的历史渊源和社会现实。也就是说，这是一个事实问题，还得靠证据说话。

对此，最高人民法院做了三个层面的论述：首先，虽然当事人提交的大部分证据，也即二审法院认定的官方记载未记载“东岳大帝”或“泰山神”称为“泰山大帝”，但有部分书籍、新闻报道和论文中提及“东岳大帝”或“泰山神”称为“泰山大帝”。其次，泰安市民族与宗教事务局、泰安市道教协会也出具说明证明“泰山大帝”系道教神灵的称谓，他们的认知本身即相关宗教机构人士的认知。第三，道教是我国具有悠久历史传统的一种宗教，在漫长的历史过程中，道教信众广泛，有关记载道教的书籍、杂志、报道众多，因此，关于道教神灵的称谓也难言仅限于国家官方记载。据此，最高人民法院认定，“泰山大帝”的称谓系客观存在，具有宗教含义。将“泰山大帝”作为商标注册和使用，可能对宗教信仰、宗教感情或者民间信仰造成伤害，从而造成不良影响。

可以看出，在“泰山大帝”商标案中，各方争议的焦点就在于“泰山大帝”是否确有所指，而最高人民法院也正是基于“‘泰山大帝’的称谓系客观存在，具有宗教含义”的认定，得出将“泰山大帝”作为商标注册和使用具有不良影响的结论。

所以说，特定的“宗教元素”是否在宗教层面确有所指，确实是判断该“宗教元素”作为商标注册和使用是否具有不良影响的重要标准。如果确有所指，基于《商标法》第十条第一款第（八）项的规定，该“宗教元素”将会被禁止作为商标注册和使用。但是，如果该“宗教元素”是无所指的呢？也就是说，这个所谓的“宗教元素”完全是杜撰出来的，比如说“女神”，虽然也带有“神”的字样，但并不是宗教层面的“神灵”，是无所指的。这种情况下，《商标法》第十条第一款第（八）项的规定会不会阻碍其注册和使用呢？

要回答这个问题，还得结合对《商标法》第十条第一款第（八）项“不良影响”的理解。《最高人民法院关于审理商标授权确权行政案件若干问题的意见》第三条规定，人民法院在审查判断有关标志是否构成具有其他不良影响的情形时，应当考虑该标志或者其构成要素是否可能对我国政治、经济、文化、宗教、民族等社会公共利益和公共秩序产生消极、负面影响。此处使用的是“可能”，即特定标志对我国政治、经济、文化、宗教、民族等社会公共利益和公共秩序产生的消极、负面影响是一种“可能性”，而并非要求该消极、负面的影响确实已经存在。因此，问题就转化为，将无所指的“宗教元素”作为商标注册和使用是否可能对相关的宗教信仰和宗教感情等产生消极、负面的影响？

对此，可能需要具体问题具体分析。一方面，有些无所指的“宗教元素”对宗教信仰和宗教感情等根本不会有消极、负面的影响，甚至不会有任何影响，比如上文举例提到的“女神”，完全是世俗层面的通用语，与宗教层面的“神灵”没有任何关系；另一方面，不排除某些无所指的“宗教元素”可能会对宗教信仰和宗教感情等产生消极、负面的影响。例如，假定笔者杜撰出来“魔鬼宗”这么一个“宗教元素”，而且也确实是无所指的，但是，基于对其字面含义的理解（“魔鬼宗教”或者“魔鬼宗派”），可能还是会对宗教信仰和宗教感情等产生消极、负面的影响，进而也就不能作为商标注册和使用。

因此，对于将“宗教元素”作为商标注册和使用是否违反《商标法》第十条第一款第（八）项的规定这一问题，笔者认为，可以考虑如下法律适用的思路：首先，如果该“宗教元素”在宗教层面确有所指，应该认定具有不良影响；如果该“宗教元素”在宗教层面无所指，并不能就直接认定没有不良影响，还得考虑其是否可能对相关的宗教信仰和宗教感情等产生消极、负面的影响，如果有这种可能性，则认定具有不良影响，否则，应该认定没有不良影响。

商标注册障碍消除的常见情形梳理

据统计，2015 年北京知识产权法院共审结商标授权确权行政纠纷案件 3228 件，其中涉及《商标法》第三十条、第三十一条适用的案件共 1915 件，占比 59.3%。2015 年商标评审委员会败诉案件中，涉及“商标近似”判断的案件比例为 22%，涉及“商品类似”判断的案件比例为 11%，二者总共占比 33%。

在适用《商标法》第三十条、第三十一条时，注册障碍消除的情形直接影响案件的审理结果。因此，消除注册障碍无疑就成为商标申请人的一种救济路径。实务中，常见的注册障碍消除的情形包括：引证商标主体消亡、引证商标被撤销、引证商标经核准转让至诉争商标申请人、引证商标权利人与诉争商标申请人达成共存协议、诉争商标经使用已形成“稳定的市场秩序”。

一、引证商标主体消亡

在“KUERZI”商标异议复审行政纠纷案[①]中，法院认为，商标专用权作为一种民事权利，应由法律规定的民事主体来行使。被异议商标的申请注册人早在 2012 年 6 月 20 日已被注销，其民事主体资格已经丧失，且其在被注销前没有申请将被异议商标的申请权转移。在此情形之下，商标评审委员会于 2013 年 1 月 28 日裁定核准被异议商标注册，缺乏事实和法律依据，依法应予纠正。

对于该种情形，其法律适用依据为《商标法》第四条，即自然人、法人或者其他组织对其生产、制造、加工、拣选或者经销的商品，需要取得商标专用权的，应当向商标局申请商品商标注册。

① 见北京市高级人民法院（2014）高行终字第 1725 号行政判决书。

二、引证商标被撤销

在“nenewera”商标驳回复审行政纠纷案[①]中，法院认为，构成《商标法》第二十八条所规定的申请商标权利障碍的，应当是已经注册或者初步审定的有效商标。引证商标与申请商标构成核定使用在相同或类似商品上的近似商标，商标评审委员会、一、二审法院依据决定或判决作出时引证商标的权利状态，对申请商标的注册申请予以驳回的做法并无不妥。但是，引证商标在二审判决作出前，即 2014 年 12 月 31 日，被商标评审委员会以连续三年停止使用为由予以撤销，且在二审判决作出后，因各方当事人均未对撤销决定启动后续行政及司法审查程序，使引证商标基于撤销决定的生效而产生了丧失注册商标专用权的法律后果。由于申请商标是否应予核准注册的唯一的权利障碍已经消失，若仍以二审判决作出时的事实状态为基础去考量申请商标是否应予核准注册，将导致显失公平的结果。

三、引证商标经核准转让至诉争商标申请人

在“王木匠中式红木家具及图”商标驳回复审行政纠纷案[②]中，法院认为，二审诉讼期间，引证商标已被商标局核准转让给吴丰林，因此引证商标已不属于《商标法》第三十条所指的“他人在同一种商品或者类似商品上已经注册的或者初步审定的商标”，不再构成申请商标申请注册的在先权利障碍。虽然商标评审委员会和原审法院依据评审时的事实状态认定申请商标与引证商标构成使用在同一种或类似商品上的近似商标并无不妥，但在被诉决定所依据的事实已经发生变化的情况下，不予考虑该事实可能导致显失公平，因此，商标评审委员会应当在考虑已经变化的事实基础上重新作出复审决定。

四、引证商标权利人与诉争商标申请人达成共存协议

在“GARRETT”商标驳回复审行政纠纷案[③]中，法院认为，申请商标

---

① 见最高人民法院（2016）最高法行再 35 号行政裁定书。

② 见北京市高级人民法院（2016）京行终 3285 号行政判决书。

③ 见北京市高级人民法院（2015）高行（知）终字第 80 号行政判决书。

“GARRETT”完整地包含于引证商标“garrettcom”商标，二者在字母构成、呼叫方面近似，但是，2001 年《商标法》第二十八条之所以禁止在同一种或类似商品或服务上注册相同或近似商标，其目的不仅在于避免相关公众产生混淆误认，同时亦在于避免在实际使用中出现两个不同注册商标专用权之间的冲突。在此情况下，考虑到注册商标专用权所具有的私权性质，如果引证商标权利人明确认可申请商标的注册，则亦可认为申请商标的注册不再存在障碍。

五、诉争商标经使用已形成“稳定的市场秩序”

在“稻香村及图”商标异议复审行政纠纷案[①]中，法院认为，对因历史原因形成不同市场主体各自拥有相同字号，以及在同一种或者类似商品上各自拥有相同或者近似商标的情形下，当其中一方主体主张其申请注册被异议商标系对其字号及在先注册商标的延续时，人民法院除应当依据《商标法》的规定，亦应尊重历史和现状，尊重业已形成的市场秩序，全面、审慎、客观地考量各种因素，以尽量划清商业标识之间的界限为指针，公平合理地作出裁判。苏州稻香村公司和北京稻香村公司的“稻香村”字号，均已由各自的关联企业或在先公司使用多年，且在第 30 类商品上各自注册了两在先注册商标和引证商标一，这种状况已经持续多年。在此情形下，被异议商标的申请注册是否具有合理性，还应当考量两公司的发展历史、两在先注册商标和引证商标一的实际使用状况、知名度以及被异议商标与引证商标一和两在先注册商标本身的近似程度等相关因素。

在上述注册障碍消除的情形中，前四种基本上争议不大，一旦出现该四种情形，法院一般会以上述案例中的类似判理支持诉争商标申请人的主张。但是，对于第五种情形，实务中还是有些疑难问题。

根据《最高人民法院关于审理商标授权确权行政案件若干问题的意见》第一条的规定，人民法院在审理商标授权确权行政案件时，对于使用时间较长、已建立较高市场声誉和形成相关公众群体的诉争商标，应当准确把握商标法有关保护在先商业标志权益与维护市场秩序相协调的立法精神，充分尊重相关公众已在客观上将相关商业标志区别开来的市场实际，注重维护已经形成和稳定的市场秩序。对于该条款的适用，至少存在如下疑问：首先，此处“已经形成和稳

---

① 见最高人民法院（2014）知行字第 85 号行政裁定书。

定的市场秩序”应该如何认定？是否存在和引证商标的市场秩序相比较的问题？其次，该条款是否适用于全部类型的授权确权案件？或者说，在商标驳回复审案件中，是否考虑诉争商标经使用产生的市场秩序？

对于以上疑问，有待进一步的研究和总结，以便明确适用规则。

适当地中止审理或许能够遏制商标抢注

商标抢注历来遭受诟病，商标行政机关、法院也一直在强调要“遏制商标抢注，加大商标权保护力度，维护商标注册秩序”。但实务中商标抢注的现象仍然大量存在，而且这种现状似乎也并没有随着2014年《商标法》的修改而有所改观。

笔者有段时间曾集中参与审理了20余起商标驳回复审行政案件的审理，其中有17起涉及《商标法》第三十条的适用。不知道是不是凑巧，在这17起案件中，8起案件中的原告提出了中止审理申请，基本上都是主张引证商标是对其在先权利的抢注，商标局已经受理其针对引证商标提出的异议申请，要求等待商标局的异议决定作出后再作裁判。当然，原告主张的这些“权利”也是五花八门，比如说，企业名称、游戏名称、电视节目名称、角色名称，等等。

那么，在这些案件中，应该怎样处理原告的中止审理申请？或者说，要不要等待商标局作出异议决定再作裁判？实务中的问题是，商标局作出异议决定需要花费一段不短的时间。根据《商标法》第三十五条的规定，商标局作出异议决定的审理期限为12个月，有特殊情况的，还可经批准延长6个月。即使是不考虑法院案件审理期限，一起仅仅涉及商标近似判断的驳回复审案件，需要在卷柜里躺上一年，法官们可能都有点难以接受，尤其是当法官手头已经积攒几十起这样的案件时，心里可能就不太舒服（未结案太多）。

当然，这只是问题的一个方面。另一方面是，如果不等待商标局的裁定而直接作出裁判，很有可能日后会出现引证商标被商标局裁定不予核准注册或者宣告无效，进而申请商标不再有注册障碍的情形发生。这一局面的出现至少会带来三重危害：增加了当事人申请商标注册的负担；浪费了宝贵的司法资源；某种程度上鼓励了商标抢注行为。而且，事实上，每年因为引证商标被不予核准注册或者宣告无效而导致商标评审委员会的裁定、一审法院判决被撤销的案件不在少数。

等还是不等，这恐怕还真是个难题。

最高人民法院在其提审的“勒布朗－詹姆斯”商标驳回复审行政纠纷案件中，针对这个问题给出了答案。

“勒布朗 – 詹姆斯”商标驳回复审行政纠纷案[①]简介

2005年9月9日，耐克公司注册申请第4903847号“勒布朗 – 詹姆斯”商标（即申请商标），指定使用商品为第25类服装等。引证商标一为第3615762号“勒布朗·詹姆斯LEBRONJAMES”商标，引证商标二为第3747079号“国王勒布朗·詹姆斯KINGLEBRONJAMES”商标，均被商标局裁定不予核准注册，且裁定已经生效。引证商标三为第4001053号“LEBULANG·ZHANMUSI勒布朗·詹姆斯”商标，获初步审定。商标局、商标评审委员会均裁定申请商标在服装等商品上的注册申请予以驳回，此时引证商标三仍处有效状态。耐克公司于一审期间针对引证商标三向商标局提出异议申请，一、二审法院均没有等待商标局的异议裁定，判决维持了商标评审委员会作出的被诉决定。

针对中止审理的问题，一审法院认为，《商标法》及相关法律中并未明确规定，当引证商标处于异议程序阶段时，申请商标的驳回复审审理程序应当中止。二审法院认为，耐克公司援引《最高人民法院关于执行〈中华人民共和国行政诉讼法〉若干问题的解释》第五十一条第（六）项“案件的审判须以相关民事、刑事或者其他行政案件的审理结果为依据，而相关案件尚未审结的”之规定，主张本案应该中止审理。此处的“行政案件”是指行政诉讼案件，耐克公司提出商标异议申请并被受理，不属于此种情形。本案是否应该中止审理，法律和司法解释均没有明确规定，一审法院不中止审理，程序上并无不当。

本案申请再审期间，引证商标三经商标评审委员会裁定不予核准注册，并已发生法律效力。

关于是否中止审理的问题，最高人民法院认为，《最高人民法院关于执行〈中华人民共和国行政诉讼法〉若干问题的解释》第五十一条第一款第（七）项关于“其他应当中止诉讼的情形”的规定，授权人民法院可以根据案件实际情况决定中止诉讼，以保障审理结果公正合理。本案在原审法院审理期间，耐克公司针对影响涉案申请商标注册的引证商标三提出异议申请，并积极督促相关部门加快审理。原审法院暂缓或中止本案审理并不会损害他人或公共利益，而且有

① 见最高人民法院（2015）行提字第7号行政判决书。

利于避免耐克公司因重新申请注册商标而遭受利益损失，防止程序空转，彻底解决本案纠纷。原审法院未从保障实体公正角度考虑本案实际并作出恰当处理，理解和适用法律存在偏颇之处。虽然涉案被诉决定作出时引证商标三尚未进入异议程序，但商标评审委员会在耐克公司已经提出暂缓审理申请，且其他相关案件处理结果也表明引证商标三可能存在法律状态不稳定因素的情况下，未予暂缓宽限，亦有不妥。

根据最高人民法院该案判决的观点，对于原告在商标驳回复审案件中提出的中止审理申请，法院应该根据案件的具体情况进行综合判断，作出是否中止审理的决定。一方面，不能消极对待法律赋予的裁判权，一概拒绝原告提出的中止审理申请；另一方面，也并不是说所有的中止审理都应予准许，而应根据案情做出判断。这种裁量权难说有绝对的对错，只不过需要合理行使，这从最高人民法院判决中“存在偏颇之处”“亦有不妥”的用语也可见一斑。

最高人民法院上述判决主要是基于“避免当事人遭受利益损失，防止程序空转”的角度做出的论述。笔者感觉，适当地中止审理或许还能起到遏制商标抢注的作用。客观来讲，在目前的商标制度中，一旦发生商标抢注行为，依靠权利人自身的力量去维权确实存在一定的难度，这种难度主要体现在程序过于复杂和冗长。有些案件中，一眼就能看出引证商标属于抢注的情形，此时，如果在这些案件中不能等待引证商标的确权结果，无疑会增加权利人的维权难度，而且还让商标抢注人（即引证商标权利人）感觉法律是在为他“撑腰”。

但是，中止审理也要考虑法院案件审理的整体进程，不能造成大面积的案件积压。笔者认为，实务中或许可以在两个方面进行改进：一方面，原告提出中止审理申请时，最好能将其向商标局提出异议申请或者撤销注册的详细材料一并附上，以便法院能够综合判断引证商标被不予核准注册或撤销的可能性；另一方面，最好能够将此类涉及引证商标权利状态稳定性的判断环节在商标驳回复审行政程序中就处理完毕，毕竟，作为商标行政机关的商标评审委员会与商标局能够更好地衔接好前后两个程序，尽可能地缩短需要中止审理的期限。

知名度对标志显著特征判断的影响

——兼评“今日头条”案和“倩女幽魂”案

两千多年前，孔子曾经说过“不患寡而患不均”的名言，大意是说不担心贫穷，而担心财富不均。也有解释说这里的“均”不是指简单的平均，而是指“各得其所”。在此基础上，还有人说，这句话也蕴含着公平正义的思想，即在公正的分配制度下得到自己应得的份额。如果顺着这个思路延伸的话，是不是也能解读出“基本相同的案件应该得到基本相同的审理结果”的意思呢？这无疑是公平正义的精神在案件审理中的具体体现。

初看“今日头条”案[①]和“倩女幽魂”案[②]的相关报道，基于老百姓的常识，我们可能会有些疑惑，为什么“今日头条”可以注册，而“倩女幽魂”就不能注册呢？而且，似乎是“今日头条”能够获准注册是因为其经使用获得的知名度，而“倩女幽魂”不能注册恰恰也是因为其经使用获得的知名度。这能不让人犯迷糊么？带着这些问题，笔者认真学习了相关的判决，结合《商标法》及相关司法解释的规定和司法实践中的做法，谈谈自己的认识。

根据《商标法》的规定，申请注册的商标，应当有显著特征，便于识别。商品的通用名称、图形、型号、商品自身形状等三维标志等缺乏显著特征的标志，经过长期或者广泛使用，相关公众能够通过该标志识别商品来源的，可以认定该标志具有显著特征。也就是说，不具有显著特征的标志，如果经过使用获得显著特征，也可以获准注册为商标。

在“今日头条”案中，法院判决“判理”部分记载：“今日头条”作为引擎产品、“头条号”作为互联网的信息发布平台均为北京字节跳动公司所有；北京字节跳动公司提交的相关公证书、检索资料、广告服务协议与发票等证据也证明了“今

① 见北京市高级人民法院（2016）京行终 4859 号行政判决书。

② 见北京市高级人民法院（2016）京行终 2151 号行政判决书。

日头条”的可注册性。但是，在“倩女幽魂”案中，法院在查明“网易公司推出了名为‘倩女幽魂’的系列网络游戏，并经长期宣传，使该系列游戏取得了一定的知名度”的基础上，认定“‘倩女幽魂 ONLINE 及图’使用在‘在计算机网络上提供在线游戏’等服务上时，相关公众容易认为‘倩女幽魂’为在线游戏或服务的名称或内容，而不是将其作为服务提供者加以识别。”也就是说，在该案中，“倩女幽魂”经过使用获得的知名度反而对其申请注册商标起到了阻碍作用。

那么，究竟该如何认识两案中体现出的这种“差异”呢？

一、两案裁判的核心差异

虽然笔者将“今日头条”案和“倩女幽魂”案放在一起讨论，但认真阅读两判决过后我们会发现，这两起案件还是存在很大的差异，至少从两案裁判者的角度来看是这样的。在“今日头条”案中，关于显著特征的适用条款是《商标法》第十一条第一款第（二）项，其核心判理在于“‘今日头条’指定使用的广告设计、广告、通过网站提供商业信息、替他人推销等服务项目与‘今日头条’的含义关联性较远，商标评审委员会认为‘今日头条’直接表示了前述服务的内容缺乏事实依据。”而在“倩女幽魂”案中，其适用条款是《商标法》第十一条第一款第（三）项，其核心判理在于，“‘倩女幽魂’最初为电影、电视剧名称，后网易公司推出了名为‘倩女幽魂’的系列网络游戏，并经长期宣传，使该系列游戏取得了一定的知名度。在此基础上，‘倩女幽魂 ONLINE 及图’使用在‘在计算机网络上提供在线游戏’等服务上时，相关公众容易认为‘倩女幽魂’为在线游戏或服务的名称或内容，而不是将其作为服务提供者加以识别”。也就是说，“今日头条”案的关键是“今日头条”本身与其指定使用服务的关联性较远，不存在《商标法》第十一条第一款第（二）项中所指“仅直接表示”的描述性关系，而“倩女幽魂”案的核心却在于“倩女幽魂”因作为游戏名称使用而产生的知名度导致相关公众容易将其作为在线游戏或服务的名称或内容，而不是将其作为服务提供者加以识别。

因此，站在两案裁判者的角度来看，两案并非“同案”，自然也就不存在“同判”。

二、商品名称是否均不能起到识别商品提供者的作用

正如笔者所指出的，前述“核心差异”是站在两案裁判者的角度作出的论述。

但上述两案的判决是不是就不存在可探讨的地方呢？笔者并不这么认为。最关键的点在于，“倩女幽魂”案中，法院认为相关公众容易认为“倩女幽魂”为在线游戏或服务的名称或内容，而不是将其作为服务提供者加以识别。抽象一下的话，该论述可以转换为，特定标志如果易被认定为商品或者服务的名称，则该标志不能起到识别商品或者服务提供者的作用。

那么，该抽象过后的结论是否正确呢？还得回到《商标法》的规定。

关于商品名称与商标注册的关系，《商标法》第十一条第一款第（一）项规定，仅有本商品的通用名称、图形、型号的标志不得作为商标注册。也就是说，并非所有的商品名称均不能获准注册为商标，而仅仅是商品的通用名称不能作为商标注册。之所以对商品的通用名称作出这一限制，是因为商品的通用名称已经和商品合二为一了，不能起到识别商品提供者的作用。

对于通用名称以外的其他商品名称，能否获准注册为商标呢？

商标是用于识别商品或者服务来源的标志。对于商标的识别作用，在我国《商标法》中采取了类似“概括授权”+“例外排除”的方式予以规定。一方面，《商标法》第八条规定，“任何能够将自然人、法人或者其他组织的商品与他人的商品区别开的标志”均可作为商标申请注册；另一方面，《商标法》第十一条第一款规定，“仅有本商品的通用名称、图形、型号”“仅直接表示商品的质量、主要原料、功能、用途、重量、数量及其他特点”以及“其他缺乏显著特征”的标志不得作为商标注册。也就是说，对于普通商标（系在相对“立体商标”的意义上使用该概念）而言，特定标志只要不存在《商标法》第十一条第一款涵盖的缺乏显著特征的情形，即可推定其具备显著特征。该“其他缺乏显著特征”的标志，指的就是《商标法》第十一条第一款第（一）、（二）项以外的依照社会通常观念其本身或者作为商标使用在指定使用商品上不具备表示商品来源作用的标志。例如，过于简单的线条，普通几何图形，过于复杂的文字、图形、数字、字母或上述要素的组合，一个或者两个普通表现形式的字母，等等。不管其具体表现形态怎样，对于“其他缺乏显著特征”的标志而言，其本质仍然在于不能起到识别商品或者服务来源的作用。特定标志如果能够起到识别商品或者服务来源的作用，则应该认定该标志具备申请商标注册的显著特征。

因此，笔者认为，即使特定标志易使相关公众认定为商品或者服务的名称，只要其并非商品或服务的通用名称，则不能绝对地认定其不能起到识别商品或者服务提供者的作用。在满足可识别性的条件下，该标志仍然可以获准注册为商标。

三、在先生效判决对在后判决的效力

在“倩女幽魂”案中，笔者觉得还有一个最为关键的因素，就是本案是基于在先生效判决而做出的。在本案判决中，法院认为北京市第一中级人民法院2012年9月20日就网易公司针对“倩女幽魂online”商标诉商标评审委员会的商标驳回复审行政纠纷一案而作出的（2012）一中知行初字第1511号判决中认定“倩女幽魂online”与所指定使用的服务联系过于紧密，其在所指定的服务上不具有显著性。北京市高级人民法院作出的（2012）高行终字第1702号判决维持了前案一审的判决结果，亦认定：“倩女幽魂online”商标是网易公司推出的一款网络游戏名称，其使用在“教育信息、组织教育或娱乐竞赛”等服务上，易使相关公众作为网络游戏名称识别，而不会使消费者对应到某个服务者，因此一审法院和商标评审委员会认定该商标与所指定使用的服务联系过于紧密，在所指定的服务上不具有显著性的认定是恰当的。本案与前案均为商标驳回复审行政纠纷，本案中的“倩女幽魂ONLINE及图”与前案中的“倩女幽魂online”基本相同，指定使用的服务类别也都是第41类的“教育信息、组织教育或娱乐竞赛、在计算机网络上提供在线游戏”等服务，故法院对此种商标申请注册的审查认定，应当与上级法院的在先生效判决保持一致，即“倩女幽魂ONLINE及图”指定使用在第41类的“在计算机网络上提供在线游戏”等服务上缺乏显著性，构成《商标法》第十一条第一款第（三）项所述的不得作为商标注册的情形。

笔者认为，“倩女幽魂”案中即使是没有判决中的前述相关论述，单凭此处引述的在先生效判决的相关认定，就足以导致后案的审理法院作出与前案一致的判决。

四、两案中是否隐含在先权利的裁判理念

除上述相关分析外，两案判决还有一些引起笔者兴趣的地方。例如，在“今日头条”案中，法院“判理”部分记载“‘今日头条’作为引擎产品、‘头条号’作为互联网的信息发布平台均为北京字节跳动公司所有”的内容；在“倩女幽魂”案中，法院“判理”部分记载“‘倩女幽魂’最初为电影、电视剧名称，后网易公司推出了名为‘倩女幽魂’的系列网络游戏，并经长期宣传，使该系列游戏取得了一定的知名度”的内容。这两段话是什么意思？如果只看法律适用的话，

不论是“今日头条”案中的《商标法》第十一条第一款第（二）项还是“倩女幽魂”案中的《商标法》第十一条第一款第（三）项，均与相关引擎或者游戏产品由谁开发、所有没有关系，而只需要判断该特定标志是否具有可识别性即可。即使是如在先的“倩女幽魂 online”案判决所说，“‘倩女幽魂’来源于古典小说，通过长期宣传、使用，其含义已经为消费者所熟知，故‘倩女幽魂 online’本身的显著性较弱”，但毕竟作为一项抽象的规则来讲，相关标志的显著特征与其最初由谁开发、所有并不存在必然的关联。

因此，笔者感觉，在“今日头条”案和“倩女幽魂”案中，其法律适用虽然是《商标法》关于显著性的规定，但裁判者似乎也隐含着一定的在先权利的裁判理念。当然，这种“隐含”是通过具体的法律条款的适用来得以呈现的。

警惕商标审查中的“家长”情结

对于商标授权确权行政案件的审理，有过一种说法，大意是说对于那些结论可左可右的裁决，法院为什么要去撤销，为什么不能维护国家机关的权威。这一说法也许有其道理，不过笔者难以苟同。当然，这不重要。但是，“结论可左可右的裁决”这一提法却值得思考。

什么是“结论可左可右的裁决”？为什么会存在“结论可左可右的裁决”？

举例来讲，将“Little girl”作为商标申请注册在“化妆品”商品上，是否具备显著特征？对照《商标法》第十一条第一款的规定（假定不涉及经使用获得显著性的情形），需要考虑：1.“Little girl”是否为“化妆品”的通用名称、图形、型号；2.“Little girl”是否仅表示“化妆品”的质量、主要原料、功能、用途、重量、数量及其他特点；3.“Little girl”是否存在其他缺乏显著特征的情形。对于上述三个问题，很显然，“Little girl”并非“化妆品”的通用名称、图形、型号，而且“Little girl”也难以看出是对“化妆品”的质量、主要原料、功能、用途、重量、数量及其他特点的描述。因为“Little girl”直译为中文就是“小女孩”，而“小女孩”与“化妆品”的质量、功能、用途等特点之间很难说存在“仅表示”的关系。那么，“Little girl”申请注册在“化妆品”商品上是否存在其他缺乏显著特征的情形呢？结论会不会“可左可右”呢？要回答这个问题，首先得弄明白何为“其他缺乏显著特征的情形”。

商标是用于识别商品或者服务来源的标志。对于商标的识别作用，在我国《商标法》中采取了类似“概括授权”+“例外排除”的方式予以规定。一方面，《商标法》第八条规定，“任何能够将自然人、法人或者其他组织的商品与他人的商品区别开的标志”均可作为商标申请注册；另一方面，《商标法》第十一条第一款规定，“仅有本商品的通用名称、图形、型号”“仅直接表示商品的质量、主要原料、功能、用途、重量、数量及其他特点”以及“其他缺乏显著特征”的标志不得作为商标注册。也就是说，对于普通商标（系在相对“立体商标”的意义上使用该概念）而言，特定标志只要不存在《商标法》第十一条第一款涵盖的缺乏显著特征的情形，即可推定其具备显著特征。该“其他缺乏显著特征”

的标志，指的就是《商标法》第十一条第一款第（一）、（二）项以外的依照社会通常观念其本身或者作为商标使用在指定使用商品上不具备表示商品来源作用的标志。例如，过于简单的线条，普通几何图形，过于复杂的文字、图形、数字、字母或上述要素的组合，一个或者两个普通表现形式的字母，等等。不管其具体表现形态怎样，对于“其他缺乏显著特征”的标志而言，其本质仍然在于不能起到识别商品或者服务来源的作用。特定标志如果能够起到识别商品或者服务来源的作用，则应该认定该标志具备申请商标注册的显著特征。

对照上述解读，笔者认为将“Little girl”申请注册在“化妆品”商品上是具备显著特征的。但是，商标审查实务中很可能会是另一种结论，即认为将“Little girl”申请注册在“化妆品”商品上构成“其他缺乏显著特征”的情形。有的情况下甚至可能会被认为属于“仅直接表示商品的质量、主要原料、功能、用途、重量、数量及其他特点”的标志。

为什么会这样？

这恐怕与笔者观察到的一种现象有关，即商标审查中的“家长”情结。此处所谓“家长”情结，就是审查员将自己定位为“家长”的角色，进而产生“管的太多”的负面效果。

还是以商标显著性的判断为例，审查员潜意识里可能会有一种顾虑，觉得审查不严的话，会让消费者对商品的来源产生误认，进而影响消费者的权益和市场交易秩序。比如，前段时间就有一个新闻，说有位谢先生因为吃了几天旺旺食品，运气并未变旺，向有关部门举报“吃旺旺运气会变旺哦”这一广告语涉嫌虚假宣传。那么，试想一下，如果有某位中年女性消费者觉得使用“Little girl”品牌的化妆品能够让自己变成“小女孩”，而事实上却又没有达到这种效果，会不会控诉审查员的商标审查工作出了问题，产生误导消费的后果？当然，不排除会有这种极端的情形发生。如果真的发生，恐怕也应该是相关的消费者得修复智商，而不能怪罪于审查员的商标审查工作。至于审查员，只要依照《商标法》的规定做商标审查即可。

为什么在商标审查中会出现“家长”情结？甚至有些并不属于《商标法》禁止作为注册的标识，也被认定为存在缺乏显著性、带有欺骗性、具有不良影响等事由而不能获得注册。追根溯源，这可能与《商标法》的立法宗旨密切相关。《商标法》第一条开明宗义，为了加强商标管理，保护商标专用权，促使生产、经营者保证商品和服务质量，维护商标信誉，以保障消费者和生产、经营者的利益，促进社会主义市场经济的发展，特制定本法。可以看出，其中的“加强商标管理”“以保障消费者和生产、经营者的利益”等明显超越了商标权作为私权的内涵，而赋予了商标行政机关相应的行政管理职责。

回到具体的商标审查实践，“家长”情结究竟有没有存在的必要？笔者认为，可能需要明确三个方面的认识：其一，商标权本质上仍是私权，所谓“商标授权”并非由商标行政机关给相关申请注册授予商标权；其二，商标审查必须遵循《商标法》的相关规定，包括所谓的“绝对条款”“相对条款”以及相关的程序性条款；其三，在私权领域，法无禁止即自由，尤其是对于“缺乏显著性”“带有欺骗性”“具有不良影响”等条款的适用，不能无限拔高。

因此，笔者认为，商标审查实践还是少一点“家长”情结为好，该由市场调整的事项尽可能地交还给市场。另外，不要轻易低估消费者的智商，如果真是消费者智商不够，那“解铃还须系铃人”，只能是让消费者去修复智商，而非审查员去提高审查标准。

第四章

著作权

在法律框架内创新商业模式

得益于融资渠道畅通，互联网公司近年来一路高歌猛进，高举技术创新的大旗，商业模式日新月异。随之而来的是，涉互联网公司的知识产权纠纷急速涌入法院，涉案事由基本上都是侵犯著作权。在此，结合两个真实案例，谈谈在互联网公司创新商业模式的过程中，著作权法律规则的适用问题。

一、无授权播放影片侵犯信息网络传播权

在“MiTV互联网电视”案[①]中。优朋普乐公司享有电影作品《薰衣草》独占性信息网络传播权。TCL公司系“MiTV互联网电视机”的制造商。TCL公司与迅雷公司签订《技术许可协议》，约定迅雷公司负责提供影音资讯库给TCL公司，迅雷公司有责任及时更新其提供的影音资讯库的资料。优朋普乐公司公证购买了“TCL40E9SFE互联网全高清液晶电视”（简称涉案互联网电视机）。与互联网连接后，通过涉案互联网电视机可以搜索到《薰衣草》，并在搜索结果页面显示“片长：111分钟；导演：叶锦鸿；演员表：金城武、陈慧琳、陈奕迅……”等信息。按照搜索结果页面的指示进一步操作，可以下载并观看《薰衣草》。

法院认为，迅雷公司通过TCL公司生产的涉案互联网电视机向用户提供了《薰衣草》的搜索服务，搜索结果页中出现《薰衣草》的具体影片信息，这些信息明显不属于自动生成，属于人工编辑、整理而成。TCL公司和迅雷公司作为编辑、整理者，应当知晓《薰衣草》在互联网上的传播应当得到著作权人的授权，其在不予审查的情况下编辑、整理《薰衣草》的影片信息帮助被链者实施侵犯优朋普乐公司信息网络传播权的行为，应当承担共同侵权责任。

在“新浪云视频”案[②]中。优朋普乐公司享有电影作品《神枪手》（简称涉案影片）在中国大陆地区的专有独占性信息网络传播权。优朋普乐公司曾授权

---

① 见北京市高级人民法院（2010）高民终字第2581号民事判决书。

② 见北京市第一中级人民法院（2014）一中民终字第3286号民事判决书。

新浪公司播出涉案影片，但明确新浪公司无转授权，不得超出范围使用，不得以任何方式（包括但不限于合作 / 链接等方式）授权第三方使用。

若博佰思公司受新浪公司授权，进行“新浪云视频”项目推广与服务。若博佰思公司与半岛公司签署协议，约定海力网（系半岛公司主办的网站）为“新浪云视频”提供出口链接，链接方式为 e 嵌入技术方式。进入海力网首页，点击“云 TV”进入相应页面，点击“电影”进入相应页面，可以找到涉案影片的介绍等信息，点击《神枪手》，最终进入的页面可以对涉案影片进行播放，播放器下方有导演、主演、剧情介绍、微博热议等信息。

法院认为，新浪公司向若博佰思公司提供了涉案影片的播放代码，以“新浪云视频”平台资源与第三方合作，超出了优朋普乐公司的授权范围。半岛公司理应审查新浪公司对涉案影片的授权证据，但其并未尽到合理的审查义务。未经优朋普乐公司的许可，半岛公司与新浪公司以“新浪云视频”平台资源合作方式在海力网提供涉案影片的在线播放服务，侵犯了其对涉案影片享有的信息网络传播权。

根据我国《著作权法》的相关规定，除另有规定外，未经著作权人许可，复制、发行、表演、放映、广播、汇编、通过信息网络向公众传播其作品的，均属侵犯著作权的行为，应当根据情况，承担停止侵害、消除影响、赔礼道歉、赔偿损失等民事责任。然而，法律条款的规定看似简单，司法实践中却面临着层出不穷的新问题，尤其是互联网科技进步带来的挑战——事实认定和法律适用。

二、技术中立不应成为免除侵权责任的“挡箭牌”

一般认为，《著作权法》的适用并不考虑其技术载体。也就是说，《著作权法》适用于所有技术载体上的表达（即著作权法意义上的“作品”）。换个角度来讲，技术本身是中立的，它无所谓侵权与否，即在判断被告侵权行为是否成立时，需秉持技术中立原则。不过，需要注意的是，并不能简单地将“技术中立”与“不侵权”划等号。司法实践中，每当出现一些新类型的案件，被告都会抗辩其作为一项新兴的商业模式，仅仅是为作品（信息）的传播提供技术支持，并不侵权。

在“MiTV 互联网电视”案中，TCL 公司就主张，其作为涉案互联网电视机的制造商，并没有制作、控制搜索结果页，也没有提供具体内容，搜索结果页和具体内容都由迅雷公司提供，因此不应承担共同侵权责任。对此，法院指出，TCL 公司与本案有关的行为集中在两个方面，一是制造涉案互联网电视机，二是如《技术许可协议》中所显示的参与涉案互联网电视机播放内容的编辑、管理。如果涉案互联网电视机中并不预存电影作品的内容，而且涉案互联网电视机并不专门用于侵权，TCL公司并不因制造涉案互联网电视机而侵犯著作权。但是，如果TCL公司参与涉案互联网电视机播放内容的编辑和管理，则侵犯著作权。也就是说，法院还是针对TCL公司在案件中的具体行为展开论述，至于涉案互联网电视机的具体商业模式，并不是判断TCL公司侵权与否的标准。

那么，在互联网环境下，侵犯著作权行为如何判定？根据最高人民法院相关司法解释的规定，网络用户、网络服务提供者未经许可，通过信息网络提供权利人享有信息网络传播权的作品、表演、录音录像制品，除法律、行政法规另有规定外，即应当认定其构成侵害信息网络传播权行为。此处“提供”行为指的是，通过上传到网络服务器、设置共享文件或者利用文件分享软件等方式，将作品、表演、录音录像制品置于信息网络中，使公众能够在个人选定的时间和地点以下载、浏览或者其他方式获得。当然，这是直接侵权行为。如果被告教唆或者帮助网络用户实施侵害信息网络传播权行为的，则构成共同侵权。

因此，需客观看待技术中立原则，既不能把技术所带来的侵权后果无条件地归责于技术提供者，窒息技术创新和发展；也不能将技术中立绝对化，简单地把技术中立作为不适当免除侵权责任的“挡箭牌”。

三、“云视频”合作模式下的侵权判定

在涉网络著作权案件中，还存在“分工合作”性质的商业模式。对此，最高人民法院相关司法解释明确指出，有证据证明网络服务提供者与他人以分工合作等方式共同提供作品、表演、录音录像制品，构成共同侵权行为的，人民法院应当判令其承担连带责任。网络服务提供者能够证明其仅提供自动接入、自动传输、信息存储空间、搜索、链接、文件分享技术等网络服务，主张其不构成共同侵权行为的，人民法院应予支持。司法实践中，难点在于“仅提供自动接入、自动传输、信息存储空间、搜索、链接、文件分享技术等网络服务”的判定。

对于网络环境中的“链接”行为，一般认为可分为“浅层链接”和“深度链接”。“浅层链接”是指，对第三方网站首页或其他网页的链接，用户点击链接之后，即会脱离设链网站，进入被链接的网页，此时用户浏览器中显示的网络地址为被链接的网页地址。“深度链接”是指，对第三方网站中存储的文件的链接，用户点击链接后，即可以在不脱离设链网站的情况下，从第三方网站下载

或在线打开文件，此时用户浏览器显示的网络地址仍然为设链网站的地址。从法律上来讲，“浅层链接”属于网络技术服务，而“深度链接”的性质则存在争议。

“云视频”是基于云计算商业模式应用的视频网络平台服务。在“新浪云视频”案中，即涉及“云视频”商业模式的理解和“深度链接”是否侵权的判定。对此，法院还是针对涉案行为作出认定。法院认为：一方面，新浪公司通过“新浪云视频”平台资源与第三方合作使用涉案影片的行为，超出了优朋普乐公司的授权范围；另一方面，半岛公司在与新浪公司合作的过程中因未审查涉案影片的授权证据，未尽到合理的审查义务。两被告以“新浪云视频”平台资源合作方式在海力网提供涉案影片的在线播放服务，侵犯了权利人对涉案影片享有的信息网络传播权。也就是说，不论商业模式多么的“炫”，是否构成侵权的判定，仍在于被控侵权行为的性质本身。

通过“MiTV 互联网电视”案和“新浪云视频”案，笔者想说的是，伴随着互联网技术的发展，互联网公司的商业模式不断创新，当有纠纷诉诸法院时，一定程度上会给法官带来事实认定和法律适用上的难题。但是，“万变不离其宗”，《著作权法》的基本原理一直存在，遵守《著作权法》、保护著作权人合法权益的做法也必将永远延续。

新媒体时代新闻媒体的著作权保护之道

在知识产权法律体系中，与新闻媒体及其从业人员最直接相关的莫过于《著作权法》。那么，司法实践中，法院受理的著作权案件是个怎样的状况呢？以北京市第一中级人民法院为例，该院2014年度共受理著作权纠纷案件574件，其中网络著作权案件511件，占比89%。可以看出，司法实务中著作权案件的主体就是网络著作权案件。而这也是"新媒体时代"[①]著作权案件的一大特点。为此，本文以"今日头条"事件为例，结合司法审判实践，谈谈新媒体时代新闻媒体的著作权保护问题。

一、"今日头条"事件回顾

根据北京字节跳动科技有限公司网站的介绍，"今日头条"是一款基于数据挖掘的推荐引擎产品，是国内移动互联网领域成长最快的产品服务之一。

2014年6月3日，"今日头条"宣布已经完成最新一轮总计1亿美元的融资。

2014年6月4日，享有《广州日报》信息网络传播权的广州市交互式信息网络有限公司将北京字节跳动科技有限公司诉至北京市海淀区人民法院，称移动客户端"今日头条"未经授权擅自发布《广州日报》的作品，严重侵犯其知识产权，应承担赔偿责任。请求法院判令北京字节跳动科技有限公司承担停止侵权、赔礼道歉和损害赔偿等责任。

2014年6月18日，"今日头条"表示已与《广州日报》达成和解，对方已向法院申请撤诉。

2014年6月23日，国家版权局版权管理司司长在接受媒体采访时指出，早在"剑网2014"专项行动之前，国家版权局就收到了有关传统媒体的投诉，称

---

① 新媒体是相对于传统媒体而言的，是报刊、广播、电视等传统媒体以后发展起来的新的媒体形态，是利用数字技术、网络技术、移动技术，通过互联网、无线通信网、卫星等渠道以及电脑、手机、数字电视机等终端，向用户提供信息和娱乐服务的传播形态和媒体形态。

“今日头条”网未经许可转载了他们的新闻作品。国家版权局对此高度重视，已经受理相关投诉，正在对“今日头条”网进行调查，将根据调查情况依法作出处理。[①]

2014 年 6 月 24 日，北京市海淀区人民法院裁定准许原告广州市交互式信息网络有限公司撤回对被告北京字节跳动科技有限公司的起诉。根据该裁定书的记载，原告以达成庭外和解为由向法院提出撤诉申请，申请撤回对被告的起诉。[②]

2014 年 9 月 15 日，国家版权局副局长阎晓宏通过版权局官方微博做客微访谈，接受网友的提问。阎晓宏说，6 月 16 日，国家版权局根据权利人的投诉和反映，依法对“今日头条”涉嫌侵权案立案调查。从调查的情况看，“今日头条”网站及移动客户端通过信息网络向公众提供他人新闻作品及相关图片内容的集成、聚合、搜索、浏览和评论服务。经调查确认，权利人投诉的部分新闻作品及相关图片均由该网站存储和传播，而非链接调转方式，构成侵犯著作权人信息网络传播权。[③]

二、“版权”与“著作权”概念的使用

在传媒出版行业，“版权”的使用概率比“著作权”似乎高出不少。有的是习惯使然，“沿袭旧制”，也有的是觉得“版权”比著作权更加上位、高端。甚至还有人会觉得，版权保护的就是出版者的权利，我们是出版单位，当然享有的是版权。这就有点“望文生义”。其实，在我国，“版权”和“著作权”的概念问题是一个在《著作权法》立法的时候就已经得到解决的问题。[④] 1990 年制定的《著作权法》第五十一条明确规定，本法所称的著作权与版权系同义语。我国《著作权法》虽经多次修改，但该条款一直都在。因此，在谈到著作权保护时，其实说的就是版权保护，谈到版权保护时，适用的法律就是《著作权法》。

---

① 《今日头条被调查　被指违规转载新闻》，载 http://www.cnr.cn/360/jinritoutiao/201406/t20140623_515708158.shtml，最后访问日期：2015 年 2 月 24 日。

② 见北京市海淀区人民法院（2014）海民初字第 14893 号民事裁定书。

③ 刘晓珊：《国家版权局拍板：“今日头条”构成侵权》，载《南方周末》，2014 年 9 月 16 日。

④ 关于“版权”和“著作权”概念争议的由来，可参见郑成思：《“著作权”与“版权”在中外都是同义语》，载沈仁干主编：《郑成思版权文集》（第三卷），中国人民大学出版社 2008 年版，第 278 页。

那么，什么是著作权？著作权保护的又是什么呢？著作权是指文学、艺术和科学作品的创作者对其所创作的作品享有的权利。[①]著作权的保护对象是作品。《著作权法实施条例》第二条规定，著作权法所称作品，是指文学、艺术和科学领域内具有独创性并能以某种有形形式复制的智力成果。根据我国《著作权法》和《著作权法实施条例》的相关规定，作品包括文字作品、口述作品、美术作品、摄影作品等十多种具体的类型。对于传统新闻媒体而言，其主要的作品类型就是文字作品，其诉讼活动也主要是针对文字作品。对于新媒体而言，在文字作品之外，视听作品等作品类型的比重也在不断增加。

三、司法实务中新闻媒体请求保护著作权的相关问题

和其他类型的知识产权案件一样，审理侵犯著作权纠纷案件也大致包括四个环节，即权利主体、侵权行为、抗辩事由和侵权责任。"权利主体"是指审查原告对其主张权利的作品是否享有著作权，即著作权权属的确定。"侵权行为"是指审查涉案被控侵权行为是否成立，判断规则是"接触 + 实质性相似"。"抗辩事由"是指对于被告提出的"合理使用"等抗辩事由，审查其能否成立。"侵权责任"是指在被控侵权行为成立且不存在有效抗辩事由的前提下，法院确定被告应承担的民事责任，包括停止侵权、赔礼道歉、赔偿损失等。虽然司法实务中著作权案件的数量激增，但新闻媒体作为权利人提起诉讼的案件数量并不多。以前述北京市第一中级人民法院 2014 年度共受理著作权纠纷案件 574 件为例，新闻媒体作为原告的案件不到 10 件。但是，这与新闻媒体行业"侵权多发"的实际情况不相符合。之所以出现这种结果，一方面与新媒体技术让复制行为更加便捷、侵权随时随地发生有关，另一方面，也有维权成本高、赔偿数额低的因素存在。为此，本小节结合司法实务中的真实案例，谈谈新闻媒体诉讼维权会涉及的几个问题。

1. 新闻媒体需对其主张权利的作品享有著作权

我国《著作权法》第十一条规定，著作权属于作者，本法另有规定的除外。如无相反证明，在作品上署名的公民、法人或者其他组织为作者。除该条款规

---

① 李明德、许超著:《著作权法》，法律出版社 2009 年版，第 1 页。

定外，《著作权法》第十六条[①]、第十七条[②]还分别规定了职务作品和委托创作作品的著作权归属问题。由于新闻媒体作品来源的多样性，司法实务中被告往往会对新闻媒体对其主张权利的作品享有著作权提出质疑。需要强调的是，不论是传统媒体时代还是新媒体时代，这都是一个前提性问题。

在上诉人（原审被告）北京迈思奇科技有限公司（简称迈思奇公司）与被上诉人（原审原告）派博在线（北京）科技有限责任公司（简称派博在线公司）侵犯著作权纠纷案[③]中，被上诉人派博在线公司称其经新京报社的合法授权，全权代理其处理著作权事务，并有权以自己的名义提起侵犯著作权纠纷诉讼。上诉人在其上诉理由中提出，派博在线公司在主张著作权时，没有明确针对其著作权对应的客体——作品是哪一篇文章进行举证和确认，而仅仅笼统地以新京报内容作为侵权的依据，没有指明其主张的被侵害的著作权对应的作品，亦没有对其主张的被侵权之作品著作权进行举证。对此，二审法院认为，报纸所刊载的内容以权利归属划分通常包括如下情况：（1）该报职工为完成工作任务创作的作品，（2）非该报职工创作完成向该报投稿而被刊登的作品，（3）该报转载其他媒体刊登的作品，（4）依《著作权法》第五条规定，不适用于该法的国家机关的决议、决定以及时事新闻等。派博在线公司证明新京报社享有其所主张著作权的证据中：《新京报》上刊载声明的性质是禁止转载声明，仅标示了系新京报社"出版"，并非版权声明。新京报社网站上署有的"版权声明"，在性质上属于著作权权利声明，但该声明所体现的权利人是"新京报社及/或相关权利人"，并不能证明2010年1月1日至2011年12月31日期间的《新京报》刊载的全部文字作品、摄影作品和美术作品的著作权均属新京报社所有。新京报社制定的《新京报社劳动合同书》，只能证明该报职工为完成工作任务创作作品著

---

① 《著作权法》第十六条：公民为完成法人或者其他组织工作任务所创作的作品是职务作品，除本条第二款的规定以外，著作权由作者享有，但法人或者其他组织有权在其业务范围内优先使用。作品完成两年内，未经单位同意，作者不得许可第三人以与单位使用的相同方式使用该作品。有下列情形之一的职务作品，作者享有署名权，著作权的其他权利由法人或者其他组织享有，法人或者其他组织可以给予作者奖励：（一）主要是利用法人或者其他组织的物质技术条件创作，并由法人或者其他组织承担责任的工程设计图、产品设计图、地图、计算机软件等职务作品；（二）法律、行政法规规定或者合同约定著作权由法人或者其他组织享有的职务作品。

② 《著作权法》第十七条：受委托创作的作品，著作权的归属由委托人和受托人通过合同约定。合同未作明确约定或者没有订立合同的，著作权属于受托人。

③ 见北京市第一中级人民法院（2011）一中民终字第15861号民事判决书。

作权的归属，不能证明非该报职工创作完成向该报投稿而被刊登的作品和该报转载其他媒体刊登作品的著作权归属。据此，法院认为在案证据并不足以证明2010年1月1日至2011年12月31日《新京报》刊载之全部作品的著作权均归新京报社所有，进而也就无法证明派博在线公司能够从新京报社获得2010年1月1日至2011年12月31日《新京报》刊载之全部作品的复制权、信息网络传播权和获取报酬权。最终，法院改判驳回派博在线公司的起诉。

可见，权属问题非常关键，一旦权属证据链出现断裂，新闻媒体的维权活动将是“无源之水”。

2. 网络侵权行为并不能肆意地躲进“避风港”

新媒体时代一个最大的特点是“海量信息”的存在。网络服务提供者通过网络为信息传输提供上传、存储、链接、搜索等服务，对用户利用网络浏览、下载和上传信息起着重要作用。新媒体时代，在强调保护著作权人合法权利的同时，还要顾及新媒体技术和新媒体产业的发展，注意平衡好各方的利益。这也就是最高人民法院《关于审理侵害信息网络传播权民事纠纷案件适用法律若干问题的规定》第一条提到的，人民法院审理侵害信息网络传播权民事纠纷案件，在依法行使裁量权时，应当兼顾权利人、网络服务提供者和社会公众的利益。

正是基于对网络服务提供者能够承担的侵权责任的正确认识，避免网络服务提供者面临“动辄得咎”的尴尬局面，各国在确定网络服务提供者的侵权责任时，均为网络服务提供者设定了免除赔偿责任的“避风港”。我国《信息网络传播权保护条例》借用美国《数字千年版权法》，在第二十条至第二十三条为四类网络服务提供者规定了免予赔偿责任的情形。①

正是基于该条款的存在，在网络著作权案件中被告往往会提出其仅提供信息上传、存储、链接、搜索等服务的抗辩事由。在上文提到的原告广州市交互式信息网络有限公司诉被告北京字节跳动科技有限公司侵犯著作权纠纷案件中，“今日头条”即通过其新浪官方微博发出声明，指出：“今日头条”是一家为移动互联网而生的技术驱动型公司，是依靠数据挖掘与机器学习来为用户自动推荐

---

① 例如：《信息网络传播权保护条例》第二十二条针对提供信息存储空间的网络服务提供者进入“避风港”设定了五项条件：（一）明确标示该信息存储空间是为服务对象所提供，并公开网络服务提供者的名称、联系人、网络地址；（二）未改变服务对象所提供的作品、表演、录音录像制品；（三）不知道也没有合理的理由应当知道服务对象提供的作品、表演、录音录像制品侵权；（四）未从服务对象提供作品、表演、录音录像制品中直接获得经济利益；（五）在接到权利人的通知书后，根据本条例规定删除权利人认为侵权的作品、表演、录音录像制品。

信息的工具，是在移动互联网时代连接人与信息的新服务；“今日头条”是移动端目前最开放的阅读应用，和PC端的导航网站、搜索引擎类似，我们不修改合作网站页面内容，不展现自己的广告。①

但是，需要指出的是，正如《信息网络传播权保护条例》第二十条至第二十三条规定的，适用“避风港”规则需满足一定的前提条件。如，针对提供信息存储空间的网络服务商，《信息网络传播权保护条例》第二十二条设定了五项条件，包括“明确标示该信息存储空间是为服务对象所提供，并公开网络服务提供者的名称、联系人、网络地址”“未改变服务对象所提供的作品、表演、录音录像制品”“不知道也没有合理的理由应当知道服务对象提供的作品、表演、录音录像制品侵权”等。否则的话，不能纳入“避风港”的适用范围。例如，在原告全景视拓图片有限公司诉被告上海韩伟信息科技有限公司侵犯作品信息网络传播权纠纷案②中，上海市浦东区人民法院认为，“避风港”规则是为在保护知识产权与促进网络发展、维护公共利益之间维持一种平衡。而通知—删除程序及制止重复侵权的措施是为存储空间服务提供“避风港”保护时，考虑到保护知识产权的需要，而设置的一种经济、合理且有效的平衡机制。服务商不能仅通过单方面告知用户不能上传侵权作品就躲进“避风港”，将所有预防、制止侵权的责任推给权利人。通知—删除程序及制止重复侵权的措施是服务商适用“避风港”的“门槛”，服务商只有履行了该义务，才具备适用“避风港”的资格，才能进一步讨论是否满足“避风港”规定的条件。本案被告未履行该义务，不能免除侵权赔偿责任。

随着互联网科技的发展，借助新媒体技术创新商业模式的情形不断出现。在这一背景下，为更好地兼顾权利人、网络服务提供者和社会公众的利益，法院对于“避风港”规则的适用也在不断完善。例如，在原告北京中青文文化传媒有限公司诉被告北京百度网讯科技有限公司侵犯作品信息网络传播权纠纷案③中，法院首次敦促信息存储空间服务提供者就文档的阅读量/下载量设定“最低阀值触发审查机制”。法院指出，信息网络服务提供者在“通知—删除”的避风港原则之外，对阅读量、下载量达到一定程度的上传作品还应当履行一定的人

---

① 《今日头条否认侵犯媒体内容版权》，载http://tech.sina.com.cn/i/2014-06-05/15399419473.shtml，最后访问日期：2015年2月24日。

② 见上海市浦东新区人民法院（2014）浦民三（知）初字第385号民事判决书。

③ 见北京市第一中级人民法院（2013）一中民初字第11912号民事判决书。

工审查义务，否则，信息网络服务提供者将可能因为存在应知的过错而与网络用户构成共同侵权。

对于搜索链接网络服务行为适用“避风港”的要件，《信息网络传播权保护条例》第二十三条规定，网络服务提供者为服务对象提供搜索或链接服务，在接到权利人的通知书后，根据本条例规定断开与侵权的作品、表演、录音录像制品的链接的，不承担赔偿责任；但是，明知或者应知所链接的作品、表演、录音录像制品侵权的，应当承担共同侵权责任。回头再看“今日头条”案件，针对“搜索链接”抗辩的问题，著作权法专家王迁教授认为，在围绕“今日头条”的争议中，并无任何人主张自己的作品被未经许可上传到了传统媒体的网站上，从而在该网站中发生了直接侵犯其信息网络传播权的行为。相反，传统媒体认为，自己享有权利的新闻作品被“今日头条”未经许可使用。换言之，根本就不存在“今日头条”通过链接为“侵权作品”的传播提供便利的问题。因此，《信息网络传播权保护条例》第二十三条自然不可能有适用的余地。[①]

3. 客观理性看待“赔偿数额低、维权成本高”

和其他知识产权纠纷案件一样，对于权利人而言，司法实务中著作权案件也同样存在“侵权成本低”“赔偿数额低”“维权成本高”等问题。不可否认，司法实务中确实存在这方面的问题，而且这一问题的存在也容易挫伤权利人维权的积极性、不利于著作权的保护。但是，导致这一现象产生的原因是多方面的，需要客观看待，理性分析。

关于赔偿数额的确定，《著作权法》第四十九条规定，侵犯著作权或者与著作权有关的权利的，侵权人应当按照权利人的实际损失给予赔偿；实际损失难以计算的，可以按照侵权人的违法所得给予赔偿。赔偿数额还应当包括权利人为制止侵权行为所支付的合理开支。权利人的实际损失或者侵权人的违法所得不能确定的，由人民法院根据侵权行为的情节，判决给予五十万元以下的赔偿。可见，对于赔偿数额的确定，我国《著作权法》是有具体的规定，并非源于法官的自由裁量。那么，问题可能就转化为，该条款在司法实务中的适用情况是否能够满足著作权保护的需求、并激励权利人维权活动的持续进行。

和其他知识产权一样，著作权具有无形性等特点，导致对其估价存在很大的困难，甚至在实践中很难确定一项作品的价值。正是由于这个缘故，当著作权遭受侵害的时候，权利人往往很难确定该被控侵权行为给其带来的实际损失，

---

① 王迁：《“今日头条”著作权侵权问题研究》，载《中国版权》2014年第4期。

证明被告因侵犯著作权行为产生的违法所得也非易事。因此，在绝大部分侵犯著作权案件中，法院只能通过法定赔偿的方式确定赔偿数额。而且，由于不能形成明确的定价，适用法定赔偿确定的数额相对偏低。当然，司法实务中，除著作权本身的无形性等特点导致损害赔偿数额难以确定外，还存在权利人举证难（即提交损害赔偿数额的证据存在困难）的问题。①

而且，还需要指出的是，"赔偿数额"仅是衡量诉讼效果的一个方面，并非绝对标准。被告承担民事责任的方式有多种类型，包括停止侵权、赔礼道歉等。另外，根据《著作权法》第五十条的规定，著作权人或者与著作权有关的权利人有证据证明他人正在实施或者即将实施侵犯其权利的行为，如不及时制止将会使其合法权益受到难以弥补的损害的，可以在起诉前向人民法院申请采取责令停止有关行为和财产保全的措施。例如，因认为广州网易计算机系统有限公司等运营的"网易云音乐"平台未经许可向公众传播《时间都去哪儿了》等623首涉案网络音乐作品，涉嫌侵犯其信息网络传播权，深圳市腾讯计算机系统有限公司向武汉市中级人民法院申请发布禁止令，禁止广州网易计算机系统有限公司等停止通过"网易云音乐"平台（music.163.com及其PC端、移动客户端）向公众传播其享有专有著作权的歌曲。针对该申请，武汉市中级人民法院认定"网易云音乐"平台及其下游分销商通过互联网络、移动网络公开向公众传播的《时间都去哪儿了》等623首网络音乐涉嫌侵权行为，裁定要求"网易云音乐"平台及其运营各方应立即停止该传播行为。②

不过，随着新媒体时代的到来，在确定损害赔偿数额时，确实也需进一步研究新的考虑因素，如新媒体时代如何体现作品的市场价值、稿酬标准的协商机制等。司法实务中，法律规则的适用和完善是由各方共同推动的，尤其是权利人的积极维权行为。对于司法实务中饱受诟病的文字作品稿酬标准过低的问题，国家版权局联合国家发展和改革委员会于2014年9月重新颁发《使用文字作品支付报酬办法》，同时废止1999年制定的《出版文字作品报酬规定》。毋庸置疑，《使用文字作品支付报酬办法》将会在一定程度上提升我国对于文字作品的司法

① 其实，权利人的举证难还是由作品的价值难以确定导致的，进而，权利人的实际损失、侵权人的违法所得等也就不能确定下来。

② 《湖北发出首例网络著作权争议诉前禁令，"网易云音乐平台"等被要求停止传播623首歌曲》，载：http://www.legaldaily.com.cn/bm/content/2014-11/22/content_5856052.htm?node=20736，最后访问日期：2015年2月26日。

保护力度。

四、新媒体时代新闻媒体如何认识著作权司法维权活动

如上文提到的，审理侵犯著作权纠纷案件包括四个环节，即权利主体、侵权行为、抗辩事由和侵权责任。对于新闻媒体而言，如作为权利人进行司法维权，主要是需要提前搜集好与作品权属、被控侵权行为及损害赔偿数额的确定等相关的证据。对此，上文第三小节已经有针对性地做出过论述。在此，还是再谈一下新闻媒体作为权利人如何正确对待司法维权活动。

一方面，对于被告的侵权行为，司法维权是解决纠纷的一项重要手段，但也并非唯一手段。而且，需要注意的是，诉讼活动有它固有的规则，如举证质证、开庭审理、法庭裁判等，对于权利人来讲确实是需要耗费一定的时间、金钱等成本。另一方面，在法院认定被控侵权行为成立的前提下，判决书中确定的赔偿数额并非权利人的唯一收获，包括停止侵权、消除影响等民事侵权责任的承担都是对被控侵权行为的否定和惩罚。因此，并不能仅凭判决书确定的赔偿数额来评价司法维权活动的效果。而且，对于绝大多数侵权行为主体来讲，司法维权对其还是存在一定的威慑作用，不少案件在法院的审理过程中，双方自愿达成和解协议，甚至还签订后续的合作协议。例如，本文中多次提到的"今日头条"案件，双方最终在法院的审理过程中达成和解、合作协议，原告撤回起诉。

虽然新媒体时代侵犯著作权案件可能会夹杂着复杂的技术问题，但是《著作权法》基本原理及侵权判断规则并没有改变。再炫丽的商业模式也必须在法律框架内进行商业运行。[①] 不过，不容忽视的是，新媒体时代由于复制行为的便捷，导致侵权行为更加多发。对此，传统的司法维权方式也应有所调整，如通过借助中国文字著作权协会、专业诉讼维权公司等组织进行集中维权，以降低个案的司法维权成本。此外，考虑到行政执法有着高效、便捷的特点，新闻媒体作为权利人还可通过向相关的行政机关举报的方式解决侵权纠纷。

---

① 陈志兴:《在法律框架内创新商业模式》，载《北京日报》，2014 年 6 月 11 日。

人物名称、人物形象等是否构成作品的判定

在民事侵权诉讼活动中，不论是撰写起诉书、答辩状还是提交证据材料，当事人或者律师基本上都会遵循“权利—行为—抗辩—责任”的逻辑进行，法官也会大体围绕这个思路主持庭审、撰写判决。

正如大家都知道的，知识产权具有法定性，其权利客体、权利内容和权利范围等均得有法律的明确规定。例如，《著作权法实施条例》第二条规定，《著作权法》所称作品，是指文学、艺术和科学领域内具有独创性并能以某种有形形式复制的智力成果；《商权法》第五十六条规定，注册商标的专用权，以核准注册的商标和核定使用的商品为限；《专利法》第五十九条规定，发明或者实用新型专利权的保护范围以其权利要求的内容为准，说明书及附图可以用于解释权利要求的内容。

正是因为这样，法官在处理侵犯知识产权纠纷案件时，首先就得分析权利人究竟享有什么样的权利？而在著作权纠纷案件中，还有一项更为基础性的工作，就是需要判断权利人主张权利的涉案作品是否确实符合《著作权法实施条例》第二条规定的作品的定义。在此基础上，再进一步判断涉案被诉侵权作品与权利人主张权利的作品是否构成实质性相似，等等。

在上海玄霆公司诉张牧野等侵犯著作权及不正当竞争纠纷案[①]中，原告上海玄霆公司主张被控侵权图书大量使用其《鬼吹灯》系列小说的人物名称、人物形象、人物关系、盗墓方法、盗墓需遵循的禁忌规矩等独创性表达要素，侵犯其享有的演绎权，即其对权利小说享有的《著作权法》第十条第（十四）项规定的改编权及第（十七）项规定的其它权利。

法院认为，文字作品中的人物形象等要素往往只是作品情节展开的媒介和作者叙述故事的工具，从而难以构成表达本身。只有当人物形象等要素在作品情节展开过程中获得充分而独特的描述，并由此成为作品故事内容本身时，才有可能获得《著作权法》保护。离开作品情节的人物名称与关系等要素，因其

① 见上海市浦东新区人民法院（2015）浦民三（知）初字第838号民事判决书。

过于简单，往往难以作为表达受到《著作权法》的保护。

具体到本案，法院认为，被控侵权图书是否侵犯了原告作品的著作权，尚需审查被控侵权图书使用人物名称、关系等要素后所呈现出的故事情节是否与原告作品的故事情节有相同或相似之处。经比对，被控侵权图书虽然使用了与原告权利作品相同的人物名称、关系、盗墓规矩、禁忌等要素，但被控侵权图书有自己独立的情节和表达内容，被控侵权图书将这些要素和自己的情节组合之后形成了一个全新的故事内容，这个故事内容与原告作品在情节上并不相同或相似，也无任何延续关系。故本案原告主张其权利作品中人物形象、盗墓规矩、禁忌受《著作权法》保护的依据不足，原告关于被告实施侵犯著作权行为的主张，法院不予支持。

在查良镛诉杨治等侵犯著作权及不正当竞争纠纷案[①]中，原告认为，其作品中的人物名称、人物关系、人物形象、故事情节等元素，均系原告所独创，受《著作权法》的保护。被告未经原告许可，照搬原告作品中的经典人物，包括人物名称、人物关系、性格特征等，在不同环境下量身定作与原告作品相似的情节，对原告作品进行改编后不标明改编来源，擅自篡改原告作品人物形象，严重侵害了原告的改编权、署名权、保护作品完整权等。

法院认为，脱离了具体故事情节的人物名称、人物关系、性格特征的单纯要素，往往难以构成具体的表达。杨治作为原告作品的读者，在创作之前即已接触原告作品，故判断《此间的少年》是否侵害原告著作权，需要认定《此间的少年》与原告作品是否构成实质性相似。

具体到本案，法院认为，从整体上看，虽然《此间的少年》使用了原告四部作品中的大部分人物名称、部分人物的简单性格特征、简单人物关系以及部分抽象的故事情节，但上述人物的简单性格特征、简单人物关系以及部分抽象的故事情节属于小说类文字作品中的惯常表达，《此间的少年》并没有将情节建立在原告作品的基础上，基本没有提及、重述或以其他方式利用原告作品的具体情节，而是在不同的时代与空间背景下，围绕人物角色展开撰写故事的开端、发展、高潮、结局等全新的故事情节，创作出不同于原告作品的校园青春文学小说，且存在部分人物的性格特征缺失，部分人物的性格特征、人物关系及相应故事情节与原告作品截然不同，情节所展开的具体内容和表达的意义并不相同。在此情况下，《此间的少年》与原告作品的人物名称、人物关系、性格特征

---

① 见广东省广州市天河区人民法院（2016）粤 0106 民初 12068 号民事判决书。

和故事情节在整体上仅存在抽象的形式相似性，不会导致读者产生相同或相似的欣赏体验，二者并不构成实质性相似。

如果按照“权利—行为—抗辩—责任”的逻辑，我们首先要明确这两起案件中原告的权利基础。在涉及著作权部分的问题时，原告主张的权利都是“人物名称、人物关系、人物形象等元素”。而根据上文的分析，在著作权纠纷案件中，还有一项更为基础性的工作，就是需要判断权利人主张权利的涉案作品是否确实符合《著作权法实施条例》第二条规定的作品的定义。

问题就转换为，“人物名称、人物关系、人物形象等元素”是否构成作品？

对于这个问题，上述两案的判决其实都有两个层面的阐述。第一个层面，离开作品情节的人物名称与关系等要素，因其过于简单，往往难以作为表达受到《著作权法》的保护。这其实是对基础性裁判规则的重申。第二个层面，结合涉案作品的具体情节，分析原告主张权利的“人物名称、人物关系、人物形象等元素”与涉案侵权作品中的“人物名称、人物关系、人物形象等元素”是否构成实质性相似，如果答案是肯定的，则一并认定构成侵犯著作权。

可见，虽然是否构成作品系侵犯著作权判定的前提，但在涉及不同的作品类型时，“是否构成作品”的判断规则是不同的。对于“人物名称、人物关系、人物形象等元素”是否构成作品的认定，往往需要根据具体的案情，结合实质性相似的判定一并进行。

模型作品的独创性判断与著作权法基本原理

法律是一门实践性学科，某些设计精美的法律条款在司法实践中用起来可能比较费劲。比如，我国《著作权法》中的“模型作品”的概念，在“歼十飞机模型”案[①]中适用起来就比较费劲，各级法院分设较大。

有意思的是，中航智成公司在不同的审理程序中不断减少其主张的作品类型。具体情况如下表所示。

中航智成公司主张的作品类型及法院支持情况

	一审		二审		再审	
	主张	支持	主张	支持	主张	支持
歼十飞机	√	×	√	×		
设计图纸	√	×				
飞机模型	√	×	√	√	√	×

上述表格显示，中航智成公司在一审期间主张的作品类型包括歼十飞机、设计图纸及其模型，二审期间主张歼十飞机和飞机模型，再审期间则只主张飞机模型。

为集中争议焦点，本文只讨论飞机模型（模型作品）的独创性判断问题。

一审法院认为，根据《著作权法实施条例》第四条第（十三）项的规定，模型作品属于对物体的形状和结构，按照一定的比例制成的立体作品，其目的在于展示、试验或者观测等。但是，根据该实施条例第二条的规定，《著作权法》意义上的作品，必须具有独创性。要求作品源于作者，且由作者独立构思创作产生，而非模仿或抄袭他人作品。中航智成公司所主张的歼十飞机模型是根据歼十飞机等比例缩小制作而成，是对歼十飞机的精确复制，并非由其独立创作而成，不符合《著作权法》关于作品之独创性的要求，故其不属于《著作权法》

---

① 见最高人民法院（2017）最高法民再353号民事判决书。

意义上的作品。

对于一审法院关于模型作品独创性的判断，二审法院持否定意见。二审法院认为，根据《著作权法实施条例》第四条第（十三）项的规定，模型作品是根据物体的一定比例放大或缩小而成。为了实现展示、试验或者观测等目的，模型与原物的近似程度越高或者越满足实际需要，其独创性越高。对模型作品的界定，应当从实施条例的相关规定及其目的出发，依法作出合理的解释，不能脱离现有法律规定。虽然涉案飞机模型是歼十飞机造型的等比例缩小，但已如上述，根据《著作权法实施条例》的相关规定，该模型的独创性恰恰体现于此，其已构成模型作品，应当受到《著作权法》的保护。因此，一审法院关于歼十飞机模型系对歼十飞机的等比例缩小和精确复制故而不具有独创性的认定有误，二审法院予以纠正。

对比上述一、二审法院的观点可知，一审法院侧重于《著作权法实施条例》第二条规定的作品的定义，认为精确复制而产生的涉案飞机模型不能满足作品的定义，不属于《著作权法》意义上的作品。二审法院则侧重于《著作权法实施条例》第四条第（十三）项的规定的模型作品的定义，认为涉案飞机模型的精确复制恰好是模型作品的独创性的体现。

适用不同的法律条款，两种观点似乎都有道理。案件最终走到最高人民法院。

最高人民法院认为，从《著作权法实施条例》第二条的规定看，我国《著作权法》保护的作品必须同时具备以下三个要件：一是必须属于文学、艺术和科学领域内的智力创作；二是具有独创性；三是能以有形的形式复制。在判断是否构成受我国《著作权法》保护的模型作品时，首先要判断该模型是否同时具备上述三要件，而不能将《著作权法实施条例》第四条第（十三）项的规定与该条例第二条的规定割裂开来适用。即仅仅满足《著作权法实施条例》第四条第（十三）项的规定，在不能同时满足《著作权法实施条例》第二条规定的三要件的情况下，尚不能认定构成受我国《著作权法》保护的模型作品。

就涉案飞机模型而言，最高人民法院认为，无论中航智成公司在将歼十飞机等比例缩小的过程中付出多么艰辛的劳动，中航智成公司均未经过自己的选择、取舍、安排、设计、综合、描述，创作出新的点、线、面和几何结构，其等比例缩小的过程仅仅是在另一载体上精确地再现了歼十飞机原有的外观造型，没有带来新的表达，属于严格按比例缩小的技术过程。在中航智成公司不能证明其根据歼十飞机等比例缩小而制造的歼十飞机模型具有独创性的情况下，该过程仍然是复制，产生的歼十飞机模型属于歼十飞机的复制件，不构成受我国《著作权法》所保护的模型作品。对于二审法院在判决中作出的“模型与原物的近似程度越高，其独创性越高”的认定，最高人民法院认为其违背我国《著作权法》的基本原理，故予以纠正。

可见，最高人民法院回归《著作权法实施条例》第二条规定的作品的定义。

综观上述三级法院的判决，其分歧的根源还在于对模型作品定义的理解。理论上讲，基于相同的案情，不论是适用《著作权法实施条例》第二条关于作品的定义，还是适用《著作权法实施条例》第四条第（十三）项关于模型作品的定义，最终得出的裁判结论应该是一致的。那么，为什么适用不同的法律条款竟然会得出不同的裁判结论呢？

这逼迫我们不得不做出一个大胆的假设，或许《著作权法实施条例》第四条第（十三）项关于模型作品的定义就是有瑕疵的。对此，我们检索文献发现王迁教授对此有所论述。

王迁教授在《评“首例飞机模型著作权侵权案”》① 一文中指出，对于《著作权法实施条例》中有关“模型作品”的定义，立法者一方面误读了《伯尔尼公约》中“model”一词的含义，错将对艺术作品或产品的外观作出的立体造型设计（先有 model，后有立体作品或产品）理解为“已有产品的模型”（先有作品或产品，再有 model），另一方面又照搬了《现代汉语词典》对“模型”的释义——“依照实物的形状和结构按比例制成的物品，多用来展览或实验”，因此该定义本身是不科学的，这也是为什么《著作权法修改草案》的第一次公开征求意见稿、第二次公开征求意见稿和向国务院法制办公室提交的送审稿虽然在其他许多问题上有较大变动，但都删除了“模型作品”的作品类型和相关定义。

结合王迁教授的论述可知，确实是我们的立法者对“模型作品”的理解有误。这就回到本文开篇提到的，法律是一门实践性学科，立法机关精心设计出的法律条款最终得接受司法实践的检验，只有好用的、不让人纠结的法律条款才是“良法”。

当然，立法者毕竟不是全能的，当我们面对有瑕疵或者错误的法律条款时该怎么办？回归基本概念和基本原理。就像本案一样，当一、二审法院对模型作品的理解和适用存在分歧时，最高人民法院最终回归作品的基本定义和《著作权法》的基本原理，做出符合制度本义的裁判。

---

① 王迁:《评“首例飞机模型著作权侵权案”》，载《中国版权》2015 年第 4 期。

“法律、行政法规规定的其他作品”的理解与适用

随着科技的进步，各种潜在的“新类型作品”也不断涌现，并且试图以寻求司法保护的方式获得法律上的地位。但是，由于我国《著作权法》第三条对能够获得《著作权法》保护的作品已经做出清楚的、类型化的规定，故法院在审理案件过程中也会首先让权利人明确其主张保护的作品是什么类型。比如，文字作品，美术作品等。但是，对于“新类型作品”，权利人很难将其明确地划入某种特定的作品类型，而往往会选择适用《著作权法》第三条第（九）项规定的兜底性质的“法律、行政法规规定的其他作品”条款。

但是，对于“法律、行政法规规定的其他作品”，司法实践中也存在适用难题。这在北京知识产权法院审理的“体育赛事节目案”[①]和“音乐喷泉案”[②]中体现得淋漓尽致。

在“体育赛事节目案”中，法院指出，虽然《著作权法》第三条第（九）项规定有“其他作品”，但因这一规定中的“其他作品”需要符合“法律、行政法规规定”这一前提，且相关参与立法之人员撰写的《著作权法释义》中亦明确指出，“能否作为《著作权法》所称的其他作品，必须由法律、行政法规规定，不能由其他规范性文件规定，以保证法律的统一”，[③]故法院在《著作权法》第三条规定的法定作品类型之外，无权设定其他作品类型。

在“音乐喷泉案”中，法院指出，《著作权法释义》针对“法律、行政法规规定的其他作品”解释时称：“这是指除了上述八项著作权的客体外，由法律、行政法规规定的著作权的其他客体。为什么要规定这一项？一是随着文化和科学事业的发展，有可能出现新的思想表达形式，如计算机软件是随着现代科学技术的发展而出现的，现在已有越来越多的国家将其列入著作权客体，今后还有可能出现新的思想表达形式，需要列入著作权客体给予保护。二是有可能将

---

① 见北京知识产权法院（2015）京知民终字第1818号民事判决书。

② 见北京知识产权法院（2017）京73民终1404号民事判决书。

③ 参见胡康生主编：《中华人民共和国著作权法释义》，法律出版社2002年版，第21页。

现在尚未作为著作权客体的列入著作权客体，如有些国家将原来不属于著作权客体的录音制品，后来作为著作权客体给予保护。需要指出的是，能否作为《著作权法》所称的其他作品，必须由法律、行政法规规定，不能由其他规范性文件规定，以保证法律的统一”。

由此可见，我国《著作权法》在制定时，为当时尚未列入但以后可能列入法定类型的作品预留了空间。但由于这种“其他作品”有“法律、行政法规规定”所设定条件的限制，特别是《著作权法释义》明确强调了必须由法律、行政法规规定，这意味着在立法之初就明确限制了司法对该条款进行扩大解释的适用。所以，在目前尚无法律、行政法规明确增加其他具体作品类型的情况下，在司法裁判中适用该条款是立法明确排除的。因此，法院对一审判决适用“法律、行政法规规定的其他作品”的法律条款予以纠正。

对比上述两案的判决，我们可以看出，就“法律、行政法规规定的其他作品”的理解和适用而言，北京知识产权法院在“体育赛事节目案”和“音乐喷泉案”中是一致的。其核心的精神就是，“其他作品”需要以“法律、行政法规规定”为前提，在目前尚无法律、行政法规明确增加其他具体作品类型的情况下，在司法裁判中适用该条款是立法明确排除的。

这种对法律文本的解释方法，在北京知识产权法院之前审理的其他案件中也有体现。例如，在上海专商所诉商标局商标行政纠纷案[①]中，法院认为，司法机关的职责在于适用法律，而非制定法律，在法律条文规定明确且清晰的情况下，司法机关必需严格遵照执行。至于相关法律规定是否妥当，应否修改，则属于立法机关的权限范围，并非司法机关的职责。

比较有意思的是，尽管两案的判决关于“法律、行政法规规定的其他作品”的理解与适用标准是一致的，但社会公众对二者的评价却有点褒贬不一。总体上来讲，可能倾向于认为“音乐喷泉案”较“体育赛事节目案”的法律适用更加灵活，更加符合实际。

对于社会公众这种观感上的区别，笔者能想到的最直接的解释是，“音乐喷泉案”中法院最终是以美术作品的方式对涉案音乐喷泉予以保护，而在“体育赛事节目案”中，因涉案赛事节目不符合“电影和以类似摄制电影的方法创作的作品”的构成要件未予保护。

---

① 见北京知识产权法院（2015）京知行初字第96号行政判决书。

在加大知识产权保护力度的语境下，保护知识产权、加大知识产权保护力度具有天然的政治正确性，一旦是予以保护的，社会公众更加能够喜闻乐见。在这种情况下，法官对于法律条款的解释和适用就面临着巨大的考验。

侵权视频的后续传播者侵犯哪些著作权

在侵犯知识产权诉讼中，“权利—行为—抗辩—责任”是基本的审理思路。尤其是在著作权领域，每一项具体的著作权都控制着特定的行为，如信息网络传播权，控制的是未经许可以有线或者无线方式向公众提供作品，使公众可以在其个人选定的时间和地点获得作品的行为。与此相对应，未经许可实施的某一项特定行为侵犯的也是某一项具体的著作权，而非整体的著作权。

案件审理过程中，明确原告主张的权项和被控侵权行为非常关键。但是，被控侵权行为有时会有竞合，此时判定其侵犯的著作权权项也就会有一定的困难。

“留守儿童图片”著作权纠纷[①]案就涉及这一问题。

该案中，刘飞越一审起诉称其系涉案13幅作品的作者，享有涉案13幅作品的著作权，央视公司（www.news.cntv.cn）网站中的“图说天下‘留守村’的孩子们”视频（简称涉案视频）中包含有涉案13幅作品，来源显示为央视网。刘飞越主张央视公司与江苏广播电视公司侵害了其信息网络传播权及署名权，要求央视公司和江苏广播电视公司在侵权网站（www.cntv.cn）公开致歉，并赔偿经济损失及合理开支共计4.3万元。

一审法院认为，央视公司未经刘飞越许可，通过信息网络向公众提供涉案作品，未给刘飞越署名且未支付报酬，侵犯了刘飞越对涉案作品的署名权和信息网络传播权。二审法院认为，央视公司通过对涉案视频的信息网络传播行为实现了对涉案摄影作品的信息网络传播，侵害了刘飞越基于该13幅摄影作品而享有的信息网络传播权。

但是，对于署名权的问题，二审法院有不同的认定。二审法院认为，作品一旦经过使用被制作成电影作品或者以类似摄制电影的方法创作的作品后，对该类作品的后续传播者，在不知道或没有合理的理由知道其传播的作品存在侵害署名权的情况下，不应当让其基于自身单纯的传播行为而承担因他人侵害署

① 见北京知识产权法院（2017）京73民终1068号民事判决书。

名权的行为所导致的法律责任。央视公司涉案行为仅是对既有视频的传播行为，其未对摄影作品进行单独使用，亦无法在传播视频中就摄影作品进行署名。央视公司传播的视频是江苏广播电视公司制作并在电视台已经播出的电视节目，其主观上并不知道也没有理由知道涉案视频中使用的摄影作品存在侵权或侵权的可能性。故，央视公司对涉案视频的信息网络传播行为未落入刘飞越对涉案13幅摄影作品享有的署名权保护范围，央视公司不应承担侵害署名权的法律责任。因此，二审法院判决央视公司赔偿刘飞越经济损失及合理支出共计33330元，撤销一审法院认定央视公司侵害署名权的判项。

对于央视公司而言，其主要的被控侵权行为就是通过信息网络传播由江苏广播电视公司制作并在电视台已经播出的涉案视频。这一行为侵犯刘飞越对涉案13幅作品享有的信息网络传播权毫无疑问，两审法院均予以认定。问题在于，由于涉案视频并未对使用到的涉案13幅作品署名，故央视公司的行为是否还侵犯刘飞越对涉案13幅作品享有的署名权?

二审法院认为未侵犯署名权的核心理由在于，央视公司涉案行为仅是对既有视频的传播行为，其未对摄影作品进行单独使用，亦无法在传播视频中就摄影作品进行署名。

该案被评为北京法院2017年十大创新性案例之一，其关于署名权认定部分的“创新性评价”是这样说的：作品一旦经过使用被制作成电影作品或者以类似摄制电影的方法创作的作品后，对该类作品的后续传播者，在不知道或没有合理的理由知道其传播的作品存在侵害署名权的情况下，不应当让其基于自身单纯的传播行为而承担因他人侵害署名权的行为所导致的法律责任。法律保护作品的著作权是为了鼓励对作品的创作和传播，在保护著作权时应兼顾鼓励创作和鼓励传播两种利益，本案对于类似案件具有重要指导意义。

既然是被评为创新性案例，肯定是因为在此之前这种情形是如一审判决一样被认定为侵犯署名权的，而二审判决基于“兼顾鼓励创作和鼓励传播”的考虑认定不侵犯署名权。

站在事实的角度考虑，央视公司通过信息网络传播涉案侵权视频行为在侵犯信息网络传播权的同时，必定也侵犯刘飞越对涉案13幅作品享有的署名权，因为涉案视频在使用涉案13幅作品时没有为权利人刘飞越署名。虽然如二审判决所认定的，央视公司涉案行为仅是对既有视频的传播行为，其未对摄影作品进行单独使用，亦无法在传播视频中就摄影作品进行署名，但是，如果基于权利保护的立场，裁判者完全可以要求央视公司选择不实施侵权传播行为。

当然，包括著作权在内的全部知识产权都强调利益平衡，不论是立法还是司法环节，都有体现，因此在法律适用的过程中也就很难有绝对的对错之分。

牵涉历史因素的著作权权属判定规则

虽然我国《著作权法》明确其立法宗旨之一是保护文学、艺术和科学作品作者的著作权，但正如我们大家都知道的，著作权保护仅仅是文艺创作的激励方式之一。至少在历史上很长的时期内，尽管没有著作权保护制度，但文艺创作仍然是长盛不衰，如《红楼梦》等四大名著的产生。

我国《著作权法》自1991年6月1日起施行，在此之前并无法律意义上的著作权保护。但是，对于《著作权法》施行前产生的著作权，《著作权法》也并不是就不予保护。相反，《著作权法》第六十条规定，本法规定的著作权人和出版者、表演者、录音录像制作者、广播电台、电视台的权利，在本法施行之日尚未超过本法规定的保护期的，依照本法予以保护。

司法实务中，《著作权法》施行前产生的著作权权属纠纷，涉及复杂的历史因素，事实认定和法律适用均较为复杂，适用《著作权法》的同时还需兼顾多方利益的平衡。

阿凡提著作权权属、侵权纠纷案[①]就是此类案件的典型。

曲建方于1989年年初从上海美术电影制片厂（简称“美影厂”）辞职后，创办了大连阿凡提国际动画公司，1998年又兼任了上海阿凡提卡通艺术有限公司董事长，并导演了电视剧《纳斯尔丁·阿凡提》等影视作品。三十年来曲建方通过投稿发表、许可他人拍摄动画片或者用作产品宣传等方式使用“阿凡提”这一形象，其中就包括电子出版社出版的由曲建方绘制的两本图书——《阿凡提经典漫画》和《阿凡提故事精选》。在这两本书中，图书封面及内容都使用了木偶动画系列片《阿凡提的故事》中“阿凡提”“巴依老爷”及“小毛驴”的人物形象。与此同时，《阿凡提的故事》的出品方美影厂也同样在使用这一经典形象，除动画DVD发行外，美影厂还授权南方出版社出版发行了图书《阿凡提的故事全集》。

就在双方都长期使用“阿凡提”著作权的情况下，《阿凡提的故事》出品方

① 见上海知识产权法院（2015）沪知民终字第200号民事判决书。

美影厂认为曲建方的行为侵害了其合法权益，因此向法院起诉。

美影厂认为，“阿凡提”是曲建方在美影厂工作期间创作的，在创作时也是由其组织人力创作，甚至连最终造型也是由美影厂确定的。美影厂认为，《阿凡提的故事》属于职务作品，曲建方绘制、电子出版社出版的《阿凡提经典漫画》和《阿凡提故事精选》两册图书中，擅自使用其享有著作权的人物形象用于盈利，理应停止侵权，赔偿损失。

法院经审理后认为：涉案角色造型创作于《著作权法》施行之前，当时著作权法律制度尚未建立，因此，对涉案角色造型创作完成时的权利归属的确认，并不宜直接适用现行《著作权法》对职务作品的权利归属所确定的判断标准，否则可能会导致判断结论与当事人的实际预期不一致的结果。

涉案角色造型创作完成时，社会公众普遍缺乏著作权保护意识，曲建方作为美影厂的职工，在没有其他约定的情况下，根据其职责所在完成工作任务所创作的成果归属于单位，符合当时社会公众的普遍认知。但本案的特殊性在于美影厂和曲建方通过诉讼主张涉案角色造型作品著作权的归属是在涉案作品创作完成的三十余年后，因此，对涉案作品著作权归属的确定除应当考察作品创作完成时的社会、法律和制度背景外，还应当深入探究自作品创作完成至美影厂提起本案诉讼期间当事人对涉案角色造型的使用支配、权利主张及其真实意思表示，并结合公平、诚信原则来进行综合审查判断。

综合法院查明的事实，自涉案角色造型作品创作完成至美影厂提起本案诉讼长达三十余年的期间内，美影厂与曲建方各自使用涉案作品的共存状态是客观存在的事实，美影厂在知道上述事实的情况下，一直未表异议也未主动启动救济程序向曲建方主张权利，此种状态已足以使曲建方信赖其可以作为涉案作品的著作权人行使和支配相关权利。曲建方持续支配和使用涉案作品的行为同样也对涉案作品的知名度和内涵价值作出了贡献。

因此，法院认为，此种情况下若将涉案作品的著作财产权归属一方当事人单独享有，显然会导致权利失衡，也有违公平原则。故，基于当事人对涉案作品著作权的行使情况，并考虑公平、诚信等因素，确认涉案角色造型美术作品的著作财产权由美影厂和曲建方共有。

本案的特殊性在于，在涉案角色造型产生之时，我国《著作权法》还未施行，且双方作为民事主体也没有就涉案角色造型的权利归属作出约定。而且，在长达三十余年的期间内，双方也都是各自使用涉案角色造型，且彼此均未提出异议。那么，在对涉案角色造型的著作权权属作出认定时，就必须综合考虑这些因素，以便作出符合客观实际的裁判。

其实，上述裁判规则不仅体现在著作权权属纠纷案件中，在其他一些案件中也有适用。比如，加多宝和王老吉红罐包装装潢纠纷案[①]中，最高人民法院认为，结合红罐王老吉凉茶的历史发展过程、双方的合作背景、消费者的认知及公平原则的考量，因广药集团及其前身、加多宝公司及其关联企业，均对涉案包装装潢权益的形成、发展和商誉建树发挥了积极的作用，将涉案包装装潢权益完全判归一方所有，均会导致显失公平的结果，并可能损及社会公众利益。因此，涉案知名商品特有包装装潢权益，在遵循诚实信用原则和尊重消费者认知并不损害他人合法权益的前提下，可由广药集团与加多宝公司共同享有。

① 见最高人民法院（2015）民三终字第2号民事判决书。

美术作品展览权的权利限制

著作权是指著作权人享有的以特定方式利用作品的专有权利，是一种控制权和排他权。我国《著作权法》采取详细罗列著作权具体权限的方式界定著作权的范围，每一个权项均控制一类特定的作品利用的方式，以此共同组成著作权人对其作品享有的专有权利。根据《著作权法》第十条第一款的规定，展览权控制的是对美术作品、摄影作品的原件或者复制件的展览行为。

正如大家都知道的，作品载体的所有权与作品的著作权不是一回事。作品原件所有权的转移，不能视为作品著作权的转移。取得作品原件的所有权，不等于就取得了该作品的著作权。例如，张某购买王某所著的《著作权法》书，拿到该书之后就取得了该本书的所有权，但该书的全部著作权仍归属于王某享有，仅仅购买书本的行为不能带来著作权的转移。这也就是《著作权法》第十八条前半段规定的，美术等作品原件所有权的转移，不视为作品著作权的转移。但是，对于美术作品展览权而言，其在适用该条规则时存在实际困难。在作品原件已经转移的情况下，再强调著作权人的展览权，在实务中很难行得通。考虑到这种实际情况，《著作权法》第十八条后半段又规定，美术作品原件的展览权由原件所有人享有。

实务中，对于美术作品展览权的行使，还是不时会有纠纷出现。

在天津烤鸭店与段继夫侵犯著作权纠纷案[①]中，段继夫于1999年1月至天津烤鸭店处创作涉案美术作品《年年有鱼》，并标明“天津烤鸭店惠存”。该作品创作于宣纸上，创作完成便当场赠送给了天津烤鸭店。2008年，天津烤鸭店将该作品以1∶1的比例复制为铜板作品，悬挂在其经营的烤鸭店内。段继夫以天津烤鸭店侵犯其著作权为由提起诉讼。天津烤鸭店答辩时称，因涉案美术作品原件毁损，其复制的目的系出于对原件的保护，故不构成侵权。

法院经审理认为，根据《著作权法》相关规定，涉案作品复制件的展览权仍然由该作品的著作权人享有，天津烤鸭店在经营场所公开陈列涉案作品复制件侵犯了段继夫的著作权。针对天津烤鸭店的抗辩主张，法院认为，美术作品

---

① 见天津市第一中级人民法院（2016）津01民终6756号民事判决书。

与美术作品原件不可分离，美术作品原件因其承载着作品全部的视觉信息而产生了绝对意义上的特定性，它不能为任何复制件甚或其他相同主题的再创作所替代，故对天津烤鸭店将复制件认定为原件的抗辩理由不予支持。

结合《著作权法》第十条第一款第（八）项关于展览权的规定和《著作权法》第十八条后半段“但书条款”的规定，法院得出“美术作品复制件的展览权仍由著作权人享有”的结论是没有任何障碍的。法院对该规则的适用也是没有任何问题的。

有意思的是，天津烤鸭店对于“展览”行为的抗辩理由。

天津烤鸭店认为，其并非公开将涉案作品陈列于经营场所，其饭店属于办公、经营混合的场所，涉案作品摆放的位置在会计室的旁边，属于办公区域，该区域鲜少有人出入、逗留。虽然该层仍然有包间，但顾客从电梯进入时，根本看不到涉案作品。展览必须是针对不特定的多数人，而其对涉案美术作品的摆放仅针对特定的少数工作人员，不能称之为展览。

对于这一抗辩，法院认为，涉案美术作品陈列于天津烤鸭店经营场所四楼的电梯旁，天津烤鸭店经营场所的四楼全部为包间及财务室，其办公场所与经营场所并不分离。据此，该处应为公开场合，天津烤鸭店的该行为属于公开陈列涉案美术作品的行为。

稍微琢磨下天津烤鸭店关于“展览”行为的抗辩，其或许有点类似于主张“合理使用”。比照《著作权法》第二十二条的相关规定，其第（一）项规定，为个人学习、研究或者欣赏，使用他人已经发表的作品，可以不经著作权人许可，不向其支付报酬，但应当指明作者姓名、作品名称，并且不得侵犯著作权人依照本法享有的其他权利。当然，法院最终认定其系经营行为，而非为个人学习、研究或者欣赏，使用他人已经发表的作品。

在张冬昵与韩童侵犯著作权纠纷案[①]中，也涉及美术作品展览权的权利范围问题。

2015 年 5 月 13 日，韩童给张冬昵打电话预订鲜花花束，双方约定价格 300 元。同年 5 月 14 日张冬昵将涉案花束交付韩童，韩童通过支付宝转账给张冬昵 300 元。张冬昵称在花束交易过程中，要求韩童不得在公开场合发布传播，若传播需经张冬昵授权或者注明花束由张冬昵设计。2015 年 8 月 20 日，韩童在其微信朋友圈上传了涉案鲜花花束的照片。同年 8 月 21 日、22 日，双方通过微信私

① 见山东省济南市中级人民法院（2017）鲁 01 民终 998 号民事判决书。

信进行沟通协商，后韩童将涉案花束在微信朋友圈删除，并在微信交流时给张冬晛进行了道歉。

该案争议焦点之一就在于，韩童未经其许可，将涉案花束拍照后上传到微信朋友圈的行为是否侵犯张冬晛对涉案花束享有的署名权、发行权、获得报酬权、信息网络传播权等权利。

法院认为，在同一标的物的所有权与著作权分属不同权利人的情况下，根据《民法通则》第四条及第七条确定的诚实信用原则及禁止权利滥用原则，权利人对其权利的行使均应遵循诚实信用原则，不得侵害他人的合法权利，也不得对他人权利行使造成不合理的限制，否则将构成权利滥用。韩童有权对其购买的花束行使占有、使用、收益、处分的权利，只要这种行为没有妨碍他人权利的正常行使，他人即不得干涉。韩童将涉案花束拍照后上传到微信朋友圈的行为，其受众仅限于特定群体，传播范围有限，不属于《著作权法》第十条第一款第（十二）项规定的信息网络传播行为，并且韩童主观上没有恶意，也没有获取经济利益的意图，客观上并未给上诉人造成不良影响，在此情况下其行为应视为对其所有权的正当行使。即便其是面向社会公众展示其购买的花束，仍属于行使展览权的范畴，也未侵犯原告的著作权。

根据《著作权法》第十条第一款第（八）项和第十八条的规定，美术作品原件的展览权由原件所有人享有，但其复制件的展览权仍由著作权人享有。如法院判定认定的，涉案花束为美术作品，韩童购买涉案花束的行为相当于取得了涉案花束的所有权，其能够享有该涉案花束的展览权。但是，这里的问题在于，如果认定涉案花束是原件，那拍摄涉案花束的行为是形成花束复制件的行为还是行使涉案花束这一美术作品的展览权的行为？

根据法院判决的观点，其认为“仍属于行使展览权的范畴”。

单就这个判定而言，笔者有点不太赞同，而更加倾向于认为这种拍摄涉案花束的行为是形成花束复制件的行为。而根据《著作权法》第十条第一款第（八）项关于展览权的规定，这种展示花束复制件的权利显然仍应属于花束美术作品的著作权人享有。当然，对于本案这种在微信朋友圈展示花束的行为，笔者也还是赞同法院关于“主观上没有恶意，也没有获取经济利益的意图，客观上未造成不良影响”的认定，其行为应视为对其所有权的正当行使。

这有点类似于“合理使用”的抗辩，即《著作权法》第二十二条第一款第（一）项规定的为个人学习、研究或者欣赏，使用他人已经发表的作品，体现为美术作品展览权的权利限制。

公益性使用并非侵权豁免的当然事由

伴随着国民知识产权意识的觉醒，“担心侵权”的心理逐渐常态化。例如，作为微博或者微信公众号的小编，在对外发布的文章中不可避免地会使用到一些网络图片，但他们的内心都是非常纠结的，不加些图片吧，文章枯燥乏味没人读，而一旦用到这些图片，又怕有一天会让人给告到法院。这个时候，小编们为寻求心里踏实，都会象征性地问问法官或者律师的意见。他们的核心主张是，我发的都是些公益性的文章，并没有营利目的，怎么能算侵权呢？

要回答这个问题，还得回到《著作权法》的基本原理和具体规定。

我国《著作权法》在规定作者对作品享有的人身权和财产权的基础上，第二十二条、第二十三条分别规定“合理使用”和“法定许可”，作为著作权的权利限制条款。对于公益性使用，比如说未经许可的复制行为，肯定是落入著作权人享有的复制权的保护范围。那么，这种复制行为是否侵权呢？取决于行为人能否满足法定的抗辩事由，如合理使用，或者法定许可。

当然，这也涉及对“公益性使用”的理解。是不是未营利就都能称作公益呢？根据《著作权法》第二十二条的列举来看，仅有第（九）项“免费表演已经发表的作品，该表演未向公众收取费用，也未向表演者支付报酬”的规定涉及公益，而且也仅限于免费表演的情况。

因此，对于微博或者微信公众号而言，除非其确属为个人学习、研究或者欣赏而使用他人已经发表的美术作品，否则很难通过合理使用来进行抗辩，最终是要承担侵权责任的。

在山西省旅游局等与崔晓红侵犯著作权纠纷案[①]中，就涉及公益性使用的侵权判定问题。

该案的基本情况是，崔晓红于2004年参加“中国平遥国际摄影节”活动，创作摄影作品《黄河壶口瀑布》（简称涉案作品）。2007年8月，崔晓红发现涉案作品未经授权被制作成灯箱广告并悬挂于北京多处地铁候车大厅。崔晓红将

① 见北京市第二中级人民法院（2008）二中民终字第5565号民事判决书。

山西省旅游局（广告主）、一辰君毅公司（广告制作者）、地铁通成公司（广告发布者）诉至法院，请求判令三被告承担侵权责任。

山西省旅游局抗辩称：涉案作品是该局根据临汾市外事旅游局的申请，为配合 2007 年 8 月在北京召开的国际旅游博览会，出于宣传山西风光包括壶口景区而提供给一辰君毅公司的，是公益性质。崔晓红就涉案作品的使用与临汾市外事旅游局曾达成协议。协议约定在旅游行业的交易会范围内，临汾市外事旅游局有权使用涉案作品。该局是根据临汾市外事旅游局的申请，出于公益目的在上述协议约定范围内使用涉案作品不构成侵权。

对于山西省旅游局的抗辩，法院认为，一方面，根据临汾市外事旅游局与崔晓红于 2006 年 5 月达成的《摄影作品使用权协议书》，崔晓红仅许可临汾市外事旅游局使用涉案作品，许可使用的范围限于旅游行业的各类交易会，同时明确约定临汾市外事旅游局无权将涉案作品另行出租或出售给第三者使用。而本案使用涉案作品制作灯箱广告的广告主是山西省旅游局，并非临汾市外事旅游局；同时涉案作品被使用的方式是作为广告使用，与该协议约定的使用方式及范围也不相符。另一方面，广告性质是否出于公益目的，并不当然获得可以不经权利人许可无偿使用之结论，故对该项抗辩意见，不予采信。

对于山西省旅游局未经许可使用涉案作品的行为，其“出于公益目的使用”的抗辩能否成立，关键就在于该项抗辩是否符合《著作权法》第二十二条关于“合理使用”的规定。

综观《著作权法》第二十二条的规定，与山西省旅游局的抗辩相关的是第（七）项“国家机关为执行公务在合理范围内使用已经发表的作品”的规定。

国家机关使用他人已发表的作品是为了研究问题，制定政策，实施管理，即为了执行公务，可以不经著作权人许可，不向其支付报酬。但如果国家机关使用他人作品并非公务活动的需要，就要得到著作权人的许可。比如，北京知识产权法院就侵犯著作权损害赔偿的问题召开专家论证会，并拟就会上各位专家的发言结集出版，这种情况下，就需要取得各位专家著作权人的同意，并向其支付报酬。另外，国家机关为执行公务使用他人已经发表的作品，不得随意扩大使用范围。为了防止国家机关对合理使用制度的滥用，既保护著作权人的权益，也保证国家机关执行公务的需要，现行《著作权法》对 1990 年著作权法规定的“国家机关为执行公务使用已经发表的作品”修改为“国家机关为执行公务在合理范围内使用已经发表的作品”，对国家机关使用他人已经发表作品的范围作了进一步明确。

回到本案中，山西省旅游局为推动山西省旅游事业的发展，发布相应景区的广告图片，是否属于“执行公务”的行为呢？对此，查看山西省旅游局官网公布的“法定职责”，共计十项，基本上都是管理、战略、政策层面的，而很少涉及具体的事务性工作。例如，第三项规定的，制定国内旅游和出入境旅游的市场开发战略并组织实施；组织全省旅游形象整体宣传和重大促销活动；推动国际间旅游交流与合作；管理公民出国（境）旅游、边境旅游。虽然与涉案发布广告的行为最接近，但其法定职责仍然体现在管理和战略层面，而非具体事务。

而且，根据《著作权法》第二十二条的规定，合理使用抗辩的前提条件是，“指明作者姓名、作品名称，并且不得侵犯著作权人依照本法享有的其他权利”。因此，即便山西省旅游局涉案发布广告的行为能够认为为执行公务，也不能满足合理使用的要件。

总之，公益性使用的抗辩能否成立，关键在于是否符合《著作权法》第二十二条、第二十三条规定“合理使用”和“法定许可”的要件，而不能仅以其公益的外衣就能获得侵权豁免。

著作权集体管理与合法维权的鉴别

2018 年 10 月 22 日，中国音像著作权集体管理协会（简称“音集协”）发布《关于停止使用部分涉诉歌曲的公告》（音集协字【2018】第 064 号），要求自公告即日起至 10 月 31 日止，所有 VOD 设备生产商、卡拉 OK 经营商尽数删除涉嫌侵权的 6609 首歌曲，以及自 11 月 1 日起，凡使用者因未删除所列歌曲而遭遇权利人向其主张权利的，由该使用者自行承担相应的法律后果。不过，值得注意的是，该 6009 首歌曲并不在音集协的授权管理范围内。

该公告发布之后，引起社会的强烈关注。最大的质疑在于，既然公告中提及的 6609 首歌曲并不在音集协的授权管理范围内，音集协是否有权下发“删歌通知”。

对此，音集协代理总干事周亚平在接受采访时提到，“删歌通知”是发给已经向音集协缴纳著作权使用费的卡拉 OK 场所。著作权集体管理组织只能管理已经获得授权管理的作品，而不能超越权利人的授权管理作品。为了避免侵权，就必须删除这些未获授权的作品。通知已向音集协缴费的 KTV 场所删除 6609 首涉嫌侵权作品不仅是音集协依法依规的履职行为，也是敦促使用者严格履行生效判决义务的职责所在，更是对卡拉 OK 经营者的善意保护。①

《著作权法》第八条第一款规定：“著作权人和与著作权有关的权利人可以授权著作权集体管理组织行使著作权或者与著作权有关的权利。著作权集体管理组织被授权后，可以以自己的名义为著作权人和与著作权有关的权利人主张权利，并可以作为当事人进行涉及著作权或者与著作权有关的权利的诉讼、仲裁活动。”《著作权集体管理条例》第二条规定：“本条例所称著作权集体管理，是指著作权集体管理组织经权利人授权，集中行使权利人的有关权利并以自己的名义进行的下列活动：（一）与使用者订立著作权或者与著作权有关的权利许可使用合同；（二）向使用者收取使用费；（三）向权利人转付使用费；（四）进行涉及著作权或者与著作权有关的权利的诉讼、仲裁等。”第六条规定：“除依照本条例规定设

---

① 赖名芳：《音集协回应删歌十大质疑问题：卡拉 OK 曲库正版化进程依法依规势在必为》，载“中国新闻出版广电报”微信公众号，2018 年 11 月 13 日。

立的著作权集体管理组织外，任何组织和个人不得从事著作权集体管理活动。”

然而，司法实务中，关于著作权“集体管理”与“合法维权”的争议一直没中断过。

2015 年 12 月 2 日，在被称为“首例非法著作权集体管理案”[①] 的判决中，江苏省高级人民法院认为，声影公司以与他人签订的授权合同为依据对卡拉 OK 经营者进行收费管理并提起诉讼的行为，其实质是在行使著作权集体管理组织的相关职能及权利，违反了《著作权集体管理条例》关于除著作权集体管理组织外，任何组织和个人不得从事著作权集体管理活动的禁止性规定。据此，江苏省高级人民法院判定，在《著作权法》与《著作权集体管理条例》未赋予非集体管理组织与集体管理组织相同的法律地位和权利的情况下，声影公司对涉案音乐电视作品进行集体管理，并以自己的名义提起诉讼，没有法律依据。

2016 年 6 月 22 日，在声影公司与颐和曼哈迪公司侵犯著作权纠纷案[②] 中，基于基本相同的案情，上海知识产权法院以相同的理由作出相同的裁判，认为声影公司对涉案卡拉 OK 经营者进行相关管理并提起诉讼的行为，实质是在行使著作权集体管理组织的相关职能及权利。

比较有意思的是，2017 年 9 月 14 日，在看见网络公司与酷狗公司侵犯著作权纠纷案[③] 中，酷狗公司也提出“看见网络公司实际上从事了著作权集体管理活动”的抗辩主张。上海知识产权法院认为，《著作权法》第十条第二款、第三款规定，著作权人可以转让或许可他人行使著作财产权，并依照约定或者《著作权法》有关规定获得报酬。这种转让或许可的自由，既是《合同法》中的契约自由原则在著作权行使当中的直接体现，也是《著作权法》鼓励作品传播、促进文化发展与繁荣的应有之义。根据上述法律及行政法规的规定，认定行为人是合法获得授权或受让权利，还是违法从事著作权集体管理活动，应综合行为人的行为进行判断，不能因行为人获得多个权利人多个作品的授权，便认定其从事了著作权集体管理活动，否则著作权人依照《著作权法》第十条规定所享有的对著作财产权的依法授权与转让，并基于此获得相应对价的权利将被不合理地限制。本案中，看见网络公司从多个权利人处获得了通过信息网络向公众传播授权作品的权利，而非该等作品著作权的管理权，故酷狗公司主张看见网

---

① 见江苏省高级人民法院（2015）苏知民终字第 100 号民事判决书。

② 见上海知识产权法院（2016）沪 73 民终 144 号民事裁定书。

③ 见上海知识产权法院（2017）沪 73 民终 203 号民事判决书。

络公司实际履行了著作权集体管理组织的职能与事实不符，故对酷狗公司提出的看见网络公司实际上从事了著作权集体管理活动的主张，依法不予采纳。

对照上海知识产权法院时隔一年多作出的两案判决，裁判理由与结论有着很大的变化。为什么会有这种变化？既然是解读判决，当然离不开对两案事实的对比和研读。

前案中，北京东嘉公司、广州东嘉公司、一拍即合公司与播种者公司签订授权书，将包括涉案音乐作品在内的166首音乐作品的所有权利（署名权除外）专属独家授权给播种者公司，播种者公司可以按自身意愿全权使用，并有权对第三方转授权并进行著作权维权。播种者公司（甲方）与声影公司（乙方）签订《音像著作权授权合同》，甲方同意将其依法拥有的音乐作品和音乐电视作品在中国大陆地区的合法的、有效的完整著作权中的词曲著作权、复制权、放映权、广播权以专有的方式授权给乙方以自己的名义行使，包括乙方对卡拉OK等公共娱乐场所经营者授权使用的独家管理。为有效管理甲方授予乙方的权利，甲方同意在合同有效期内乙方有权以自己的名义向侵权使用者提起诉讼。

后案中，姚欣蓓作为授权人与看见网络公司（被授权人）签订《授权书》，主要内容为：授权人将附件歌单中所列的音乐类作品的信息网络传播权及非交互式的网络播放权专有许可给被授权人；被授权人有权以自己的名义制止、打击侵权和盗版行为。

根据授权合同，两案被授权人均有权以自己的名义向侵权使用者提起诉讼。主要的区别在于，前案中明确地提及“对卡拉OK等公共娱乐场所经营者授权使用的独家管理”权利。

但是，根据《著作权法》和《著作权集体管理条例》中关于著作权集体管理组织的规定，后案中约定的“音乐类作品的信息网络传播权及非交互式的网络播放权”完全可能涵盖于著作权集体管理组织被授予的管理权限范围内。因此，就类比于“行使著作权集体管理组织的相关职能及权利”而言，两案中被授权人的权利在性质上并不存在实质性差异。

回到著作权“集体管理”与“合法维权”的争议，之所以有权利人不愿意将其著作权授予相关的著作权集体管理组织统一管理，而更加倾向于许可给其他公司进行维权，主要还是因为著作权集体管理组织在进行作品集体管理的过程中存在的各种不尽如人意。那么，在短时期内该现状仍然无法改变的情况下，基于《著作权法》赋予著作权人转让或许可他人行使著作财产权的自由，依法保障其授权他人进行著作权合法维权仍是务实和必要的。

提高判赔数额对停止侵害责任的替代

根据《民法总则》第一百七十九条和《侵权责任法》第十五条的规定，承担民事侵权责任的首要方式是停止侵害。这在《著作权法》第四十七条、第四十八条也有明确的规定。

但是，正如《著作权法》第一条规定的，《著作权法》的立法目的在“保护文学、艺术和科学作品作者的著作权，以及与著作权有关的权益”的同时，还要“鼓励有益于社会主义精神文明、物质文明建设的作品的创作和传播，促进社会主义文化和科学事业的发展与繁荣”。因此，司法实践中，对于停止侵害的适用可能就会出现特定情况下的例外。

最高人民法院于2009年4月发布的《关于当前经济形势下知识产权审判服务大局若干问题的意见》(法发〔2009〕23号)第十五条提出，如果停止有关行为会造成当事人之间的重大利益失衡，或者有悖社会公共利益，或者实际上无法执行，可以根据案件具体情况进行利益衡量，不判决停止行为，而采取更充分的赔偿或者经济补偿等替代性措施了断纠纷。权利人长期放任侵权、怠于维权，在其请求停止侵害时，倘若责令停止有关行为会在当事人之间造成较大的利益不平衡，可以审慎地考虑不再责令停止行为，但不影响依法给予合理的赔偿。2016年3月，最高人民法院发布《侵犯专利权司法解释（二）》，其中第二十六条规定，被告构成对专利权的侵犯，权利人请求判令其停止侵权行为的，人民法院应予支持，但基于国家利益、公共利益的考量，人民法院可以不判令被告停止被诉行为，而判令其支付相应的合理费用。

司法实务中，停止侵害的例外在专利案件中适用的稍多一些。例如，“深圳机场”案[①]中，法院“考虑深圳机场的特殊性，停止使用不符合实际，故考虑被告侵权性质、侵权时间、原告支付的维权费用等因素酌情确定本案赔偿额，被告深圳机场赔偿经济损失25万元，支付原告专利使用费人民币15万元。”“武

① 见广东省深圳市中级人民法院（2004）深中法民三初字第587号民事判决书。

汉晶源”案[①]中，法院“根据本案专利的类别等情况，酌定使用费为每台机组每年人民币24万元直至涉案发明专利权期限终止”。在某些商标案件中也有体现。例如，“星河湾”案[②]中，法院认为，“由于天津市西青区人民政府地名办公室已经批准宏兴公司使用楼盘名称‘星河湾花苑’，小区居民已经入住多年，且并无证据证明其购买该房产时知晓小区名称侵犯星河湾公司商标权，如果判令停止使用该小区名称，会导致商标权人与公共利益及小区居民利益的失衡”，因此不再判令停止使用该小区名称，但宏兴公司在其尚未出售的楼盘和将来拟开发的楼盘上不得使用相关“星河湾”名称作为其楼盘名称。

基于知识产权的相同属性，在著作权案件中也有不适用停止侵害的空间。

在涉《大头儿子和小头爸爸》著作权纠纷案[③]中，就涉及这个问题。

就是否适用停止侵害的问题，一审法院认为，首先，应当充分考虑并尊重当时的创作背景，从崔某作为1995版动画片导演委托刘泽岱创作作品，1995版动画片片尾对刘泽岱予以署名等事实看，央视及央视动画公司使用刘泽岱的原作品进行改编创作，主观上并没有过错，双方当时没有约定作品的权利归属有其一定的历史因素。其次，大头儿子文化公司请求保护的原作品至今无法提供，刘泽岱在有关作品权属的转让和确认过程中存在多次反复的情况，且其自1994年创作完成直至2012年转让给央视动画公司的长达18年期间内，从未就其作品被使用向央视或央视动画公司主张过权利或提出过异议。再次，由于著作权往往涉及多个权利主体和客体，因此在依法确定权利归属和保护范围的情况下，还应当注重合理平衡界定原作者、后续作者以及社会公众的利益。原创作品应当受到法律保护，他人在此基础上进行改编等创造性劳动必须尊重原作品权利人的合法权益，但也应当鼓励在原创作品基础上的创造性劳动，这样才有利于文艺创作的发展和繁荣。央视及之后的央视动画公司通过对刘泽岱原作品的创造性劳动，制作了两部具有很高知名度和社会影响力的动画片，获得了社会公众的广泛认知，取得了较好的社会效果。如果判决央视动画公司停止播放2013版动画片，将会使一部优秀的作品成为历史，造成社会资源的巨大浪费。最后，确定是否停止侵权行为还应当兼顾公平原则。动画片的制作不仅需要人物造型，还需要表现故事情节的剧本、音乐及配音等创作，仅因其中的人物形象缺失原

---

① 见最高人民法院（2008）民三终字第8号民事判决书。

② 见最高人民法院（2013）民撰字第102号民事判决书。

③ 见浙江省杭州市中级人民法院（2015）浙杭知终字第356号民事判决书。

作者许可就判令停止整部动画片的播放，将使其他创作人员的劳动付诸东流，有违公平原则。故鉴于本案的实际情况，一审法院认为宜以提高赔偿额的方式作为央视动画公司停止侵权行为的责任替代方式。

二审法院进一步认为，著作权法的立法宗旨在于鼓励作品的创作和传播，使作品能够尽可能地被公之于众和得以利用，不停止涉案作品的传播符合著作权法的立法宗旨和公共利益的原则。无论是1995版动画片，还是2013版动画片的人物形象均集合了刘泽岱和央视两方面的独创性劳动，虽然刘泽岱为1995版动画片创作了人物形象的草图，但该作品未进行单独发表，没有任何知名度的积累，而央视创作团队最终完成了动画角色造型的工作和整部动画片的创作，并随着动画片的播出，使大头儿子、小头爸爸、围裙妈妈成为家喻户晓的知名动画人物，其对动画片人物形象的知名度和影响力的贡献亦应当得到充分考量。

总体来讲，和其他知识产权一样，著作权也涉及各方主体之间的利益平衡问题，有时还涉及国家利益和公共利益，如果一刀切地适用停止侵害的民事侵权责任承担方式，确实可能导致当事人利益严重失衡或者有损国家利益、公共利益。因此，司法机关在个案中予以权衡和裁量确实也是非常必要。但是需要特别指出的是，当适用停止侵害的例外时，要给予权利人充分的赔偿，这种赔偿额至少不应低于通过市场谈判所能达成的许可使用费。

第五章

法庭内外

诉讼活动的表达：事实与规则

2016 年 7 月 30 日，年仅 34 岁的铁岭市清河区法官王鹏宇因“过劳死”而离开人世。事实上，法官“因劳成疾”继而献出宝贵生命的事件这两年不断出现。而每当有这些事情发生的时候，总是会引发一些争议。比如，有人会质疑“法官为什么会累死”，有人会困惑“法官你既然这么苦这么累，为什么还不辞职”，等等。

说实话，“法官究竟有多累”这个问题可能还真不好回答。有句话说得很好，“如鱼饮水，冷暖自知”。至于说为什么不辞职，每个人都有自己的职业选择。如果翻看先进事迹宣传稿件，其中的回答或许就是“放不下千千万万来法院打官司的老百姓”。而笔者比较能接受的回答可能是“法官情结”，用现在流行的说法是对审判工作的一种“情怀”。

说到法官这个职业，笔者觉得它最大的魅力就在于，工作中每天都能遇到新人新事。而这些人和事在某种程度上能够丰富裁判者的人生体验，增加生命的厚度，并且触发一些思考。比如，有一次，在法庭里，开庭结束后等着签笔录，一方当事人的老总与另一方当事人的律师交谈。老总问，律师你是不是共产党员？律师说，我当然是共产党员。老总又问，共产党员最基本的要求是什么？律师笑一笑，没说话。老总说是“实事求是”。

闲聊性质的简单对话，事后想想觉得还挺有意思的。老总的意思可能是说，按照“实事求是”的要求，律师应该老老实实，不能“瞎捣乱”。而至于律师，则可能认为自己只是在履行法律职责，虽然有的时候会存在一些对诉讼规则的利用，但并不为法律所明令禁止，自然也上升不到违背共产党员“实事求是”的基本要求的高度。

这个对话可能会引申出一个问题，即当事人（代理人）怎样参与诉讼活动。这其实就是诉讼活动的表达方式问题，某种程度上来说，也是事实与规则的关系问题。虽然我国三大诉讼法都将“以事实为根据，以法律为准绳”确定为一项基本原则，但谁也不会否认诉讼规则的重要性，甚至有的时候诉讼规则直接决定事实的认定。可以举一个极端的案例。在一起侵犯著作权纠纷案件中，权利人老王起诉美国某知名电影公司，称该公司的某部电影剧本侵犯其一篇小说作品的著作权，但并没有向法庭提交涉案被控侵权剧本供比对，而是认为法官可以去看根据该剧本拍摄的电影。“法官把电影一看就知道是不是侵权”，老王在法庭如是说。经过法庭释明，老王还是坚持自己的意见。最终，由于老王无法对自己的主张提供证据，法院只好判决驳回其诉讼请求。也许美国某知名公司的某部电影剧本确实侵犯了老王的著作权，也就是说，事实上可能侵权，但由于未能满足诉讼规则的要求，而导致败诉的悲剧。这个案例告诉我们，诉讼规则并不是说着玩的，必须得到遵守。

当然，老王的案例比较极端。在大多数案件中，诉讼规则可能是让位于案件事实的。也就是说，事实是第一位的，规则处于第二位。这也是为什么在很多自然人起诉的案件中，只要其能正儿八经地把事情说清楚，法官稍加指导也能顺利地完成诉讼活动。这也在一定程度上解释了实务中有些当事人（代理人）过于死抠诉讼规则、过度表演而引发法官反感的原因。另外，事实的基础性地位也能通过举证期限制度不能得到完全遵循反映出来，用实务中的话来说就是，“证据关门根本关不上”。对于突破举证期限提交的证据得到采纳的现象，虽然有各种解释，但其实就是“以事实为根据”这一基本原则的体现，更为通俗地讲就是“实事求是”的基本要求。

综合上述两段，一方面，诉讼规则很重要，不遵守诉讼规则有可能会付出败诉的代价；另一方面，诉讼规则必须依赖于案件事实，否则就是无本之木、无源之水。实务中的理想状态当然就是事实与规则能够相互结合，进而实现自己的诉讼目的。但当事人参与诉讼活动，应该整体地理解自己掌握的事实和规则，不能只看到对自己有利的部分，而刻意忽视对自己不利的部分，否则的话，只能是掩耳盗铃。比如，在某些管辖权异议案件中，根据《民事诉讼法》的相关规定，侵权行为地和被告住所地都有管辖权，原告基于侵权行为地选择在甲法院起诉，而被告非得说其住所地在乙法院的辖区，因此主张将案件移送到乙法院进行审理。虽然说被告关于其住所地在乙法院辖区的主张有事实依据，而且根据相关的管辖规则，乙法院也有管辖权。但是，被告却又刻意忽视了“原告可以选择在侵权行为地和被告住所地法院提起诉讼”的规则，某种程度上是一种滥用规则的行为。

此外，司法实务中，还有些案件的当事人（代理人）会存在事实表达不充分的问题。例如，在一起商标行政纠纷案件中，原告主张其申请注册涉案商标是对其在先相关系列商标的延伸注册，并且在起诉书中插入了一份表格，其中列明了商标号和商品类别。但是，并没有提供相关商标的注册信息表或者商标注册证书，无法看出相关商标的真实注册状态。很显然，这就是事实表达不充分的表现。对于这个问题，笔者还曾与代理人进行过沟通，他的答复是，提供了商标注册号法官就可以在商标网上做检索查询。事情进展到这个层面，可能又转化为对诉讼规则的理解不到位，即未能充分地举证支持自己的主张。

还有一些其他的案例，可能不太能算是事实和规则表达不充分的问题，但也是当事人（代理人）参与诉讼活动中存在的缺陷。例如，有一次翻阅卷宗，当事人提交的材料中有一些照片，大概10张左右，但唯一的整理方式就是用一个小夹子夹着。尽管这些照片能够呈现出相关商标的实际使用状况，满足“以事实为根据”的要求，但在证据的提交形式上却非常的糟糕，甚至很想退回让其重新整理后再次提交。对于这种行为，或许可以归为“尊重他人”的生活常识的欠缺。

总的来讲，诉讼活动是一项实务性工作，充分、完美地表达诉讼活动需要注重对案件事实的挖掘和诉讼规则的遵守，而且，这种事实挖掘和规则遵守应该是全面的，不能是片面的。

庭审活动的表达：事实与情感

关注法院新闻宣传的人会发现，“××法院院长亲自审理一起××案件”为题的新闻报道仍会不时见报，即使是在司法改革如火如荼推进的今天。按说法官的职责就是审理案件，院长审理案件也是天经地义，没有必要刻意宣传，否则的话，只会引导人们朝着其他的方向去解读。记得好几年前做书记员的时候，有一次跟着某副庭长开庭审理一起涉及医药领域的发明专利权无效宣告行政纠纷案件，庭审结束后代理人签笔录的间隙就说“这个案子某副庭长亲自开庭，看来咱们法院很重视啊”。笔者当时也不知道怎么回答，只是说“副庭长也得审理案子啊”。这个例子就充分说明，法院本身的一些畸形宣传已经给当事人、代理人造成了误解，让他们觉得院、庭长要么不办案，一旦办案就必定是“大要案”，或者至少能够体现出“领导重视”。

不过，“院、庭长办案”引起公众过度解读的现象，也充分说明，在整个诉讼活动中，最能引起关注的就是庭审活动。可以回想一下，在司法改革前的审判权运行模式下，虽然院、庭长很少办案，但他们要听取数量庞大的案件的汇报，并且要对案件的裁判结果给出“指导性意见”。但是，对于院、庭长的这种工作模式，并没有见到“××法院院长亲自听取一起××案件汇报”的新闻报道，这说明院、庭长听取汇报并不是什么值得宣传的先进事迹。相反，人们已经形成认知，院、庭长只有穿着法袍、坐上法台才算履行法官审理案件的职责。

可见，庭审活动非常重要。但与之相伴的是，庭审的时间通常又都很有限，再加上庭审的氛围要么紧张、要么枯燥，都使得庭审活动是一场考验，对于法官和当事人来讲都是如此。笔者曾经经历过一次二审案件的“谈话”，当事人老王在老伴的陪同下进入法庭，除案件相关材料外，还带着一个包裹。一问才知道，老王因担心“谈话”时间太长，把午饭也带上了。殊不知，庭审时间是有限的，不到一个小时“谈话”就已经结束。所以说，参与庭审活动必须提前做好充分的准备工作，以免出现“不该说的说不清，该说的忘了说”的尴尬局面。

庭审活动中，核心的工作主要是两项，即法庭调查和法庭辩论。法庭调查主要是“摆事实”，“法庭辩论”则主要是“讲道理”，其中“摆事实”是基础。而且，站在法官的角度看，“摆事实”比“讲道理”更为关键，因为“摆事实”是必需的，而且必须由当事人完成，法官无法代劳。当事人如果不“摆事实”，有可能就得“承担举证不能的后果”。而“讲道理”则不太一样，即使是当事人不对案件的法律适用发表意见，法官还是得依法裁判，不能仅因为当事人不“讲道理”而判其败诉。因此，对于庭审活动的表达，本文主要讲事实问题。另外，考虑到实务中不少当事人或者代理人喜欢“抒发一下情感”，所以也对庭审活动中的情感表达问题谈一些值得注意的问题。

首先，关于事实的陈述问题。

就笔者而言，对庭审活动的规则没有太高的要求，只要当事人能够“把事实说清楚”就行。但是，庭审活动毕竟是严肃的，结合实务中碰到的一些问题，还是有几点应该注意的事项。

第一，尊重法官。这种尊重既体现为对于法官作为裁判者的尊重，也包括对法官作为庭审活动的主持者的尊重。最基本的，当事人、代理人应该进入庭审的状态，而不能是在想着或者做着其他的事情。例如，在一起专利驳回复审案件的庭审，原告委托的律师老王竟然在代理席位上低头玩起了手机，而且全程基本上都是由其邀请一同参与庭审的专家辅助人在陈述。这就是对法官作为裁判者的不尊重。另外，还有些案件的当事人、代理人不能跟随法官作为庭审活动主持者的思路，主导性太强，以为自己“懂的很多”，一心想着“牵着法官的鼻子走”，试图“把法官往沟里带”。这也是不尊重法官的体现。

第二，直接回答法官的提问。必须承认的是，当事人或者代理人在法律的框架范围内争取己方利益的最大化是无可厚非的，也是能够接受的。但是，这并不是说当事人、代理人应该跟法官“对着干”，一定要到“把法官惹毛”的地步才肯“缴械投降”。其实大可不必。笔者一直坚持的一个理念是，“谁都不傻”，当事人不傻，代理人不傻，法官也不傻，不应该在一些雕虫小技、鸡毛蒜皮的事情上耗费时间和精力。比如说，有些商标案件中，法官问，有没有涉案商标的使用证据，代理人张口就答“有”，而一旦法官让指出具体的页码位置时，他又改口说，“在案证据材料中没有，但实际上是有的，只是没有提交”。其实很多时候想想，犯得着这么调戏法官吗？大家都是成年人，真的没有必要。

第三，避免与法官或对方当事人起争执。实务中，有些案件的当事人、代理人角色意识特别强，一旦进入法庭就视对方为死敌，非得把对方辩驳得哑口无言不可。有的甚至还将法官作为自己的学生对待，非得将法官说服不可，每说完一个观点还会问上一句“法官你说我说的对不对”，让人哭笑不得。其实，庭审活动无非是给各方当事人以及法官提供一个机会，让案件事实得以呈现，“只要把事实说清楚”就行了，没必要一定说谁去说服谁。更离奇的是，竟然还有当事人会在庭审过程中跑到对方的席位去武力打击。很显然，这是没有正确理解庭审活动的意义，把“公力救济”转化成了“私力救济”。

其次，关于情感的表达问题。

庭审活动中，有的当事人会带着怨恨，憋不住会想向法官倾诉。还记得笔者刚入职的时候，第一次在法庭上记笔录，是一起委托创作合同纠纷的案子，被告是一位历史人物传记作家，因对方要解除合同而被诉到法院。在法官让其发表答辩意见的时候，他激动地站起来，说请法官允许他先“抒发一下自己情感”（被告原话）。被告说他为了涉案作品的创作做了大量的前期准备工作，随时都能把整部书写出来，原告不能说解除就解除，这就相当于经过艰难的“十月怀胎”，但面临“一朝分娩”的时候却不让分娩。说实话，被告的这番真情流露还是让人有所感动，虽然不能影响案件的实体结论，但在责任承担上或许还是有些作用。

对于庭审活动中的情感表达，除了当事人的真实情感流露之外，还有就是代理人的一些诉辩技巧，尤其是当其当事人坐在旁听席上或者旁听席上坐满了旁听人员的时候。不管是哪种类型的情感表达，只要是在法律的框架范围内，应该说都是可以理解和接受的。但考虑到庭审时间有限以及法官审理案件的习惯等因素，当事人、代理人在进行情感表达时，可能还需要适当考虑到几个方面的问题。

首先，可能得观察一下法官的类型，比如说，有些法官本身就火急火燎，一进入法庭就想三下五除二地把庭给开完了，这种场合当事人、代理人可能就应该适当收敛一下，不要再做过多的情感表达，否则，不但不能达到效果，还有可能招来法官的训斥。其次，情感表达要适度，让法官知道自己的情绪就行，不要过多地占用宝贵的庭审时间，尤其是当客户在场或者有大量旁听人员的情况下，更是不应该将法庭作为自己展现诉辩技巧的舞台。再次，表达情感要与案件具有一定的相关性，不应将与案件无关的情感带入法庭，否则，占用宝贵的庭审时间不说，还会让自己的诉辩观点大打折扣。

当然，必须注意的是，情感表达只能是庭审活动的调剂和辅助，庭审活动表达的关键还是事实的陈述。

案件事实的表达：证据与陈述

随着人们权利意识的增强，“一言不合上法院”的现象越来越普遍，而且更为难得的是，这些人也清楚地懂得“打官司就是打证据”的道理。不过，略显麻烦的问题是，证据从哪儿来，或者说，收集不到证据怎么办？记得之前有位网友向笔者咨询如何打击侵权。该网友问，对于他人在工厂向客户展示侵权产品的行为，有什么办法立即制止其销售侵权。当时笔者也没多想，直接告诉他带上公证员，以合作洽谈的名义进工厂固定侵权证据，然后向法院申请诉前临时禁令或者直接起诉。对于笔者的建议，这位网友说，这样取证有风险。笔者当时还有点惊讶，问他有什么风险。他说担心“被打”，而且还附加上一个“偷笑”的表情。过后仔细琢磨他的问题以及他的顾虑，才觉得他可能实际想问的是，在这种情况下，有没有可能申请让法官去工厂固定证据，帮助权利人打击侵权行为？

这其实就涉及案件事实的表达问题，即应当由谁、怎样将案件事实呈现给法庭，核心在于证据的提交。首先，法官作为裁判者，其职责在于居中裁判，自然不应由其呈现案件事实。其次，《民事诉讼法》第六十四条第一款规定：“当事人对自己提出的主张，有责任提供证据。”根据该条的规定，已经明确“谁主张，谁举证”。再次，《TRIPs 协议》开篇基本原则中也明确指出，“需要注意知识产权是私权”。既然是私权，搜集、固定相关的侵权证据自然是权利人肩负的责任。尽管《民事诉讼法》第六十四条第二款也规定，当事人及其诉讼代理人因客观原因不能自行收集的证据，或者人民法院认为审理案件需要的证据，人民法院应当调查收集。但是根据最高人民法院相关司法解释的规定，法院依申请或者依职权调取证据的情形有明确的列举。因此，权利人、被控侵权人应当根据其诉辩主张，分别做好维权举证和抗辩举证的相关工作。如果说像咨询的网友那样担心“被打”而不愿去搜集证据，甚至只想着将这份“风险”转移给法官，那其实是对中国法官的误解，因为法官也有可能、也会担心“被打”啊。

在明确案件事实的表达主体后，实务中的关键问题在于证据的提交和陈述。

首先，关于证据的提交问题。

第一，当事人得积极提交证据，这既包括涉及知识产权权属确定以及被控侵权行为是否成立的证据，也包括侵权责任承担尤其是经济损害赔偿方面的证据。曾经有侵犯专利权案中的当事人向法院申请责令被告提交被控侵权产品，其理由是被控侵权产品价格太高，他们自己不想掏钱买。这个申请没能得到法院的支持。合议庭认为，既然当事人能够通过市场手段去解决，就不属于“因客观原因不能自行收集”的情形，法院没有代劳的义务。至于说侵权责任承担方面的证据，主要体现在损害赔偿数额的确定。即使是在主张适用法定赔偿的情况下，权利人也不能没有任何证据，最好也还是要提交涉及知识产权价值、被控侵权情节、被控侵权行为人主观状态等方面的相关证据供法院参考，以便尽可能获得对己方有利的赔偿数额。另外，涉及合理支出的证据，基本上都是客观存在的，应当积极提交给法庭。

第二，证据材料的内容应当紧密围绕案件争议焦点，不能仅考虑证据的“量”，而忽视其“质”的要求。以涉及驰名商标认定的案件为例，当事人必须根据《商标法》第十四条的要求，重点围绕“相关公众对该商标的知晓程度”“该商标使用的持续时间”“该商标的任何宣传工作的持续时间、程度和地理范围”“该商标作为驰名商标受保护的记录”以及“该商标驰名的其他因素”分类搜集、提交相关的证据。实务中，有些案件的当事人提交的证据非常地随意和凌乱，很难让法官感觉到其维权或者抗辩的诚意。虽然说法官裁判是“以事实为根据”，但在事实非常不清晰的情况下，当事人也有可能会被“误伤”。

第三，当事人应当注重对其提交的证据事先进行“三性”的审查，尤其是关联性。实务中，对于证据的真实性以及提交证据原件的问题，当事人都很容易理解，并且一般也都会做足功课，该公证的必定会先进行公证，该准备原件的也都会准备妥当。但是，对于证据的关联性，当事人往往重视不够，或者说刻意忽视。最终虽然在案证据一大堆，但真正能起到证明作用的关键证据并没有多少。比如说在一些涉及外国公司的专利行政案件中，其为证明涉案专利具有创造性，经常会提交一些经过公证的、外国专家做出的意见陈述作为证据。对于这些“证据”，其在证明创造性作用上的关联性就很难得到认定。

其次，再说一下证据的陈述问题。

虽然呈现案件事实的证据材料已经准备就绪，但恰当的陈述也很重要。这种陈述既体现为书面提交的证据材料、诉辩意见、代理意见等书面表达，也体现为庭审现场中的口头陈述，而且由于庭审时间有限，当事人在庭审现场作出的清楚、简明的口头陈述显得尤为重要。

对于证据材料、诉辩意见、代理意见等书面表达，笔者觉得最关键的要紧密结合争议焦点，条理清楚地充分阐述相关证据的证明内容和证明目的，尽可能地做到让法官一目了然，而不是一头雾水。而对于庭审现场中的口头陈述，当然也得围绕争议焦点展开，但笔者觉得最为重要的是简明扼要，不说多余的话，且正面回答法官提出的问题。另外，对于涉及复杂技术问题的技术类案件，在条件允许的情况下，建议当事人通过可视化工具的辅助向法官把技术问题讲清楚，让非技术人员能够听得懂、明白是怎么一回事。

关于庭审中的证据陈述，实务中还有一些非常有意思的案例。比如说，记得有一天下午开庭，律师老王的庭安排在第三个，她倒也算积极，自第二个庭开始就一直在旁听席上认真地听着。但是，诡异的是，等到第三个庭她往原告方席位上一坐，才发现她竟然是“赤膊上阵”，真的是什么都没有带！结果法官一问她三不知。无奈，只好是法官和她共用一套材料，法官问一个问题，她把卷宗拿过去看一眼之后再回答，然后又把卷交还给法官。如此这般，庭审效果可想而知，更奢谈恰当的证据陈述！再如，在另外一起案件庭审中，法官每问一句，说某某方面的证据有没有，律师老宋都非常肯定地说有，法官说找出来在证据中哪一页，律师老宋低头找半天之后说，对不起法官，这方面的证据暂时没有。然后整个庭审就是这种对话模式中循环往复，当然也就没法保证当事人对证据的恰当陈述。

还记得两三年前针对赔偿数额低的质疑，笔者说过一句话，叫作“你给我事实，我给你法律”。当然，这是站在法官的立场说的。但是，诉讼其实就是这么一回事。只有在当事人呈现的案件事实的基础上，法官才能做出相应的裁判。而案件事实的基础很显然是证据，这既需要对证据本身的搜集和提交，也需要对证据材料的恰当陈述，二者都很重要，缺一不可。

诉辩意见的表达：专业与精准

说到知产圈，很多人都觉得“高大上”。之所以会有这种感觉，可能主要还是与知识产权案件的特点有关。首先，知识产权案件本身确实显得“高大上”一些，尤其是那些技术类案件，夹杂着很多技术术语，别说普通老百姓，就连审理知识产权案件的法官都未必能完全听得懂；其次，知识产权案件的主体大多数都是公司，尤其是那些涉及跨国大公司的案件，国内外关注度高，社会影响力大；再次，知识产权案件中双方一般都会委托律师参与，一定程度上能够避免法官直接与当事人交流存在的障碍，让审理普通民事案件的法官羡慕不已。

显然，这第三点主要是站在法官的角度对知识产权案件特点的认识。法官与当事人直接交流之所以会存在障碍，说白了就是因为很多时候当事人“不懂法”，而法官与律师之间一定程度上能够避免这种交流障碍，主要也是因为二者适用相同的法律规则、有着同样的法律思维方式，“能够说到一块儿去”。当然，这也只是理论上的，实务中也不排除部分知识产权案件中法官与律师没法正常交流的情形。而之所以会出现“没法正常交流”的情形，如果仅探讨律师方面的原因，主要在于其专业知识和精准表达能力的欠缺。

这也就是本文提出的，诉辩意见的表达至少应该满足两项前提条件，一是律师应当具备知识产权法律领域的专业知识，进而其表达出的诉辩意见也应当能够体现出律师的专业水准；二是律师还应当具备精准表达的能力，确保其表达出的诉辩意见与实际想表达的一致，并且也能同时兼顾案件的争议焦点和特定情形下法官提出问题的要点。

基于各种原因，实务中确实存在一些律师专业水准不够的情形。例如，笔者曾经主审过一起侵犯发明专利权纠纷案件，双方当事人均为公司，且均委托了律师参与诉讼。在此之前，涉案专利权利要求 1 被宣告无效，所以原告在该案中以权利要求 2、4、5 主张专利权保护。对于这个问题，被告律师老王反复提出异议，说既然权利要求 1 作为独立权利要求已经被宣告无效，原告就不再有权利去起诉他人侵权，即使主张其他权利要求也不可以。尽管合议庭多次进行释明，律师老王依然坚持其观点，并且拒绝就原告提出的侵权比对内容发表辩论意见。很显然，律师老王尽管已涉足专利领域，但实际上对专利法基本知识的掌握还有很大的欠缺。这种情形下，很难指望其能够依法、充分地表达其辩论意见，最终必然损害当事人的利益。

另外还有一些案件中，相关律师并不能说欠缺专业知识，但却总是会提出一些似是而非的诉辩意见，稍不留神还真不太好“接招”。比如说，在一起实用新型专利权无效行政纠纷案件中，某公司的专利被宣告无效，具体适用条款是《专利法》第二十二条第三款，即缺乏创造性。在适用“三步法”进行创造性判断的基础上，某公司律师老宋还指出，如果涉案专利不具备创造性，专利复审委员会和第三人如何解释市场上为什么会有那么多厂家（包括第三人）模仿涉案专利生产侵权产品呢？对于这个问题，如果法官的裁判风格简单粗暴的话，直接指出该问题与涉案专利创造性的判断无关即可。但细究起来的话，其实是律师老宋的逻辑出了问题。首先，律师老宋认为如果某项专利遭受市场上众多厂家的模仿，该专利必然是具备创造性的；其次，市场上有很多厂家（包括第三人）模仿涉案专利。因此，律师老宋认为涉案专利具备创造性。尽管律师老宋的论证是符合“三段论”的，但问题就在于他并没有论证他主张的“前提”为真，所以，他通过“三段论”得出的结论也就难以成立。

实际上，律师老宋是懂“三步法”的，能够称得上是专业人士。但是，他在表达起诉意见的时候，提出的观点最终却被证明是个谬论。为什么会出现这个情况？笔者觉得这可能就是因为，诉辩意见的表达在满足“专业”要件的基础上，还应该做到“精准”，不能似是而非。

说到“精准”的要求，还可以通过一起经常会碰到的商标案子为例进行说明。在某商标案中，某公司提出的商标注册申请被驳回，其理由是该商标注册申请违反《商标法》第三十条的规定，即与他人在相同或类似商品上的在先注册商标构成相同或者近似商标。对于该结论，某公司不服，其律师在正常适用《商标法》第三十条进行论述的基础上，还指出引证商标的权利人与某公司处在完全不同的两个行业，故两商标指定（核定）使用的商品并不构成类似商品。稍加分析我们就会知道，该律师实际上也是提出了一个似是而非的问题。根据《商标法》第三十条的规定及相关司法解释，相关主体实际所处行业并不是类似商品判断的标准，因为法律并没有禁止 A 行业的公司（或者个人）在 B 行业的相关商品或者服务上申请注册商标。

为什么会有表达不精准的情形？根源上当然也可以说是专业知识的缺乏。但实际上上述两例不精准的情形并不是因为相关律师完全缺乏专业知识，恰恰相反，他们都是专业人士，只不过基于各种缘由，出现了某些“懂装不懂”或者“不懂装懂”的现象。

当然，实务中确实还有一些真正意义上的表达不精准的现象。比如说，有些律师未能恰当地区分“商品”与“服务”“类似”与“近似”等《商标法》中的相关术语。还有一些案件中，相关律师在主张商标评审委员会作出的被诉决定违反审查标准一致性原则时，仅仅是罗列三五枚商标，然后再摆出这么一个观点，但至于涉案商标与该三五枚商标是什么关系、被诉决定为什么违反审查标准一致性原则，并没做进一步的说明，真正地做到了“惜墨如金”。很显然，这是诉辩意见表达不精准的表现。对于这种不精准的表达，大概也只能换来判决书中“商标审查具有个案性，其他商标获准注册的情况并不能作为涉案商标应予核准注册的当然依据”这么一句模板性的回应。

另外，可能还需要强调的是，专业、精准的诉辩意见的表达不仅是律师提供法律服务的需要，也直接影响着你我共处的知产圈的“高大上”形象，所以值得认真对待。

裁判文书的表达：套路与真诚

对法院工作有所了解的人都知道有“搭架子”这么个说法。所谓“搭架子”，通常来讲，指的是由法官助理、书记员或者实习生帮着起草裁判文书中“本院认为”部分之前的内容。不管是“搭架子”的人，还是吩咐他人“搭架子”的人，大都觉得“搭架子”是一项简单的劳动，“对着卷宗抄抄就行”，没有什么特别的技术含量，也不需要多少实务经验的积累。

之所以认为“搭架子”简单，大概有两方面的原因，一是相对于法官撰写裁判文书中的“本院认为”部分，起草该部分之前的内容确实相对简单一些，“创造性劳动”会少很多；二是与部分法官助理、书记员和实习生的能力和水平相比，“搭架子”确实是一项较为符合客观实际、难度不会太大的工作内容。不过，细想起来，这两方面的原因实际上是源于一个判断，即裁判文书“搭架子”是一个模板色彩很浓的工作事项，“一切按套路办”。

举个很简单的例子，在商标行政纠纷案件中，判决书在表述商标评审委员会的答辩意见时，往往是相同的一句话，即“被诉决定认定事实清楚，适用法律正确，作出程序合法，原告的诉讼请求和理由不能成立，请求法院驳回原告的诉讼请求”。这其实就是模板，是“按套路办”的典型。但是，这种“套路化”的撰写方式很容易产生副作用，即商标评审委员会不再认真撰写答辩意见。因为道理很简单，答辩意见写得再好，也无法呈现在判决书中。当然，这里面或许也存在“鸡生蛋还是蛋生鸡”的问题，也就是说，究竟是商标评审委员会没有正儿八经地撰写答辩意见，导致法院干脆“套路化”，还是法院“套路化”地表述答辩意见的做法，引发商标评审委员会不好好答辩。

说到裁判文书撰写的“套路化”，其实不仅仅体现在“搭架子”涉及的内容，在判理即“本院认为”部分也同样存在“套路化”的问题。还是以商标行政纠纷案件为例，在回应原告关于审查标准一致性的起诉理由时，很多判决书往往是这样一句话，“商标审查具有个案性，×× 商标获准注册的情况并非本案诉争商标应予核准注册的当然依据”。而在回应原告关于诉争商标经过使用不会与引证商标产生混淆误认的诉讼主张时，很多判决书中也能找到这样一句话，“原告

提交的 ×× 等使用证据亦不足以证明诉争商标经过使用已获得足够的知名度，进而能够避免使相关公众将其与引证商标混淆误认”。这些套路化的表达，虽然论述上四平八稳，但也基本上千人一面，很难体现裁判者独有的智慧和对待案件的真诚态度。

其实，对于裁判文书撰写，虽然笔者也经常会有套路性质的表达，但一向主张“活学活用”，要在“知其然”的基础上实现“知其所以然”，并尽可能地“少一点套路，多一点真诚”。也正是这个原因，笔者并不赞同那种认为“搭架子”很简单的观点。

“搭架子”为什么并不简单？至少有两个方面的原因。首先，对诉辩意见的表达，需要做到准确、完整和简要。一个非常简单的问题，对于当事人的诉辩意见，裁判文书是否需要原文照录？有些裁判者持肯定的观点，主要理由是说避免漏审其诉辩理由。对于这一点，笔者并不赞同，裁判文书撰写者不但不应该原文照录，相反还应该进行概括和总结，做到准确、完整和简要，而不是将诉辩意见搞得“又长又臭”，让人抓不住真正的争议焦点。其次，对证据材料的表达，需要兼顾全面性和侧重点。应当在确保完整呈现当事人陈述事实的基础上，立足案件争议焦点，根据后文裁判文书说理部分的需要处理好事实表达的详略情况，而不是“眉毛胡子一把抓”，仅仅是在增加裁判文书的篇幅。当然，“搭架子”不简单可能还体现为裁判文书的语言本身具有一定的特殊性，需能体现出代表国家行使审判权的特点。因此，语言的表达本身应当具有一定的严肃性，有的时候需要将当事人的生活语言转化为法律用语。

这也是为什么，同样是在“搭架子”，有些实习生“搭的架子”根本没法用，而有些实习生“搭的架子”法官稍微顺一下语言就能够直接用作裁判文书。这其实也就说明，所谓的简单的“搭架子”，也能充分检验起草人的法律理论水平和语言文字能力。“搭架子”虽然一直被视为基础性、套路性的工作，但如果起草人对待“搭架子”没有一些“真诚”的态度，恐怕还真做不好。

说完“搭架子”，再看“本院认为”部分，也就是所谓的“裁判文书说理”。正如大家都知道的，这一部分最能体现出裁判者的水平，而北京知识产权法院提倡的“公正、令人信服和有指引意义的判决”的评价标准说的也主要是裁判文书的说理。虽然套路在所难免，但如何做到“少一点套路，多一点真诚”，还真是需要下一番功夫，需要不断地进行实务总结和规则提炼。

还是以商标行政纠纷案件中的“审查标准一致性”问题为例。笔者就曾做过一些思考，并且尝试着表述在判决书中。在“TNC 大自然保护协会”商标驳回复审行政纠纷案[①]中，一审判决说理如下：

商标审查具有个案性。对于这种“个案性”，至少包括两个方面的内容：一是商标注册制度本身由一系列的制度构成，即使获得初步审定，其后还有商标异议制度，获准注册的商标仍然面临着商标无效等制度的考验，而且部分案件中商标审查的结论可能还要接受法院的司法审查；二是商标能否获准注册还与商品或服务的内容、商标的使用状况、引证商标的情况等一系列因素相关。因此，坚持商标个案审查原则并非对商标审查标准的破坏，而恰恰是遵循商标审查标准的体现。正是因为存在商标异议、无效等制度，被告针对第10959665号“TNC守护自然尊爱生命及图”商标、第10959594号“TNC大自然保护协会及图”商标作出的驳回复审决定并不能作为本案申请商标应予核准注册的当然依据。因此，对于原告提出的被告违反审查标准一致性的相关诉讼理由，本院不予支持。

之后，上述关于“审查标准一致性”问题的说理不断重复在笔者起草过的判决书中，似乎也成为“套路化”的佐证。但是，这种“套路化”的表述事实上已经体现了判决书起草者的深入思考，是真诚之作。当然，裁判文书毕竟是行使国家审判权的载体，其能够在多大范围内容许裁判者呈现其真诚，仍需做进一步的探讨，以便寻求共识。

① 见北京知识产权法院（2015）京知行初字第2982号行政判决书。

裁判理由的表达：清楚与充分

2016年8月30日，最高人民法院发布经修订的《关于人民法院在互联网公布裁判文书的规定》，并正式上线中国裁判文书网APP手机客户端。在“人民法院裁判文书公开工作座谈会”上，全国人大代表孙晓梅说，“裁判文书上网倒逼法院，促进裁判文书质量的提升有飞跃式的进步”。最高人民法院院长周强指出，“要不断提高裁判文书制作水平，加强裁判文书说理，尤其对当事人争议较大、法律关系复杂、社会关注度较高的案件，要更加充分释法说理，切实以公开促公正、树公信”。这两项论述的基本逻辑在于，通过裁判文书公开能够“倒逼”法院加强裁判文书说理，提升裁判文书的质量，进而促进司法的公正和公信。

基于老百姓朴素情感，笔者觉得这种“倒逼”的效果可能是存在的，也即裁判文书的上网公开和裁判文书质量的提升之间存在关联。但是，这种“关联”并不好量化。正如大家都认同的，裁判文书的质量主要体现为裁判文书的说理。然而，对于裁判文书的说理，其标准却总是比较模糊。正如上述周强院长提到的，要“加强裁判文书说理”“更加充分释法说理”，当然说得很对，但只能说是一项原则，而不能作为实务中的规则或者说标准。即便是《民事诉讼法》中的规定，也只是要求判决书的内容包括“判决认定的事实和理由、适用的法律和理由”，也并没有对此处的“理由”做更进一步的界定。

“裁判文书的说理”这个问题在实务中一直处于需要“加强”的状态，如同知识产权的保护力度，也永远是在“加大”，但究竟多大才算大，却不得而知。对于裁判文书的说理一直饱受诟病这一现象，笔者觉得需要客观看待。首先，不能否认绝大部分案件中裁判文书说理都能够满足当事人的需求，至少实务中当事人的上诉、申诉活动主要体现为对裁判结果的不满意，而并非说不满意裁判文书的说理。其次，越来越多的法官更加注重裁判文书的说理，甚至将裁判文书当作自己的“名片”对待，不断贡献出对大众行为具有指引意义的裁判文书。再次，裁判文书说理不够的现象是由多种因素导致的，比如说，有些法官不会说理、不愿说理，有些法官想认真说理，但在激励机制匮乏的大背景下难以持续，导致出现“多一事不如少一事”的尴尬局面，还有就是有些当事人的诉辩主张千奇百怪，导致法官难以用贴切的法律语言进行说理。因此，忽视实务中裁判文书说理的现状，一味地主张“加强裁判文书说理”并不是实事求是的做法。

那么，究竟该怎样进行裁判文书说理呢？民法学家王利明教授提出了裁判方法研究的问题，其重点落脚于如何“找法”、如何“解法”、如何连接事实和法律、如何进行价值判断和利益衡量。说的很有学理性，但学习、领会起来可能会有一定的难度。

借鉴《专利法》中针对权利要求和说明书撰写的要求，笔者觉得裁判文书说理的标准界定为“清楚”是比较合适的。根据字典含义的记载，所谓“清楚”，是指清晰、明白、有条理。通俗来讲，就是让当事人能够弄明白法官为什么这样裁判。对于这种“清楚”，可以考虑从四个角度来理解。

第一，常规案件和疑难案件均应说理。正如世界上没有完全相同的两片树叶，也很难找到完全相同的两起案件，因此，每一起案件裁判文书的说理对“清楚”的要求都会有一定的差异。而正是这种差异决定了实务中具体案件的裁判理由应阐述到何种程度确实很难有一个放之四海而皆准的标准。但是，对于实务中的案件，还是能够基于其案件事实认定和法律适用的难易区分为常规案件和疑难案件。一般来讲，疑难案件较常规案件对说理“清楚”要求更高，这既是案件本身的审理需要，也是当事人对不同案件的心理定位不一样。但是，需要注意的是，不论是常规案件还是疑难案件，裁判文书不能只给出结论，而要让当事人知道为什么要这么裁判，也就是要说理。比如说，不论是适用何种方式确定赔偿数额，均要在判决书中记载确定赔偿数额的考虑因素，以及这些因素如何得出具体的赔偿数额。

第二，裁判文书的说理应该具有针对性。也就是说，法官在阐述裁判理由的过程中，应注重围绕当事人的诉辩主张和争议焦点进行。裁判文书只有建立在当事人准确诉辩的基础上，才可能做到对其裁判理由的清楚记载。因此，法官在阐述裁判理由时，应针对当事人诉求和理由说理，注重回应，有的放矢。坚持裁判理由表达的针对性，还能避免裁判文书的繁简不当问题，以免造成不必要的司法资源浪费。一份优秀的裁判文书并不是对所有有关认定的事实和适用的法律，均面面俱到、平铺直叙地进行论证和说理，而是应该抓住焦点，突出重点。对于有争议的事实，在裁判文书的事实认定部分，应着重写明质证、认证过程及理由；对有争议的法律问题，在判决理由部分也要着重加以详细论述，逐个分析，予以回应。

第三，裁判文书的说理应该具有完整性。通俗来讲，就是不能“说一半留一半”，而是要把法官心里想的全部说出来。这里面值得注意的是，法官可能由于审理案件太多，对于一些问题已经见怪不怪，经常会无意识地忽视对某些环节的说理。比如说，在涉及《商标法》第三十条适用的案件中，对于商标近似的判断，经常会基于两商标主要识别部分的近似而认定二者构成近似商标。但是恰恰是对这“主要识别部分”的认定，可能只是仅给出结论，而没有具体论述为什么该部分应该被认定为主要识别部分，导致出现说理不完整的现象。

第四，不同审级案件的说理侧重点有异。通常来讲，一审案件的重点在于解决当事人之间的争议，二审程序的制度功能则要复杂，包括吸收不满、纠正事实错误、促进法律适用统一以及巩固司法体系的合法性等。理论上来讲，基于制度设计过程中功能定位的不同，各审级之间裁判理由的表达“清楚”与否的评价标准必定会存在差异。对于一审裁判文书，其裁判理由“清楚”的落脚点在于通过证据的采信进行事实的查明，进而适用现行法律规则；而二审、再审裁判文书中裁判理由“清楚”表达的方向更应该是法律规则的解释和适用。但是，实务中四级法院之间的功能定位并没有区分的很清晰，甚至还有功能重叠的问题，这也就导致各级法院的法官撰写的裁判文书并没有特别突出的审级色彩，值得重视。

相对于“加强”“充分”等要求，裁判理由“清楚”表达的要求更加具有可操作性。考虑到裁判理由表达的个案性，法官对于“加强”裁判文书说理的追求不能太痴迷，重点落脚在“清楚”表达即可。

裁判文书的两种风格：论文与公文

有一次在法院食堂吃饭，聊起手头的活，笔者揶揄地说只是在各种打杂。尽管这么一说，话题还没断。对方又说，你帮着写判决书好辛苦啊。笔者脱口而出一句：有啥好辛苦的，法官让怎么写就怎么写。并且补充道：法官能将判决书写成论文，助理只能写成公文。

虽然是随口一说，但这么一句话之后却一直萦绕在耳边。参加工作以来，陆陆续续撰写过将近八年的裁判文书，其中，一开始是以书记员的身份帮着承办法官撰写，后来当上法官之后是以承办法官自己的身份撰写，之后又是以法官助理的身份辅助法官撰写。随着身份的变动，写出来的裁判文书也还真是有点不太一样。

"法官能将判决书写成论文，助理只能写成公文"这句话当然并不准确，但它实际想要回答的问题是，裁判文书能够在多大程度上体现撰写者的意志？虽然裁判文书是实现司法权的载体，但我们谁都不会否认具体的裁判文书总是能够体现撰写者的意志和风格。当事人相同、案情也大致相同的两起案件，不同的承办法官在隔离状态下写出的判决必然是不一样的，因为每个法官的想法都是不一样的，即使结论、判理一样，具体的表达方式、写作风格也会有差异。当然，这里说的只是"差异"，而并不是说"对错"的问题。

不过，对于"法官能将判决书写成论文"这句话，还是需要再说明几点。首先，"法官能将判决书写成论文"是需要有前提条件的。比如说，法官需有相应的业务水平，而非徒有法官之名；在具备相应的业务水平的前提下，还要能够坚持独立办案，做到"审理者裁判"；法官要有撰写"论文式裁判文书"的意愿，而不是总去担心"说得越多越容易犯错"。其次，也并不是说"法官将判决书写成论文"就一定是好的，尤其是有些所谓的"论文"，言之无物，"又长又臭"，写出来估计连撰写者自己都不忍心多看一眼。而且，最为关键的是，裁判文书最基本的功能是解决纠纷，其撰写方式应该是为该功能服务的，因此，不能满足论文形式上的"高大上"。再次，"法官能将判决书写成论文"主要想表达的是，法官能够基于其裁判者的角色，在撰写裁判文书的过程中体现其裁判权行使的自由意志，形成其独具风格的裁判思路、说理方式和撰写风格等。

那么，“助理只能将裁判文书写成公文”，又该如何理解呢？首先，此处“公文”指的是《党政机关公文处理工作条例》中明确的公文种类，是党政机关实施领导、履行职能、处理公务的具有特定效力和规范体式的文书。有句话说的很形象，“公文姓公，言不由衷”。也就是说，“公文”只能说“官话”，基本上很难体现起草者的自由意志。裁判文书虽然也是在代表国家行使司法权，但由于司法权是一种判断权，必定是要体现裁判者的意志。因此，裁判文书有别于公文。其次，当助理辅助法官撰写裁判文书时，裁判文书最终体现的仍应该是法官作为裁判者的意志，而非助理的意志，尤其是当法官和助理的意见不一致时，更应该是服从法官的意见，因为法官是裁判者，助理只是司法辅助人员。那么，这种情况下，助理撰写裁判文书只能是“写成公文”，无法体现出助理作为撰写者的意志。再次，实务中的绝大多数情形是，法官和助理的意见并不冲突，但法官只是要求在裁判结论上体现其作为裁判者的意志，至于说具体的裁判理由、写作风格等，均由助理自行决定。那么，在这种情况下，助理能有多大的可能性将自己的意志兜售成法官的意志，并且体现在裁判文书中呢？笔者觉得可能性并不大。这有点类似将自己孩子生下来送给别人家，可能不太现实。如果实在要送，那也只能是先去领养一个，然后再将领养的这个给送过去。也就是说，这种情况下，助理更大的可能性是写出一份“公文式裁判文书”，其中很少会体现出助理作为裁判文书撰写者的独具个性的撰写理由和写作风格等。

当然，正如文章开篇就提到的，“法官能将判决书写成论文，助理只能写成公文”这句话并不准确。实务中，也不乏助理辅助撰写出“论文式裁判文书”，这在笔者身上也有体现。但是，总体来讲，助理辅助撰写裁判文书确实会更多地输出“公文式裁判文书”。

怎样看待那些“调戏法官式”的管辖权异议

2016 年 7 月份八达岭野生动物园“老虎吃人”事件曾在网上引起热议，但核心的观点基本上是落脚在“规则意识”。有篇文章说的很好，“比老虎更可怕的，是一个人对规则的蔑视”。

冷静下来细想这起事件，之所以能够引发大家的讨论，可能还是因为“死人了”，而且是让老虎给吃了，对大家的冲击太大。基于朴素的认识，大家都觉得这件事情是女事主不对，违反了动物园的规则。

但是，换作其他的一些场景，大家可能又不会对规则看的那么重。比如说，在很多单位，职员都“主动加班”，乐此不疲，即使是没有加班费也不会主张作为劳动者的权益被侵犯。

当然，还有很多其他的例子。比如，绝大多数知识产权民事纠纷案件中都会出现的管辖权异议，不管有无合法正当的管辖权异议理由，被告方都会觉得这是在行使诉讼权利，甚至将其当作一项“诉讼技巧”大肆宣扬。但是，实务中一些管辖权异议的提出很明显地突破了规则。

那么，对于被告方的管辖权异议，究竟该怎么看待？

首先，必须明确的是，管辖权异议是当事人的一项诉讼权利，这在法律中有明确的规定。《民事诉讼法》第一百二十七条第一款规定，人民法院受理案件后，当事人对管辖权有异议的，应当在提交答辩状期间提出。人民法院对当事人提出的异议，应当审查。异议成立的，裁定将案件移送有管辖权的人民法院；异议不成立的，裁定驳回。这也是北京知识产权法院作出的（2016）京 73 民初 182 号管辖权异议民事裁定书中明确的一点。

当然，《民事诉讼法》关于管辖的问题在第二章有专门的规定，包括级别管辖、地域管辖，以及移送管辖和指定管辖。也就是说，至少在《民事诉讼法》层面上，管辖权的规则还是基本明确的。这也就是为什么绝大多数的管辖权异议均被法院裁定驳回，只有零零星星、很少的一些管辖权异议最终得到支持。

但是，实务中的问题出在哪里呢？

恶意提起的管辖权异议太多！当然，这里的“恶意”主要是指管辖权异议没有合法正当的理由，甚至说得极端一点就是“无理取闹”。

可以举两个例子（仅摘录管辖权异议的理由）：

例一：贵院马驹桥派出法庭条件简陋，设备极其不齐全，连审理案件的最基本的桌子、椅子都没有，远不如远郊区县或者偏远山区的法庭办案条件，失去公信力和威严感。虽本案在合同纠纷履行地法院审理，但若在不像法庭的法庭审理涉案金额上百万元的案件会让当事人产生不信任感和距离感，故，还是应该将本案依法移送管辖，交由北京市朝阳区人民法院审理。

例二：广州市天河区人民法院是净土，有点新鲜空气与绿叶，故要求本案移送广州市天河区人民法院审理。

这两个例子都是媒体公开报道过的，这两项管辖权异议理由都堪称“奇葩”。甚至毫不客气地说，这分明是在调戏法院、调戏法官！这也就是本文标题中所指的“调戏法官式”的管辖权异议。完全无视法律的严肃性！

奇葩的例子还有很多，笔者也曾亲身经历过一个。被告的管辖权异议理由如下：原告是一家德国公司，而被告是一家上海公司。原告在北京打官司是打，在上海打官司也是打，为节省被告路途往返成本，提高审判效率，本案还是应该在上海相关法院审理更合适。

虽然说管辖权异议是法律赋予当事人的权利，但权利的行使是不是也得于法有据啊？！为什么这个案子不应在受诉法院管辖，总得找出法律依据吧？

没有任何法律依据，就是这么任性！

这就是司法实务中管辖权异议的现状。

当然，归纳起来，实务中被告提出管辖权异议的目的无非有三个：1. 所涉案件管辖权确实有问题，坚决依法维护自己的权利；2. 难以在法定的举证期限内完成举证工作，通过管辖权异议向法院争取更多的举证时限；3. 纯属拖延诉讼，恶意十足。所谓“调戏法官式”的管辖权异议指的就是这第三种情形。

大家都知道，管辖权异议的裁定是可以上诉的。这样一来，经过一、二审法院审理，没个小半年，整个管辖权异议的程序是走不完的。

正中恶意拖延诉讼当事人的下怀！

问题在于，对待恶意提起的管辖权异议，法官该怎么办？

看过一篇报道，接受采访的法官的观点是，速战速结，不给这类当事人以可乘之机！另外，也有律师持大致类似的观点，说管辖权异议是当事人的权利，法院要做的就是完善管辖权异议的审理规则，以最快的速度完成管辖权异议审理和卷宗流转等工作。

理论上来讲，“速战速结”“埋头苦干”的做法笔者也是赞同的。但是，实务中的问题是，你再怎么“速战速结”，再怎么“埋头苦干”，也架不住越来越大的案件量。更何况，法官面对的是这种“调戏式”的、恶意提起的管辖权异议，其工作量体现不出任何输送正义的价值。因为事实已经非常清楚，“谁是正义，谁是恶意”根本就不需要法官去裁判。

当然，实务中“工作量大”“增加诉累”“浪费宝贵的司法资源”等都只是问题的表面，真正深层次的问题还得回到本文开篇提到的“老虎吃人”事件。为什么会出现“一死一伤”的结果？为什么网上舆论都一边倒地谴责女事主？无非就是大家都觉得女事主没有遵守规则。而反观那些没有合法正当理由、纯属“调戏法官式”的管辖权异议，说白了就是在破坏诉讼规则，践踏法律尊严。

不过，行文至此，可能还有一个问题需要探讨，那就是对于这种没有合法正当理由、纯属“调戏法官式”的管辖权异议，法官在管辖异议裁定书中予以指出是否超越其职权？众所周知，法院通过其司法裁判，在解决个案纠纷之外，还承担着规范、引导公众行为的职能。因此，法官在裁判文书中指出某些管辖异议的低级错误并非某些“专家”所认为的任性，而恰恰是在忠实履行法律赋予的职权！

为敢于旗帜鲜明地主持正义的知识产权法官点赞

2016年上半年，北京知识产权法院作出的两份管辖权异议民事裁定书曾在网上引起热议，有质疑的声音，也有支持的声音，但好像大家并没有仅因为自己所处的立场而偏向于某一种观点。认真阅读过两份裁定书后，笔者认为，应该为敢于旗帜鲜明地主持正义的知识产权法官点赞。

为什么这么说？

还是先简单看看两份裁定中的主要观点。

在（2016）京73民辖终29号民事裁定中，法院指出：在北京知识产权法院于2014年11月6日成立之后，北京市的其他中级人民法院即不再受理知识产权民事和行政案件，这是知产业内众所周知的常识。但在本案中，有两位律师作为代理人的新元公司，却在两审过程中一再请求将本案移送至无管辖权的北京市第三中级人民法院审理，此举令人费解。同时，上诉人的行为不仅增加了对方当事人的诉累，而且浪费了宝贵的司法资源，还有可能伤及社会公共利益，故本院希望类似行为，在今后的诉讼中不再发生。

在（2016）京73民初182号民事裁定中，法院指出：根据法律规定提出管辖权异议，是法律赋予当事人的合法诉讼权利，应予保障。但当事人在行使诉讼权利的同时，应体现出对法律的敬畏和对司法的尊重。本案为侵权诉讼，被告均为企业法人，《民事诉讼法》等法律对被告为法人的侵权诉讼如何确定管辖权有明确规定。而被告深圳乐时购公司在聘请专业律师作为委托代理人参加诉讼的情况下，却依据完全无关的法律规定提出管辖权异议申请，明显是草率的、不负责任的。而被告深圳乐时购公司的委托代理人作为执业律师，在为当事人提供专业法律服务时，本应尊重法律规定，恪守职业道德，在本案中却未体现出职业律师应具备的最基本的敬业精神和专业素养，在诉讼中应予以避免。

这两份裁定由不同的合议庭法官作出，一份作出时间是2016年3月，一份作出时间是2016年6月。但二者的相同之处在于，都对实务中大家觉得不太妥当、但又司空见惯的行为发出了声音，表明了态度。目前看来，恰恰又是这两段的内容引发了大家的讨论。

应该说，两份裁定书中如果没有上述两段内容，并不影响裁定的结论以及裁定内容本身的完整性。但是，合议庭法官还是加上了这两段内容，对相关当事人和律师的不正当行为予以指出。

法官为什么要这样做？笔者当然不得而知。但作为一名知识产权实务工作者，笔者对法官的做法是持赞同态度的。试想一下，如果对这种在诉讼活动中一本正经睁眼说瞎话的行为都不能予以评价的话，诉讼活动还怎么能有序地进行下去？尤其是在有双方当事人参与诉讼活动的情况下，这对另一方（基本上体现为知识产权权利人，即案件原告）是公平的吗？

稍微说远一点。很长一段时间以来，大家都对我国的知识产权保护环境表示不满，说什么维权成本高，侵权成本低，保护力度不够，等等。但是，不可否认的是，无理提起管辖权异议、恶意拖延诉讼，恰恰是助推维权成本高的一个重要方面。然而，一旦法院开始对这种恶意拖延诉讼的行为给以否定性评价的时候，这些主张知识产权保护力度不够的人群又转而对法院的做法提出批评。

其实大家都知道，良性循环的诉讼环境对大家都是有利的，不论你是法官还是当事人，不论你是原告还是被告，也不论你是原告律师还是被告律师。事实上，对于这种恶意提起管辖异议的行为，很多律师群体也是持否定态度的，而不仅仅是法院或者法官觉得不妥。

当然，有人会说，法官当然可以评价，但是得依法评价，而不能进行道德谴责。一说到法律和道德的关系，各种理论探讨能说几天几夜。笔者只想提一点，那就是各行各业都有自己的职业道德，以及为人处世的基本道德。这让笔者想到之前看到的一句话，说律师最大的敌人不是法官，也不是对方律师，而是自己的客户。通俗地来讲，也就是说，不能为了所谓的“客户利益最大化”而去违背自己的职业道德和职业良知。

回过头来再说为什么应该为作出两份管辖异议裁定的知识产权法官点赞。

大家都知道，在我国一直以来的国情下，“多一事不如少一事”“言多必失”等心态还是很盛行的，尤其是作为公务员群体，法官可能也不太愿意在纠纷解决之外去表达更多的观点。所以，在部分案件中，我们可以看到一些裁判文书说理比较粗糙，说理不多。而且，在不少网络舆情事件中，法院、法官宁愿背各种各样的黑锅，也很少及时站出来说话。而做出涉案两份管辖权异议裁定的法官却恰恰是选择了站出来，对于大家司空见惯、但又确实觉得不妥的现象说“不”，而且是“旗帜鲜明”地表达自己的观点。

仅凭这一点，笔者觉得，就应该为这两起案件中的知识产权法官点赞！

违反请求原则能否通过满足听证原则而豁免

时任中央政法委总书记孟建柱曾在中央政法工作会议讲话中提到，对改革开放以来各类企业尤其是民营企业因经营不规范引发的问题，要以历史和发展的眼光予以对待，严格遵循法不溯及既往、罪刑法定、从旧兼从轻等原则公正处理。对已过追诉时效的，不再追究。

简单解读的话，这段话的大致意思就是要依法处理好资本的“原罪”问题，避免“毒树”永远无法结出“善果”的现象。这让笔者想起了一个类似的问题，即专利行政案件中请求原则与听证原则的关系问题，更为具体的是，违反请求原则能否通过满足听证原则而豁免？

请求原则是指专利复审委员会通常仅针对当事人提出的复审或者无效宣告请求的范围、理由和提交的证据进行审查，而不承担全面审查的义务。听证原则是指专利复审委员会在作出审查决定之前，应当给予审查决定对其不利的当事人针对审查决定所采用的理由、证据和认定的事实陈述意见的机会。请求原则和听证原则是专利审查必须遵循的两项基本原则。

但是，实务中总是会出现一些违反请求原则的情形。对于这些确实可能违反请求原则的审查决定，专利复审委员会通常会主张基于行政效率优先的考虑，在满足听证原则的基础上，可以依职权进行审查，而不受当事人具体请求的限制。这种观点是否合法或者说合理？保障听证原则能否弥补违反请求原则的程序错误？

北京市高级人民法院曾经在《当前知识产权审判中需要注意的若干法律问题》中提到，“实践中，比较麻烦的是专利复审委员会在专利确权程序中依职权引入公知常识而宣告专利无效的情况。一律认可或以违反依请求原则而撤销都是不妥的。我们认为，对于满足听证原则，且公知常识的引入确实能够导致专利权被宣告无效的，应当在判决中指出专利复审委员会依职权引入公知常识违反请求原则，但考虑到行政效率并防止程序空转，法院在个案中予以认可；但是对于未满足听证原则的，应当予以撤销”。

可以看出，在涉及“依职权引入公知常识”的情形下，北京市高级人民法院附条件认可了违反请求原则可以通过满足听证原则予以弥补的做法。但是，如果不能保障听证原则，则违反请求原则必然是程序违法。在实践中，北京市高级人民法院也是这么裁判的。在涉及“可循环用于橡胶轮胎制造中的保鲜隔离层”实用新型专利无效行政纠纷案[①]中，北京市高级人民法院认定，专利复审委员会在无效宣告请求审查程序中，虽然可以依职权引入公知常识性证据，但其应当给予相关当事人陈述意见的机会，以保障行政相对人的听证权利。本案中，专利复审委员会在第21360号决定中为说明“塑料”和“涤纶”的一般定义，引用了《化工辞典》的相关内容并作出了对卢建忠、卢圆圆不利的审查结论，但其未保障卢建忠、卢圆圆就该证据陈述意见的权利和机会，故专利复审委员会作出第21360号决定的程序违法。

关于“请求”的问题，可以再看看民事诉讼中有关诉讼请求与案件审理范围的关系问题。关于诉讼请求的新增问题，《最高人民法院关于适用〈中华人民共和国民事诉讼法〉若干问题的意见》第一百五十六条规定，在案件受理后，法庭辩论结束前，原告增加诉讼请求，被告提出反诉，第三人提出与本案有关的诉讼请求，可以合并审理的，人民法院应当合并审理。第一百八十四条规定，在第二审程序中，原审原告增加独立的诉讼请求或者原审被告提出反诉的，第二审人民法院可以根据当事人自愿的原则就新增加的诉讼请求或者反诉进行调解，调解不成的，告知当事人另行起诉。

也就是说，最迟在一审法庭辩论终结前，相关案件的诉讼请求就不能再增加，相应地，其案件审理范围也就被固定。但是，该规则似乎也并未得到绝对遵循。以《最高人民法院公报》(2004年第9期)刊登的厦门大洋工艺品有限公司与厦门市黄河技术贸易有限公司专利实施许可合同纠纷案[②]为例，上诉人大洋公司一审中先是主张解除涉案专利实施许可合同，后又超过期限要求变更诉讼请求确认合同无效，未得到一审法院的允许。在二审中，上诉人大洋公司再以合同存在非法垄断技术、妨碍技术进步为由，请求确认合同无效。对此，最高人民法院认为，这一诉讼请求本不属于上诉人大洋公司起诉的诉讼请求范围，但鉴于被上诉人黄河公司在二审中针对上诉人大洋公司提出的导致本专利实施许可合同无效的理由作了实质性答辩，并同意将此作为本案争议焦点。因此，最高人民法院在庭审过程中对此问题也进行了法庭调查，双方当事人也发表了法庭

---

① 见北京市高级人民法院（2014）高行终字第1759号行政判决书。

② 见最高人民法院（2003）民三终字第8号民事判决书。

辩论意见。在该案中，最高人民法院并没有采取“调解”或“另诉”的解决方案，而是在征得当事人同意的基础上，就二审中新增的诉讼请求直接进行审理。

只有当事人同意，二审法院才可以就新增的诉讼请求直接进行审理。这是不是有点类似在满足听证原则的前提下，请求原则并非确定专利审查范围的绝对准则？根据《最高人民法院关于适用〈中华人民共和国民事诉讼法〉的解释》第三百二十八条第二款的规定，双方当事人同意由第二审人民法院一并审理的，第二审人民法院可以一并裁判。通过该司法解释的规定，之前于法无据的“裁判规则”被上升为法律的范畴。之所以新增这一规定，还是体现出对当事人处分权和程序选择权的尊重，有利于及时解决纠纷，提高诉讼效率，节省司法资源，实现程序安定。[①]

但有个前提就是“满足听证原则”或者“双方当事人同意”。

重新回到文章开篇提到的问题，即违反请求原则能否通过满足听证原则而豁免。笔者认为可以有两个层面的分析。一是涉及专利复审委员会引入公知常识等依职权审查的情形，根据北京市高级人民法院的意见，在满足听证原则的基础上，法院可以个案认可。二是其他违反请求原则的情形，满足听证原则并不能抵消专利审查违反请求原则的程序错误，即此时违反请求原则并不能通过满足听证原则而豁免。

不过，笔者觉得实务中比较有意思的话题是，作为当事人之一，其在专利审查程序中能否做到让“满足听证原则”无法实现？也就是说，一旦其认定专利审查程序违反请求原则，能否做到拒绝就相关问题陈述意见，而自始至终坚持其提出的违反请求原则的主张？

---

① 见沈德咏主编：《最高人民法院民事诉讼法司法解释理解与适用》，人民法院出版社，第869页。

专利商标行政案件审理中的否定性思维

有一次和老王聊天，谈起某标识能否核准注册为商标。老王逐一研究过常见的显著性、欺骗性、不良影响等相关条款之后，纠结该用什么条款来阻止其注册。看老王很着急，笔者冷不丁地说一句，“为什么你就非得禁止它注册呢？”老王表示很无语。

必须承认的是，申请商标注册是法律赋予的权利。《商标法》也对禁止注册和使用的情形作出了明确规定，既然某标识不属于《商标法》禁止的情形，为什么就不能核准其注册，而非得去找理由阻止其注册？而且，正如大家都知道的，所谓的商标“授权确权”并不是商标行政机关或者司法审查机关授予或者给予，因为“知识产权是私权”。

顺着这个话题，结合专利商标行政案件审理的一些经验，笔者总结出法官可能会有的一种思维，即文章标题中提到的“否定性思维”。

具体来讲，就是说对于专利商标“授权确权”行政行为，如果相关的行政机关不能提供充分的事实和法律依据，作为司法审查机关的法院应该自觉履行司法审查职能，直接给出否定性评价。

以笔者曾经参与过的“ADMIRALTY 及图”商标案[①]为例进行说明。这个案子涉及显著性的判定，具体来讲是《商标法》第十一条第一款第（三）项。在这个案子中，裁判文书中关于显著性问题的说理就某种程度上体现出法官的“否定性思维”。

可将相关论述摘录如下：

商标是用于识别商品或者服务来源的标志。对于商标的识别作用，在我国《商标法》中系采取类似“概括授权”+“例外排除”的方式予以规定。一方面，《商标法》第八条规定，“任何能够将自然人、法人或者其他组织的商品与他人的商品区别开的标志”均可作为商标申请注册；另一方面，《商标法》第十一条第一款规定，“仅有本商品的通用名称、图形、型号”“仅直接表示商品的质量、主要原料、功能、用途、重量、数量及其他特点”以及“其他缺乏显著特征”的

---

① 见北京知识产权法院（2015）京知行初字第3205号行政判决书。

标志不得作为商标注册。也就是说，对于普通商标（系在相对“立体商标”的意义上使用该概念）而言，特定标志只要不存在《商标法》第十一条第一款涵盖的缺乏显著特征的情形，即可推定其具备显著特征。对于《商标法》第十一条第一款第（三）项规定的“其他缺乏显著特征”的标志，指的是《商标法》第十一条第一款第（一）、（二）项以外的依照社会通常观念其本身或者作为商标使用在指定使用商品上不具备表示商品来源作用的标志。例如，过于简单的线条、普通几何图形，过于复杂的文字、图形、数字、字母或上述要素的组合，一个或者两个普通表现形式的字母，等等。不管其具体表现形态怎样，对于“其他缺乏显著特征”的标志而言，本质仍在于不能起到识别商品或者服务来源的作用。特定标志如果能够起到识别商品或者服务来源的作用，则应该认定其具备申请商标注册的显著特征。

该段论述的核心观点是，特定标志只要不存在《商标法》第十一条第一款涵盖的缺乏显著特征的情形，即可推定其具备显著特征。换个角度来说，就是除非商标行政机关能够证明或者充分说明特定标志属于《商标法》第十一条第一款涵盖的缺乏显著特征的情形，否则其相关认定就缺乏事实和法律依据，不能得到法院的支持。

当然，前述“ADMIRALTY 及图”商标案中，尽管二审法院对一审法院关于涉案商标具有显著性的认定进行了改判，但并没有否定一审法院的上述判理以及蕴含的法官的“否定性思维”。

关于法官的“否定性思维”，还可以通过笔者参与审理的另一起专利行政案件[①]得到说明。该案涉及名称为“丹杞颗粒在制备降低血糖药物中的应用”的发明专利申请，权利要求的内容为“1. 丹杞颗粒在制备降低血糖药物中的应用”。

该案中，专利复审委员会认定：权利要求 1 的技术方案实际解决的技术问题是提供丹杞颗粒的另一种用途。在现有技术已给出了该丹杞颗粒中各个单独的中药成分都能够治疗糖尿病的基础上，本领域技术人员容易想到丹杞颗粒这一组合物也具有治疗糖尿病的效果，因此，有动机对组合物治疗糖尿病的效果进行研究并获得有效的实验结果。可见，本领域技术人员在对比文件 1 的基础上结合本领域公知常识得到权利要求 1 所要求保护的技术方案是显而易见的，故权利要求 1 不具备突出的实质性特点和显著的进步，不具备创造性。

可以看出，专利复审委员会的思路是，基于丹杞颗粒中各个单独的中药成

---

① 见北京知识产权法院（2015）京知行初字第 3438 号行政判决书。

分都能够治疗糖尿病的事实，本领域技术人员容易想到丹杞颗粒这一组合物也具有治疗糖尿病的效果，进而本申请关于丹杞颗粒在制备降低血糖药物中的应用的技术方案不具备创造性。

但是，上述认定要成立还需要一个前提，即需要进一步证明所称的“容易想到”是否具有事实基础。

对此，法院认为，本申请中的丹杞颗粒属于中药复方产品，由 11 种原料药组成。对比文件 1 中的药物用于治疗骨质疏松症，与糖尿病的治疗毫不相关，本领域技术人员基于对比文件 1，不会存在将其用于治疗糖尿病的基础药方的动机。虽然被告列举了公知常识性证据用于证明丹杞颗粒中的 11 种中药原料都具有降血糖的作用，因而认为它们的组合也可用于治疗糖尿病。但是，中药复方产品中各位原料药之间的配合和筛选需要考虑“君臣佐使、相须相杀”原理，复方产品的效果并非各组方之间的简单加和，而现有技术中具有降血糖效果的中药原料种类甚多，组合方式更是数不胜数，从中筛选出适合用于治疗糖尿病的复方产品的过程显然包含了创造性的劳动。基于此，在对比文件 1 的基础上结合本领域的公知常识得到本申请权利要求 1 请求保护的技术方案对本领域技术人员而言并非显而易见，且本申请获得了有益的技术效果，因此，本申请具有突出的实质性特点和显著的进步，符合《专利法》第二十二条第三款有关创造性的规定。

考察上述裁判说理，法院的论述有两个层面。第一个层面是否定了被告关于“容易想到”的认定。第二个层面是认定本申请具备创造性。可以看出，该第一个层面的论述其实就是法官“否定性思维”的体现。笔者认为，司法审查中的认定和说理进行到这个层面就可以给出结论，即能够认定被诉决定缺乏事实和法律依据。

为什么这么讲？因为当事人提出专利申请肯定是认为其发明创造符合可专利性条件，作为专利审查行政机关，其职责就在于基于现有技术对涉案专利申请进行可专利性判断，如果要否定其可专利性，必须找出充分的事实依据。如果该事实依据最终被法院否定，很显然专利审查行政机关的认定就是缺乏事实和法律依据的，应该被撤销。

当然，也有观点认为法院还是有必要做进一步分析，明确指出涉案专利（或者专利申请）究竟是否具备可专利性。并且通过这种方式对专利审查行政机关给出明确的指示，实现纠纷的实质性解决。前述“丹杞颗粒”案件裁判文书中第二个层面的论述便是这种思路。

这种观点当然也有道理，但其关键可能还在于对司法审查的力度及执行效力的不同认识，担心法院裁判不能得到实质性执行。笔者觉得，在真正依法治国的环境中，这种担心是不必要的。

总之，法官在专利商标行政案件审理中的“否定性思维”很重要，有利于其快速找到解决问题的思路，也能够保证司法审查的质效。

商标近似判断具有主观性是个客观事实

若干年后，当我们再次说起此轮司法改革时，一个无法避开的话题或许会是法律共同体的建设。因为正如大家都知道的，在此轮司法改革的前前后后，很多法官脱下法袍，加入律师、法务等群体的行列。这势必会将法官的思维方式、裁判理念等扩散到整个法律共同体，进而使得以前一些带有神秘感的话题、做法变得大家心知肚明。

这让笔者想起多年前参与过的一次庭审，法官明确表示商标近似与否是法官主观判断的问题，不需要再过多地发表意见。说实话，作为书记员，笔者当时还真是不能理解。如果不让代理律师充分地发表意见，那人家靠什么来胜诉？对于这一点，想必当事人和代理律师怕是也有同感。随着知识产权审判工作经历的增长，尤其是作为法官参与过一些案件的审理后，才终于明白当年的法官说的总体没错。[①]

在这里，笔者想以自己参与过的“光华管理学院及图”商标案[②]为例，具体谈一谈为什么说商标近似判断具有主观性是个客观事实。

2013年8月8日，北京大学申请注册“光华管理学院及图”商标（简称申请商标），指定使用在第36类金融管理、期货经纪、募集慈善基金等服务上。商标局、商标评审委员会经审查均驳回其注册申请，理由是申请商标与核定使用在类似服务上的“光华国际中心”商标（简称引证商标一）、“华光HUAGUANG及图”商标（简称引证商标二）、“华光及图”商标（简称引证商标三）近似，违反《商标法》第三十条的规定。北京大学不服，诉至法院。

这个案子的争议焦点就是商标近似的判断问题。

我们首先来看法院判决中的认定及说理：

本案中，申请商标由“光华管理学院”“*Guanghua School of Management*”及北京大学校徽图形组成，其中，“管理学院”及其对应的英文、北京大学校徽

---

① 不过，尽管笔者同意他的观点，但在具体做法上还是有不同意见。

② 见北京知识产权法院（2015）京知行初字第4691号行政判决书。

图形使用在第36类金融管理、期货经纪、募集慈善基金等服务上不易使相关公众将其作为商标进行识别，故申请商标的显著识别部分为文字“光华”。引证商标一为“光华国际中心”，其显著识别部分为文字“光华”，引证商标二为“华光HUAGUANG及图”、引证商标三为“华光及图”，二者显著识别部分均为“华光”。申请商标的显著识别部分“光华”与三枚引证商标的显著识别部分“光华”“华光”构成近似，在此基础上，申请商标与三枚引证商标构成近似商标。

可以看到，法院的判决对于商标近似与否的判断主要是考虑“显著识别部分”的比对，在“显著识别部分”近似的基础上认定商标整体近似。应该说这种认定是商标司法审查实务中是很常见的一种做法，而且也有法律依据。《最高人民法院关于审理商标民事纠纷案件适用法律若干问题的解释》第十条规定，人民法院依据《商标法》第五十二条第（一）项的规定，认定商标相同或者近似按照以下原则进行：（一）以相关公众的一般注意力为标准；（二）既要进行对商标的整体比对，又要进行对商标主要部分的比对，比对应当在比对对象隔离的状态下分别进行；（三）判断商标是否近似，应当考虑请求保护注册商标的显著性和知名度。《最高人民法院关于审理商标授权确权行政案件若干问题的意见》第十六条规定，人民法院认定商标是否近似，既要考虑商标标志构成要素及其整体的近似程度，也要考虑相关商标的显著性和知名度、所使用商品的关联程度等因素，以是否容易导致混淆作为判断标准。

对照上述最高人民法院的司法解释和指导意见中明确的判断标准，“相关公众的一般注意力”和“是否容易导致混淆”很显然不是一个客观判断标准。另外，“整体比对”“商标主要部分的比对”“相关商标的显著性和知名度”“所使用商品的关联程度”等因素又增加了商标近似判断的复杂性，而这种复杂性在某种程度上其实就是增加了判断的主观性。

那么，对于涉案申请商标与三枚引证商标是否构成近似商标，是不是就只有判决中的一种认定结论，或者说上述判决关于商标近似的判断结论就绝对正确？

恐怕也未必。笔者可以试着起草另一版本的“判决”：

本案中，申请商标由两部分组成，包括经图形化设计并组合而成的“北大”“*PEKING UNIVERSITY*”和“*1896*”，以及文字部分“光华管理学院”“*Guanghua School of Management*”，基于北京大学、北京大学光华管理学院的知名度状况，对于相关公众而言，申请商标中的图形和文字部分均为其显著识别部分。引证商标一、二、三中虽然包含“光华”“华光”等文字，但申请商标还包括能够指向北京大学的独特的图形设计部分，基于整体判断原则，申请商标与三枚引证商标使用在相同或者类似服务上并不会使相关公众对服务的来源产生误认或者认为其来源存在某种特定联系，故申请商标与枚引证商标不构成近似商标。

在这“山寨版”的判决中，虽然也从“显著识别部分”出发，但与生效判决不同的是，其将申请商标的图形和文字部分均认定为显著识别部分，并且“基于整体判断原则”作出了申请商标与三枚引证商标不构成近似商标的认定结论。很显然，这一认定与生效裁判截然相反。这份“山寨版”判决中的认定和说理能否成立呢？笔者觉得也有其合理性，只不过这并非合议庭的多数意见。之所以会出现这种截然不同的认定，主要还是源于商标近似判断本身的主观性。

当然，承认商标近似判断的主观性并不是说法官就可以随意裁判。一方面，法律、司法解释、指导意见、在先生效裁判等为商标近似的判断提供了明确的裁判标准，另一方面，合议制、上诉再审程序等也为法官行使裁判权设置了制度约束。法官的裁判也是在这些因素的综合作用下，尽可能地消除主观性带来的影响，更加接近事实正确。

基于以上论述，笔者认为，对于商标近似的判断，当事人、代理律师需充分把握法院（法官）的裁判标准和思维，有针对性地提出诉辩主张，从而减少法官裁判的主观性对己方的不利影响。这也是本文开篇提到法律共同体的缘由，当法官不断向律师群体流动时，法官的裁判思维也会逐渐成为律师群体思考问题的方式，而当法律共同体成员共享相同的思维方式时，法官裁判中的主观性即使有，其得出的裁判结论也是可以预见的。当然，法律共同体的建设并非一朝一夕的事情，但法官向律师群体的流动确实提供了一个很好的路径。

附图：

申请商标

引证商标一

引证商标二

引证商标三

权利不得滥用原则的司法实践观察

2017年3月6日，最高人民法院发布第16批指导性案例，其中包括第82号“歌力思”案[①]。在《关于发布第16批指导性案例的通知》（法〔2017〕53号）中，最高人民法院将“歌力思”案的裁判要点归纳如下：“当事人违反诚实信用原则，损害他人合法权益，扰乱市场正当竞争秩序，恶意取得、行使商标权并主张他人侵权的，人民法院应当以构成权利滥用为由，判决对其诉讼请求不予支持。”尽管“违反诚实信用原则”“构成权利滥用”的适用并非始于“歌力思”案，但在“歌力思”案后不断出现这方面的案例。基于此，本文拟简要梳理体现“权利不得滥用原则”[②]的知识产权典型案例，并从“防守”和“进攻”两个角度进行论述。

一、防守：“权利不得滥用原则”作为被告的抗辩事由

所谓“防守”，是指针对侵权指控，被告以权利人恶意取得知识产权、滥用知识产权为由，站在抗辩的角度主张自己并不构成侵犯知识产权的行为。

“歌力思”案就是“权利不得滥用原则”抗辩的典型案例。

针对王碎永主张的侵犯商标权的行为，歌力思公司提出，“王碎永在本案中主张权利的依据，是侵犯歌力思公司在先字号权及在服装商品上的知名商标而获得的商标权，王碎永的恶意注册行为是一种典型的不正当竞争行为，应当根据与权利冲突有关的法律规定，以诚实信用、保护在先权利、禁止混淆为原则进行处理”。

显然，歌力思公司的抗辩理由就是在主张王碎永滥用商标权。

在该案中，最高人民法院首先针对民事诉讼活动中的诚实信用原则进行论

---

① 见最高人民法院（2014）民提字第24号民事判决书。

② 在本文的语境下，“权利不得滥用”和“诚实信用”将会被交叉/同时使用。站在知识产权的角度，“诚实信用”侧重于权利的产生，“权利不得滥用”侧重于权利的行使，二者的实质含义大体相同。当然，需要指出的是，本文并没有探讨在《反不正当竞争法》框架下“权利不得滥用”或者“诚实信用”的适用。

述:“一方面,它保障当事人有权在法律规定的范围内行使和处分自己的民事权利和诉讼权利;另一方面,它又要求当事人在不损害他人和社会公共利益的前提下,善意、审慎地行使自己的权利。任何违背法律目的和精神,以损害他人正当权益为目的,恶意取得并行使权利、扰乱市场正当竞争秩序的行为均属于权利滥用,其相关权利主张不应得到法律的保护和支持。”

基于上述关于诚实信用原则的释法,针对歌力思公司、杭州银泰公司的行为是否侵害王碎永的第 7925873 号“歌力思”商标权的问题,最高人民法院依次给出如下三个论断:歌力思公司拥有合法的在先权利基础;歌力思公司在本案中的使用行为系基于合法的权利基础,使用方式和行为性质均具有正当性;王碎永取得和行使“歌力思”商标权的行为难谓正当。继而,最高人民法院进一步得出结论,王碎永以非善意取得的商标权对歌力思公司的正当使用行为提起的侵权之诉,构成权利滥用,其与此有关的诉讼请求不应得到法律的支持。

不过,基于判决本身的说理,我们可以看到最高人民法院是将被告的抗辩理由糅合进“被控侵权行为是否成立”这个争议焦点进行的回应。但如果站在被告歌力思的角度,这其实也是对其再审程序中提出的“应当根据与权利冲突有关的法律规定,以诚实信用、保护在先权利、禁止混淆为原则进行处理”的再审理由(实际上也就是被告歌力思公司的抗辩理由)的回应。

在天津市高级人民法院于 2018 年 5 月 28 日作出的“爱这城”商标案[①]中,被告天津首创置业公司也提到原告北京盘古博瑞公司权利滥用的抗辩事由。

针对被告天津首创置业公司的上述抗辩理由,天津市高级人民法院认为,天津首创置业公司在本案中使用“爱这城”文字的行为,主观上不具有攀附涉案注册商标商誉的意图,客观上也不会使相关公众对正确识别相关服务来源形成障碍,北京盘古博瑞公司以非善意取得的商标权对天津首创置业公司的使用行为提起的侵权之诉,构成权利滥用,北京盘古博瑞公司主张天津首创置业公司在本案中使用“爱这城”文字的行为构成《商标法》第五十七条规定的侵犯注册商标专用权行为的诉讼请求,无事实和法律依据,不应得到支持。

二、进攻之一:因恶意提起知识产权诉讼损害责任纠纷

所谓“进攻”,指的是针对权利人恶意取得权利、侵权指控等行为,被告并

---

① 见天津市高级人民法院(2018)津民终 114 号民事判决书。

不仅仅站在抗辩的角度坐以待毙，而是积极作为，主动提起诉讼加以反击。这种诉讼大体上包括两种类型，一是主张因权利人的恶意诉讼造成损失，请求进行损害赔偿，案由为“因恶意提起知识产权诉讼损害责任纠纷”；二是针对恶意注册商标的行为，驰名商标权利人请求法院判令停止使用。

为遏制恶意诉讼行为，最高人民法院在 2011 年 2 月修改后的《民事案件案由规定》中新增了“因恶意提起知识产权诉讼损害责任纠纷”的四级案由。

在中兴达公司、金富元厂因恶意提起知识产权诉讼损害责任纠纷案①中，金富元厂即主张中兴达公司的行为构成恶意诉讼，并继而请求损害赔偿。

山东省高级人民法院首先就恶意诉讼的构成要件进行阐述：一般认为，当事人以获取非法或不正当利益为目的而故意提起的在法律上或事实上无依据的诉讼，即构成恶意诉讼。恶意诉讼本质应为侵权之诉；其行为表现为滥用权利而非正当行使权利；其目的在于获取非法或不当利益，同时亦使相对人在诉讼中遭受损害，而非对法律赋予其的权利进行救济。具体到涉及专利权的诉讼案件中，法院应当妥善处理保护专利权与防止权利滥用的关系，依法规制滥用专利权及滥用诉前禁令制度。在依法保护专利权和保障当事人诉权的同时，注意防止专利权人明显违背法律目的行使权利，不正当地损害竞争对手，妨碍公平竞争和扰乱市场秩序。对于明知其专利权属于现有技术或者现有设计，仍然恶意向正当实施者及其交易对象滥发侵权警告或者滥用诉权，构成侵权的，可以视情支持受害人的损害赔偿请求。

山东省高级人民法院认为，判断专利权人的某一具体诉讼行为是否属于恶意诉讼，关键在于专利权人是否明知其专利权属于现有技术或者现有设计。具体到该案，金富元厂主张中兴达公司恶意诉讼并请求损害赔偿，应提交证据证明“中兴达公司明知其专利权属于现有设计，仍然提起诉讼，意图谋取非法利益并对金富元厂造成了实际损害”，但“并无在案证据显示，中兴达公司明知其专利权为现有设计，不应获得专利授权”。因此，山东省高级人民法院最终驳回了金富元厂的诉讼请求。

三、进攻之二：驰名商标权人请求法院判令商标恶意注册人停止侵权

实务中，还有一种进攻的情形，即以驰名商标起诉普通注册商标。《最高人

---

① 见山东省高级人民法院（2017）鲁民终 1192 号民事判决书。

民法院关于审理商标民事纠纷案件适用法律若干问题的解释》第十一条规定，被告使用的注册商标违反《商标法》第十三条的规定，复制、摹仿或者翻译原告驰名商标，构成侵犯商标权的，人民法院应当根据原告的请求，依法判决禁止被告使用该商标。但被告的注册商标有下列情形之一的，人民法院对原告的请求不予支持：（一）已经超过《商标法》第四十一条[①]第二款规定的请求撤销期限的；（二）被告提出注册申请时，原告的商标并不驰名的。

在“洋河”商标案[②]中，江苏省高级人民法院认定，洋河酒厂的“洋河”商标于2002年3月12日已被国家商标局认定为驰名商标，汤新民在明知“洋河”商标知名度和影响力的情况下，复制、摹仿“洋河”商标，除先后于2009年和2014年申请注册了涉案第5540137、12356049号“洋河Yanghe”商标外，还注册了包括第16632989号在内的数个“洋河Yanghe”商标，主观上具有傍名牌的故意。且在相关“洋河Yanghe”商标注册后，汤新民未进行有效的商业使用，而是以授权他人使用的形式谋取利益，其恶意注册的主观故意明显。发洋公司、丹胜公司将汤新民注册的“洋河Yanghe”商标用于被控侵权产品，容易造成相关公众对产品来源产生误认，一定程度减弱“洋河”商标的显著性，降低“洋河”商标对消费者的吸引力，从而损害该商标的品牌价值，致使洋河酒厂的利益受到损害。

关于停止侵权的诉讼请求，江苏省高级人民法院认为，因汤新民系恶意注册“洋河Yanghe”商标，根据《最高人民法院关于审理商标民事纠纷案件适用法律若干问题的解释》第十一条之规定，洋河酒厂除可请求法院判决汤新民禁止使用其于2014年注册的第12356049号“洋河Yanghe”商标，还可不受五年期间限制，请求法院判决禁止汤新民使用其于2009年注册的第5540137号“洋河Yanghe”商标。

四、难以实现的进攻：诚实信用原则并非商标无效宣告的具体理由

2014年《商标法》新增了“申请注册和使用商标，应当遵循诚实信用原则”的规定，但该条款是总则性的条款。对于该条款的适用，参与立法工作的相关专家指出，诚实信用原则是民商事活动的基本原则，《商标法》通过对相关条款

① 系指2001年修订的商标法。

② 见江苏省高级人民法院（2017）苏民终1781号民事判决书。

的修改完善，对这一原则予以细化[①]，故该款是对申请注册和使用商标的总体要求，《商标法》的各项具体制度设计都应当以此为基础，体现并维护诚实信用原则。但是，此款不是提出商标异议、请求宣告注册商标无效或者撤销注册商标的具体依据，因此实践中只能作为适用各项具体制度处理商标事宜的指导性原则。[②]

当然，面对实务中愈演愈烈的商标抢注现象，大家对于该条款还是抱有很多的期待，寄希望于诚实信用原则能够起到“化腐朽为神奇”的作用。

在“锦兰春”商标无效宣告请求行政纠纷案[③]中，针对原告提到的诚实信用原则的无效理由，北京知识产权法院认为，2014年《商标法》第四十四条第一款、第四十五条第一款已穷尽列举了商标宣告无效可援引的全部法律条款，但上述条款并不包含2014年《商标法》第七条第一款。因此，2014年《商标法》第七条第一款并非具体的无效宣告理由。对于原告的该项理由予以驳回。

五、简要的观察和评价

司法实务中，法院适用权利不得滥用原则（诚实信用原则）对权利人的侵权指控予以驳回、认定权利人系恶意诉讼的案件确实在增多，甚至有的时候让人感觉司法的职权在扩张。但如果冷静分析司法实务中的具体适用情形，不论是“防守”还是“进攻”，权利不得滥用原则（诚实信用原则）的适用在案件总量上仍然是可以忽略不计的。尤其是考虑到2014年《商标法》将诚实信用原则作为总则条款的规定，使得其在商标授权确权及后续行政诉讼实务中的作用受到很大限制。

所以，要想真正用好权利不得滥用原则（诚实信用原则），还需要在总结实务经验的基础上，进一步完善、细化法律（司法解释）的具体规定，让知识产权的获得和行使真正能够做到符合权利不得滥用原则（诚实信用原则）。

---

① 郎胜主编：《中华人民共和国商标法释义》，法律出版社，第19页。

② 袁曙宏主编：《商标法与商标法实施条例修改条文释义（2014年最新修订）》，中国法制出版社，第10页。

③ 见北京知识产权法院（2016）京73行初3446号行政判决书。

“难打”的专利权官司

很长一段时间以来，专利维权成本高、难度大的问题一直困扰着技术创新主体。而考察我国专利权保护司法实践，赔偿数额过低、保护力度不够等现象也一直饱受诟病。据此，得出专利权官司“难打”的结论似乎也顺理成章。不过，通过分析北京市第一中级人民法院2010年至2013年四年间侵犯专利权民事案件的审理数据，笔者发现此类案件中专利权人撤诉的比例一直处于高位运行状态，2012年甚至高达近60%。为什么会存在该现象？这与专利权官司“难打”有何关系？本文试图就此略谈一些粗浅的看法。

还是先来看一组数据。2010年至2013年，北京市第一中级人民法院共审结侵犯专利权纠纷案件367件，年均91.75件。其中，涉发明专利案件109件，涉实用新型专利案件85件，涉外观设计专利案件173件。在四年总共367件案件中，以判决方式结案的为134件，其中专利权人诉讼请求得到法院判决支持的为106件，占比为79.1%。在四年总共367件案件中，专利权人撤回起诉的为177件，占比为48.2%；在该177件案件中，涉发明、实用新型、外观设计的案件数分别为55、58、64，数量大致均衡。通过以上数据，至少可以得出两点结论：一是侵犯专利权案件中，专利权人主动撤回起诉的案件数量很大，占比将近一半；二是除通过调解、专利权人撤诉外，法院通过判决审结的案件中，专利权人的诉讼请求得到法院支持的案件数量很大，比例接近80%。

那么，存有疑问的是，既然法院以判决方式结案的案件中，专利权人的诉讼请求获得支持的案件数比例很高，那为何又出现专利权人超高比例的撤诉率呢？这也就是笔者开篇提到的“侵犯专利权案件中高撤诉率”的现象。是什么原因导致这一现象？目前来讲，已经很难对上述“177件专利权人主动撤回起诉案件”中专利权人撤诉的原因作出统计分析，一方面专利权人撤诉的原因可能并不一定告知法院，另一方面即使告知，也只是具体的案件承办法官或者合议庭法官才可能知晓，不会体现在案件卷宗材料中。不过，作为对此类现象的调研，还是有一个途径可以对“专利权人撤诉”的原因进行大致分析，那就是媒体的公开报道、专利实务人员（法官、律师、专利代理人等）的口头表达及通过微博、微信等作出的陈述。

通过对公开渠道获得的材料进行梳理，笔者发现，至少有以下原因促使专利权人撤诉。

一是专利权已失效，权利基础不复存在，主动撤诉。有媒体报道，上海某法院曾审理过这么一起侵犯外观设计专利权案件，原告上海某公司在明知其专利因未缴纳年费而失效的情况下，篡改专利权证书中的专利授权公告日，向上海某法院提起恶意诉讼。法院发现这一行为后对原告进行了训诫，最终原告向法院具结悔过并申请撤诉。也就是说，失效专利不受法律保护，原告以此失效专利为基础提起的诉讼请求也就必定不能获得支持。

二是专利权被宣告无效，权利基础被“釜底抽薪”，不得不撤诉。在我国《专利法》中，有一项专利无效宣告制度，即第四十五条规定的，自国务院专利行政部门公告授予专利权之日起，任何单位或者个人认为该专利权的授予不符合本法规定的，可以请求专利复审委员会宣告该专利权无效。第四十七条进一步规定，宣告无效的专利权视为自始不存在。在目前的侵犯专利权案件审理过程中，被告基本均会在答辩期限内针对涉案专利权提起无效宣告请求。一旦涉案专利权被宣告无效，原告的权利基础即不存在，撤回起诉是其理性的选择。

三是涉诉双方达成和解，起诉目的已经达到，专利权人主动撤回起诉。司法实践中，专利权人提起侵权诉讼的目的是多样化的，既有单纯的获取侵权损害赔偿的目的，也有牵制市场竞争对手、优化市场布局的企图。如果双方当事人能够在法庭之外就上述目的达成和解协议，自然诉讼就没有继续进行的必要。比如，苹果与三星、苹果与诺基亚、华为与摩托罗拉、中兴与爱立信等，专利诉讼无不是与市场竞争格局交织在一起，诉讼的目的直指市场。最终，这些公司之间的诉讼也以双方就市场竞争达成协议，专利权人主动撤诉而告终。

四是诉讼策略上的失误，导致诉讼成本增加或者胜诉无望，而主动撤回起诉。虽说诉讼活动“以事实为根据，以法律为准绳”，但司法实践中却也不能否认诉讼策略（或者说诉讼技巧）的重要性。在侵权证据取证方面存在的典型失误，包括取证日期早于涉案专利授权日期，证明侵权行为的证据不能形成完整的证据链条等，都足以导致专利权人的诉讼主张缺乏事实基础。另外，对管辖法院的选择也很关键，错选管辖法院也有可能导致诉讼成本增加，进而不得不撤回起诉，重新再诉。

通过对侵犯专利权案件中撤诉数据的梳理，并分析专利权人的撤诉原因，至少能让我们有另外一个视角去看待我国专利权官司“难打”的问题。一直以来，专利权维权成本高、侵权赔偿数额低等现象饱受诟病。当然，根据现行民事诉讼“谁主张，谁举证”的基本规则，赔偿数额低的原因很大一部分在于专利权人自身对“权利人因被侵权所受到的实际损失”“侵权人因侵权所获得的利益”“专利许可费的合理倍数”等赔偿依据无法准确举证，法院不得不采取“法定赔偿”的方式确定赔偿数额。此外，对于专利权保护力度的问题，也鲜有人去关注专利权本身的问题，如技术含量、撰写质量等，以及专利权人的维权策略。如果专利权本身就存在权利基础不稳定的缺陷，又如何期望司法给予其“充分”的保护？更为重要的是，专利权的保护并不仅仅在于被告的侵权赔偿数额，其根本在于市场竞争优势的获得，很大情况下专利诉讼的目的也在于赢得市场。通过主张专利权、提起侵权诉讼，进而获得谈判砝码，赢得相应的市场份额，也应该属于诉讼对专利权的另一种保护。

因此，专利官司“难打”，与专利权本身的质量有着很大的关联。

后记：难忘法院岁月

摆在大家面前的这本书算是我在法院工作生涯的见证。书里面的文章基本上都是我在法院工作期间的学习和思考，尤其是在北京知识产权法院工作的三年多时间。

离开法院之后，很多人会问，是在法院好，还是在律所好？是在法院累，还是在律所累？对于这个问题，不论是谁在问，最为正确的答案永远是，各有各的好，也各有各的累。

法院的好有很多方面，说两个我体会最深的。第一个体会是，在法院审理的案件多，在业务上能够得到更多的锻炼机会，而且法院有完备的学习培训体系，有利于个人快速成长。第二个体会是，法院毕竟是体制内，组织上的关怀会更多一些，"有困难找组织"并不是一句空话。当然，律所也有它的好。比如，律所相对来说更加自由一些，每天上下班也比较灵活，甚至有些时候都没有上下班的概念，有活干就干，没活干在家陪陪孩子也是挺好的。

说到累，律所的累不用多说，肯定是很累，有的时候用"身心俱疲"来形容都不为过。但是，我想说的是，法院也挺累的，我自2010年7月份进入北京市第一中级人民法院知识产权庭工作以来，基本上每年都是国庆假期结束就集中加班，而且任务一年比一年重。

所以，各有各的好，也各有各的累，一点都不假。

在法院工作的将近八年时间里，虽然干的很辛苦，但大多数时间还是挺开心的，为每一份工作的完成而开心，也为自己每一天取得的进步而开心。记得有一次，当时还是书记员，晚上8点多，接到法官在办公室打过来的电话，问我手头有没有全年案件"服判息诉率"的数据。当时我手头并没有数据，但是，我跟她说，让她把当事人名字说给我听，我来告诉她是否上诉，这样就能算出“服判息诉率”。就是这样，我把全年一百多起案件的上诉情况全都在电话里报给她。

还有一次，参与筹备“首届知识产权法院论坛”。在时任庭长的带领下，拟定会议议程、确定发言主题和嘉宾、去附近的几家大酒店挑选会议场地、定稿印刷方案，等等。持续四个多月的时间，忙得不亦乐乎，尤其是临近论坛开幕的那一周，每天都熬到凌晨两点以后。

工作虽然很累，但并没有怨言，甚至还常常为自己取得的一些小成绩而乐呵。回过头来想，这大概是因为我确实是热爱法院这份工作，但更为重要的是，还是得益于我遇到的优秀的老师、领导和同事，在他们的言传身教下，每一天都不觉得浪费。当然，由于我现在已经离开法院，在律所工作，不太方便在这里列出他们的名字，只好在心里感谢。

我本科学的是哲学，经过四年的学习，大概也就两句话在心里留下印记。第一句话是，“哲学系的学生要学会胡思乱想，胡说八道”。第二句话是，“咱们哲学系的学生，要勤练笔头，发挥自己的优势。”这两句话都是哲学系的老师说的，非常实在和受用，我始终记着。

在法院期间很开心，或许也与我一直坚持思考和写作有关。读书、学习等只是知识的输入，但该输入的效果，最重要的检验标准就是以自己的逻辑和语言输出。只有自己写出来的东西才是自己的，永远也不会忘记。正是基于这样的认识，我始终坚持在写。

重新说回到这本书，其中的大多数文章都是我在法院工作期间写的。在整理过去文章的时候，我发现有两个有意思的现象。第一个，在法院的将近八年时间里，文章确实是越写越好。当然，这里说的“好”，是自己跟自己比，而且这个“好”主要指的是文章的选题、逻辑和语言表达，更加贴近实务，表达上大家也更容易读懂。第二个，这么多文章虽然主题各异，但都能隐隐约约抽离出一条主线，就是对法官思维的解读，都在力图告诉读者，法官是怎样思考的。

正是基于上述两个现象，我在挑选本书内容的时候，也严格遵循两个原则。一是，文章质量和可读性并重，写作于早期、篇幅过长、以及有最新案例可替代的，坚决不纳入本书的范围；二是，与法官思维没有任何关系的文章，本书也不要。此外，对于选定的这些文章，再做进一步的修改、完善，甚至是重写，以及补充写作其他内容，以确保本书体系的完整。

对于这本书，我要感谢的人很多，尤其是在法院工作期间的领导和同事。没有他们的引领和教诲，我不可能进入知识产权审判的大门，更别说取得任何一点点的成绩。但是，正如已经说过的，由于我现在的职业身份，在这里不合适列出他们的名字。我会永远铭记在心。

在这里，我要特别感谢刘春田老师和宿迟院长。两位前辈都是知识产权领域巨咖级的人物，但他们对我等后生却一直关怀有加，还在百忙之中为本书倾情作序，让我觉得很温暖。另外，要感谢中国法制出版社的黄会丽编辑，没有她的鼓励和工作，本书难以面世。

还要感谢我的父母和岳父母，是他们在孕育着我们这一代和下一代。要特别感谢我的妻子万智鹃女士，是她带给我现在的家庭和儿子开心，尤其需要提到的是，书中的大多数文章在最初写作的时候都是让她通读和校对过的，以确保非本领域的普通读者都能读懂。

最后，感谢我的法院岁月。期待着有机会还能再回去！

2019年春节，于北京家中

图书在版编目(CIP)数据

读懂法官思维：知识产权司法实务与案例解析 / 陈志兴著. —北京：中国法制出版社，2019.5

ISBN 978-7-5216-0130-5

Ⅰ. ①读…　Ⅱ. ①陈…　Ⅲ. ①知识产权法—案例—中国

Ⅳ. ①D923.405

中国版本图书馆CIP数据核字（2019）第066916号

策划编辑/责任编辑：黄会丽　　封面设计：李　宁

读懂法官思维：知识产权司法实务与案例解析

DUDONG FAGUAN SIWEI：ZHISHI CHANQUAN SIFA SHIWU YU ANLI JIEXI

著者 / 陈志兴

经销 / 新华书店

印刷 / 三河市国英印务有限公司

开本 / 710毫米 × 1000毫米　16开　　印张 / 16.5　字数 / 287千

版次 / 2019年5月第1版　　2019年5月第1次印刷

中国法制出版社出版

书号ISBN 978-7-5216-0130-5　　定价：52.00元

北京西单横二条2号　邮政编码100031　　传真：010-66031119

网址：http://www.zgfzs.com　　**编辑部电话：010-66070084**

市场营销部电话：010-66017726　　**邮购部电话：010-66033288**

（如有印装质量问题，请与本社印务部联系调换。电话：010-66032926）